G. WILLOW WILSON

Kairo Sunset

G. WILLOW WILSON

Kairo Sunset

Meine Suche nach Liebe, Gott und der Wahrheit

Aus dem Amerikanischen
übersetzt von Elisabeth Liebl

DROEMER

Originaltitel: The Butterfly Mosque. A Young American Woman's Journey to Love and Islam
Originalverlag: Atlantic Monthly Press, New York

Die Folie des Schutzumschlages sowie die Einschweißfolie sind PE-Folien und biologisch abbaubar.
Dieses Buch wurde auf chlor- und säurefreiem Papier gedruckt.

Besuchen Sie uns im Internet:
www.droemer.de

FSC
www.fsc.org
MIX
Papier aus verantwortungsvollen Quellen
FSC® C014496

Umschlaggestaltung: ZERO Werbeagentur, München
Umschlagfoto/-illustration: Gettyimages/Glen Allison; David Clapp/Arcaid/Corbis
Satz: Adobe InDesign im Verlag
Druck und Bindung: GGP Media GmbH, Pößneck
Printed in Germany
ISBN 978-3-426-27512-2

2 4 5 3 1

Für Amu Fakhry –
mit einem herzlichen Dankeschön
an Warren Frazier und Elisabeth Schmitz

Vorwort

In den höheren Lagen des Zagros-Gebirges ist die Luft wie Samt. In dieser Höhe und Weite ist sie gereinigt vom Staub der Täler. Sie singt in den Lungen. Der niedrige Druck.

Die Veränderung war deutlich zu spüren. Wir waren schon einige Stunden unterwegs. Der Wagen schob sich am Rand eines weiten, trockenen Beckens zwischen den hohen Gipfeln nach Norden. Dann fuhren wir westwärts. Nun kämpfte sich der Peugeot die Serpentinen hinauf ins Gebirge. Wir passierten Felsformationen, die jahrtausendealte geologische Schichtungen sichtbar werden ließen.

Einen Augenblick lang erinnerte mich die Szenerie an mein Zuhause. Vor knapp einem Jahr war ich in Boulder gewesen, in den Colorado-Ausläufern der Rocky Mountains. Das geschützte Tal, in dem ich die Highschool besucht und Autofahren gelernt hatte, das Tal, in dem meine Eltern und meine Schwester immer noch lebten, war ein kleines Loch inmitten von Felsen, die denen, die ich gerade durchquerte, zum Verwechseln ähnelten. Blickte ich von hier aus in die Ebene hinunter, drängte sich mir unwillkürlich der Eindruck auf, ich sei zu Hause in Colorado und würde nach höchstens einer Stunde Fahrt durch die Serpentinen vor der Tür meines Elternhauses stehen.

Doch für mich haftete dieser Fata Morgana etwas pervers Selbstquälerisches an. Damals war ich gerade aus Ägypten in den Iran gekommen. Bereits der Ausgangspunkt meiner Reise lag Tausende von Meilen von meiner Heimat entfernt. Und es schien mir in diesem Frühling 2004 wider die Natur, dass die Luft im Zagros-Gebirge mich ausgerechnet an zu Hause erinnerte, in dieser Zeit des »Kampfes der Kulturen«, des Krieges gegen den Terror und des Jihad – all der Ereignisse, die mein Leben an die Grenze des Unerträglichen gebracht hatten.

Damals war mir nicht bewusst, dass weder das Zagros-Gebirge noch die Rocky Mountains einen Namen gehabt hatten, als die Erde sie vor Millionen Jahren gebar, und dass das Verbindende dieser beiden Gebirgsmassive vielleicht stärker war als alle Armee-Divisionen Amerikas und des Iran.

O ja, ich war sehr gläubig in jener Zeit. Denn in den Bergen hatte ich zum ersten Mal die Gegenwart Gottes gespürt, und das Gebirge, das ich nun durchquerte, erinnerte mich daran. Und doch hatte ich zu diesem Glauben noch kein rechtes Zutrauen. Ich traute dem Band noch nicht, das für mich die Berge mit meinen Erinnerungen verknüpfte. Es fehlte nicht viel, und ich hätte das Zagros-Gebirge als »fremd« abgestempelt und die Erinnerung an die Rockies als reinen Zufall abgetan.

Glücklicherweise tat ich das nicht.

Ahmad, mein Führer und Begleiter, wies über die Gipfelkette nach Westen.

»Wenn Sie hier weiterfahren, kommen Sie auf direktem Weg in den Irak«, sagte er. Ahmad stammte aus Shiraz, hatte silbernes Haar und die Lachfältchen hatten sich tief um seine Augen eingegraben. Vor der Revolution war er Pilot des Schah gewesen, den er auch hasste, aber nicht so sehr wie die Mullahs. Auf der Fahrt von Shiraz nach Isfahan hatten wir Gelegenheit für lange Gespräche, und so hatte er mir erzählt, dass er früher während des Ramadan gefastet und einigermaßen regelmäßig gebetet hatte. Doch das islamistische Regime hatte seiner Ansicht nach die Religion so verfälscht, dass er sich von beidem abgewandt hatte. Er nahm wohl an, dass ich ihn wegen seiner Leichtfertigkeit verachten würde, wenn er mir dafür keine vernünftige Erklärung lieferte – immerhin war ich Amerikanerin und Sunnitin, in seinen Augen also vollkommen unberechenbar. Und so kam er mir mit dem Argument, er müsse schließlich nicht fasten. Denn das Fasten solle den Gläubigen ja an den Hunger der Armen erinnern, und er helfe den Armen eben auf andere Weise.

»Und warum fasten dann die Armen auch?«, fragte ich ihn. Das Fastengebot des Ramadan galt schließlich für alle Muslime, nicht nur für die reichen. Er warf mir aus dem Augenwinkel einen Blick zu. Eine amerikanische Sunnitin, die mit ihm über theologische Fragen diskutieren wollte! Solche Gespräche über den Glauben waren damals in der iranischen Mittelschicht längst nicht mehr üblich. Ich aber kam aus Ägypten, und dort war es genau umgekehrt und Glaubensfragen wurden auch unter Freunden häufig diskutiert. Ahmad zog es jedenfalls vor, auf meine Frage nicht zu antworten.

»Der Irak?« Ich kletterte auf den Felsvorsprung, auf dem wir hielten. Der Wagen stand ein wenig abseits. Meine Nike-Turnschuhe wurden unter dem Saum des schwarzen, bodenlangen Körperschleiers sichtbar. Ich war eindeutig »overdressed«. Im Teheran Chatamis waren Tschador und knöchellanger Mantel längst durch kurze, enganliegende Mäntel und Kopftücher in Taschentuchgröße ersetzt worden. Da Ägypten unter dem Diktat des Militärs steht, der Iran unter religiösem, hatte ich mich so konservativ wie möglich angezogen. Dabei war mir allerdings entgangen, dass die ägyptische Gesellschaft sehr viel konservativer war als die im Iran, wie auch immer das politische System aussehen mochte. Den Grund dafür habe ich erst sehr viel später erkannt: Stützt eine Diktatur ihren Herrschaftsanspruch auf eine bestimmte Idee – im Fall des Iran auf den Islam und eine Art von grobgestricktem

Sozialismus in Ägypten –, dann identifizieren sich die frustrierten Bürger über kurz oder lang mit der Antithese dieser Idee. So leistete die Islamische Republik der Verweltlichung Vorschub, während die ägyptischen Fundamentalisten in ihren kurzen Tuniken ebenso einen starken Zulauf verzeichneten.

»Ja«, antwortete Ahmed. »Dort liegt der Irak. Vermutlich können Sie ein wenig weiter südwestlich nachts sogar die Bomben fallen sehen. Ein ganzes Stück weit weg. Bagdad liegt hinter Kerbela.« Ahmad stand jetzt neben dem Stein, auf dem ich stand, und zeigte nach Nordwesten. »Kerbela ist die Stadt, in der Imam Husayn beerdigt wurde.«

»Wir haben seinen Kopf«, sagte ich. »Wir in Kairo. Der Platz, auf dem der Schrein errichtet wurde, ist nach ihm benannt.«

»Was?«

»Sein Kopf«, wiederholte ich und fragte mich gleichzeitig, ob ich dem »sein« besser ein meine Verehrung ausdrückendes Wort voranstellen sollte. Schließlich war Husayn ibn Ali ein Enkel des Propheten. Er wurde von allen Muslimen geliebt, von den Schiiten jedoch ganz besonders verehrt. Ich wollte nicht ins Fettnäpfchen treten, ganz egal, wie Ahmad über das Fasten dachte. Ich presste mir die Hand auf den Rücken. Eine Niereninfektion verursachte einen dumpfen Schmerz, der in den gesamten Rücken ausstrahlte, und ich litt unter leichtem Fieber. Seit ich in meinem Industrie-Vorort von Kairo lebte, das in Sachen Umweltschutz keine Stadt ist, hatte ich meine Gesundheit sträflich vernachlässigt.

»Es ist das erste Mal, dass ich das von Imam Husayn höre«, meinte Ahmad und brach in Lachen aus.

»Aber es stimmt«, sagte ich. »Die Fatimiden haben ihn nach Ägypten gebracht. Zumindest hat uns das der *ulema* erzählt. Aber vielleicht stimmt es ja auch nicht, und der Schrein ist in Wirklichkeit leer.«

Eine leichte Brise ging unter uns durch das Tal. Unwillkürlich atmete ich tief ein und hielt einen Augenblick lang die Luft an. Dann ließ ich sie mit einem Seufzen entweichen.

Auf Ahmads Gesicht zeigte sich ein angedeutetes Lächeln.

»Danke«, sagte ich. »Es ist so schön hier.«

Später im Auto meinte Ahmad zu mir: »Ich glaube, Sie arabisieren sich ein bisschen.« Er sagte das so nebenhin, doch in Persien ist das nicht gerade ein Kompliment. In gewisser Weise musste ich ihm zustimmen: Ich war zuletzt so tief in das Kairoer Leben eingetaucht und hatte mich innerlich so weit von Amerika entfernt, dass dies bestimmt nicht ohne Auswirkungen auf mich geblieben war. Dabei hatte ich immer noch das Gefühl, ganz ich selbst zu sein. Nun, ich machte mir Sorgen, denn das war, was man mich gelehrt hatte: Die Situation, in der ich mich befand, war Grund zur Sorge. Die arabische Lebensweise habe nämlich so gar nichts mit der amerikanischen Weltsicht zu tun, und folglich liefe ich Gefahr, mein amerikanisches Selbst zu verraten. Zum Glück hatte ich erkannt, dass ich nicht mit meinen Gewohnheiten identisch war. Ich war nicht das, was ich anzog oder sagte beziehungsweise nicht sagte. Sonst wäre ich nicht ich, die ich da auf einem Stein stand und nach Westen blickte.

Aber ich war immer noch ich.

Als der Begriff »Kampf der Kulturen« geprägt wurde, war er nicht mehr als ein Mythos. Tatsächlich waren zu jener Zeit alle Ecken dieser Welt so eng miteinander verflochten wie nie zuvor. Und der Handel sowie der Austausch von Ideen und Worten, die von einer Sprache in andere übernommen wurden, trieben diese Vernetzung weiter voran. Doch wie so viele hässliche Ideen wird auch diese immer mehr zu einer Tatsache, sobald sie geäußert wird. Heute wird diese Vorstellung nicht nur im Westen gehegt und gepflegt, sondern auch in den muslimischen Ländern, wo viele glauben, der Islam stehe in unauflösbarem Widerspruch zu den westlichen Werten. Im Konfliktfall zieht sich der Westen ebenso wie die muslimische Welt auf Positionen zurück, die beide als »ureigen« empfinden, auch wenn diese nichts weiter sind als Instrumente der Abgrenzung. Monolithische Ideale werden verteidigt, die in sich zusammenfallen, sobald die gegnerische Partei den Rücken kehrt. Dann erst tritt die Wahrheit zutage. Aus diesem Konflikt können uns keine Politiker befreien, keine Pandits, Analysten oder Experten. Der Krieg zwischen dem Islam und dem Westen ist ein zutiefst menschlicher Konflikt, und die einzig verlässliche Richtschnur ist und bleibt unsere Erfahrung als Mensch. Wir alle stehen in diesem Moment auf dem Gipfel eines Berges und müssen lernen, die Welt dort unten nicht mit den Augen irgendeiner selbsternannten Autorität zu betrachten, sondern mit unseren eigenen.

Kun

Wenn wir ihr Dasein wollen, ist unser Wort zu einer Sache:
»Sei!«, und sie ist.
QUR'AN *16, 40*

Ich glaube, man kann mit Fug und Recht behaupten, dass ich mich in meinem Leben gründlich auf dem Markt der Weltanschauungen und philosophischen Ideen umgesehen habe. Doch als ich gerade fünf Monate meines zweiten Studienjahrs hinter mir hatte, wurde ich mitten in der Nacht ins Krankenhaus eingeliefert. Ich zeigte eine akute allergische Reaktion auf eine Hormonspritze, die ich mir einige Tage zuvor zum Zweck der Verhütung hatte verabreichen lassen. Bis zu diesem Zeitpunkt hatte ich glücklicherweise noch keine Intensivstation von innen gesehen. Das Gefährlichste, was ich bis dato unternommen hatte, waren eine Fahrt von der Bostoner Chinatown zur New Yorker Chinatown und ein paar nachmitternächtliche Fußmärsche nach Hause. Und ein Piercing in der Unterlippe, das ich mir in einem spärlich beleuchteten Kellerladen in der Bostoner Commonwealth Avenue hatte stechen lassen. Zur Jahrtausendwende war sogar die Rebellion einer Jugendlichen eine relativ hygienische Angelegenheit.

Wegen eines legal verabreichten Medikaments auf der Intensivstation zu landen kam mir vor wie ein Verstoß gegen den normalen Lauf der Dinge. Tagelang war ich von Arzt zu Arzt geeilt, weil ich alle Symptome einer hormonellen Dysfunktion zeigte: Herzrasen, Schweißausbrüche, Schwindelgefühl und eine Schlaflosigkeit, die sich auch von hochdosierten Beruhigungsmitteln nicht beeindrucken ließ. Ich fand jede Nacht höchstens vier oder fünf Stunden Schlaf. Mir fielen noch dazu massenhaft Haare aus, ein echter Tiefschlag für meine Eitelkeit. Später erfuhr ich, dass ich in dieser Zeit auch Knochenmasse abbaute. Mit siebzehn hatte ich mich noch unsterblich gefühlt. Nun, mit achtzehn, war ich dem Schicksal völlig ausgeliefert.

Ich bin noch nie besonders gut im Ertragen von Schmerzen gewesen. Und da ich sonst jederzeit ein Nickerchen hatte einlegen können, kam ich mit der Schlaflosigkeit nicht gut zurecht.

Zufällig stammten die Menschen, die in den ersten Tagen meiner Krankheit nach mir sahen, alle aus dem Iran: ein Kommilitone, seine Mutter und eine Krankenschwester. Und da ich vor Fieber delirierte, nahm ich das als Zeichen. Ich wandte mich an einen Gott, an den ich nie zuvor auch nur ein Wort gerichtet hatte, und versprach ihm, Muslimin zu werden, wenn ich innerhalb von drei Tagen wieder gesund werden würde.

Das hormonelle Ungleichgewicht sollte weitere eineinhalb Jahre andauern ... Das nicht erhörte Gebet aber lenkte mein Interesse auf die großen Weltreligionen. Ich war zur Atheistin erzogen worden, dabei lag mir das nicht besonders. Schon als Kind hatte ich prophetische Träume gehabt und den Tod von Haustieren vorhergesehen. Ich weiß nicht, ob es in meinem Leben eine Zeit gab, in der ich nicht liebte, was hinter der Welt der Erscheinungen stand. Und doch war das Wort »Gott« in meinem Elternhaus tabu. Wir waren schließlich gebildet, und gebildete Menschen glaubten nicht an irgendwelchen Unsinn. Meine Eltern kamen beide aus einem konservativ protestantischen Haushalt und waren während des Vietnamkriegs aus der Kirche ausgetreten, weil sie die rassistische Kriegshetze satthatten, die von der Kanzel aus betrieben wurde. Für sie war Gott nicht mehr als ein bigotter, rachsüchtiger Weißer. Den Glauben an ihn zu verweigern war nicht nur wissenschaftlich korrekt, sondern gleichsam ein moralischer Imperativ.

Und so lernte ich, alle Erfahrungen, die ich nicht erklären konnte, zu verleugnen, zu verbergen oder zu bemänteln. In der Highschool war ein gewisses Neo-Heidentum populär, inspiriert von Filmen wie *Der Hexenclub.* Auf diese Weise hatte ich wenigstens eine kurze Auszeit von dem mir verordneten Atheismus. Mit Anfang zwanzig betete ich wie so viele andere das blutleere Mantra herunter, ich sei zwar »spirituell, aber nicht religiös«. Was ich damit meinte, hätte ich beim besten Willen nicht erklären können.

Aus drei Tagen im Krankenhaus wurden drei Wochen. Die Ärzte sagten mir, ich müsse durchhalten – die Depotinjektion sollte drei Monate lang anhalten, und vermutlich brauche der Körper danach noch eine gewisse Zeit, um wieder ins Gleichgewicht zu kommen. Ich ermüdete sehr schnell. Was ich früher in ein paar Stunden erledigt hatte, nahm nun Tage in Anspruch. Der Weg von der Uni ins Studentenwohnheim erschöpfte mich. Die Dämmerung bekam etwas Trostloses, kündigte sie doch lange, dunkle Stunden ohne Schlaf an. Aber da ich achtzehn und eigentlich ein glücklicher Mensch war, verstand ich allmählich, dass auch dies nicht das Ende sein würde.

Und so war es auch. Gesundheitliche Sorgen hatte ich genug, daher begann ich, die kleinen Dinge nicht mehr so wichtig zu nehmen. Ich kam beispielsweise ohne Make-up aus. Ich ging nicht mehr zu Partys, die mich nicht interessierten; ich musste nicht mehr überall gewesen sein. Ein geradezu alchemistischer Veränderungsprozess setzte ein. Und allmählich kehrten mein Humor und mein Glaube an mich selbst zurück – und damit auch das Interesse für diesen Gott, der meine Gebete nicht erhört hatte.

»Ich nehme an, der Allmächtige lässt sich nicht auf Deals ein«, sagte ich eines Tages zu Elizabeth, die in meinem Wohnheim am anderen Ende des Flurs lebte. Wir waren auf dem Weg zu Elie Wiesels alljährlicher Lektüre des Buches Hiob, über das wir eine Seminararbeit zu schreiben hatten.

»Zumindest nicht mit solch elenden Sündern«, scherzte sie, die der Episkopalkirche angehörte.

»Übrigens, es gibt so etwas wie Respekt«, holte Javad uns vom hohen Ross. Die Kekse, die er mir aus der Mensa mitbrachte, und seine Hilfsbereitschaft hatten mein Interesse für den Islam weiter befeuert. Und jetzt stand Javad mit einer Gruppe anderer Studenten aus unserem Fachbereich genau hinter mir.

»Auch wenn Gott für dich nur eine Hypothese ist«, fügte er hinzu. Er war ein sehr ernsthafter Typ und rauchte gern die indonesischen Nelkenzigaretten Djarum Blacks. Die lockere Art, wie ich mit Religion umging, passte ihm gar nicht.

»Ich war doch sehr respektvoll«, antwortete ich. »Und sehr ernsthaft. Hypothetisch ernsthaft.«

»Dann hast du also das Gefühl, dass ein hypothetischer Gott dich im Stich gelassen hat?« Er zog die Augenbraue hoch.

»Nein. Aber ich verstehe einfach nicht, wieso das so ist.«

»Natürlich nicht. Du kannst dich ja nicht von einem Gott verlassen fühlen, an den du nicht glaubst«, meinte Elizabeth.

Ich schüttelte den Kopf. »Ich weiß nicht, ob das so einfach ist.«

Wir setzten uns in die Mitte des Vorlesungssaals, gerade

als Dr. Wiesel vorgestellt wurde. Da wir Geisteswissenschaftler waren, fanden wir es nicht weiter bemerkenswert, eine Vorlesung über das Buch Hiob zu hören. Wir hatten uns schließlich schon mit Konfuzius, der Stoa und der Bhagavadgita auseinandergesetzt und keinen Schaden genommen. Doch als Dr. Wiesel auf die Rolle des Leids in Gottes Bund mit den Juden zu sprechen kam, fühlte ich mich auf einmal ausgesprochen unwohl.

»Ich glaube nicht, dass das gemeint ist«, murmelte ich.

»Was?« Elizabeth runzelte die Stirn und sah mich an.

»Hiob. Ich glaube nicht, dass es dabei um das Leiden geht. Meiner Ansicht nach handelt das Buch von …«

Ein paar Reihen hinter uns ertönte ein Zischen: »Schscht!«

»Ich denke, es geht dabei um den Monotheismus«, fuhr ich ungerührt fort. »Die Tatsache, dass der Glaube an einen Gott der Gnade auch den Glauben an einen zerstörerischen Gott umfasst. Denn schließlich ist es ja Gott, der Hiob leiden lässt, nicht der Teufel.«

Das »Schscht« wurde immer lauter, und so ließ ich mich genervt in meinen Stuhl sinken.

Als ich einem Gott meinen Glauben im Austausch für meine Gesundheit anbot, hatte ich vom Qur'an noch kein Wort gelesen. Meine ansonsten recht weitläufige liberalhumanistische Bildung hatte diesen Punkt einfach ausgeklammert. Die Professoren, die ich deswegen befragte, antworteten mir, dass muslimische Studenten protestierten, wenn man den Qur'an nur als literarischen Text studierte. Das konnte ich nicht so recht glauben. Wenn wir die Bibel lasen, behandelten wir sie ja trotzdem als *heiliges* Buch und unsere Diskussionen waren von Respekt geprägt. Unseren Glaubenszweifel ließen wir völlig außen vor. Was sollten die muslimischen Studenten dagegen haben, wenn man den Qur'an ebenso behandelte? Die wenigen, die ich kannte – Javad und ein oder zwei andere –, waren jedenfalls recht freundliche Menschen. Durch den Kontakt mit ihnen hatte ich die eine oder andere Information aufgeschnappt: So wusste ich beispielsweise, dass es zwei große muslimische Glaubensrichtungen gab und dass nicht alle Muslime Araber waren. Über ihren Glauben war mir allerdings nichts Genaues bekannt. Meine Hochschulausbildung kostete etwa dreißigtausend Dollar pro Jahr – und trotzdem wusste ich nicht, dass der Islam die zweitgrößte Weltreligion ist.

Ich begann, mich ohne Anleitung mit dem Islam zu beschäftigen und den Zusammenhang zwischen den drei auf Abraham zurückgehenden Traditionen – Christentum, Judentum und Islam – zu begreifen. Was meine religiösen Freunde glaubten, wurde für mich immer faszinierender, obwohl ich sie früher dafür verachtet hatte: Ich wollte alles wissen über die Dreifaltigkeit, die Eucharistie und die jüdische Vorstellung vom Leben nach dem Tod. Und ich entdeckte, dass ich tatsächlich zu diesen Dingen eine Meinung hatte.

»Wenn Gott allwissend und allmächtig ist, wieso musste er dann den Heiligen Geist schicken, damit Maria schwanger wurde? Warum war dieser Schritt nötig? Konnte er nicht einfach eine Spontanschwangerschaft herbeiführen? Darum geht es doch bei der Allmacht oder etwa nicht? Warum zeigen die Leute immer nach oben, wenn sie vom Himmel sprechen? Wenn der Himmel bei uns da oben ist, wo ist er dann in China? Unten? Oder auf dem Mond? Wie kann es so etwas wie Erbsünde geben? Ist diese Vorstellung nicht zutiefst ungerecht?« Ich war hartnäckig, manchmal sogar unhöflich. Viele meiner Fragen wurden mit indigniertem Schweigen beantwortet. Atheisten stellen solche Fragen meist nur, um etwas an einer Religion zu kritisieren. Ich hingegen versuchte, das, was sich in mir immer deutlicher bemerkbar machte, konkreter zu benennen.

Ich war in dem Glauben aufgewachsen, nur die Schwachen im Geiste glaubten an einen unsichtbaren Schöpfer mit Superkräften. Wenn nun Gott gar kein Unsichtbarer mit Superkräften war? Der Atheismus konnte mir darauf keine Antwort geben. Er hatte mich nur gelehrt, Göttergestalten, die in der Mehrzahl auftraten, abzulehnen: anthropomorphe regionale Gottheiten, die den Gesetzen von Raum und Zeit unterworfen waren. Er hatte mir Argumente gegen Zeus, Elfen und Feen an die Hand gegeben. Doch der Gott, den ich so verzweifelt angefleht hatte, war nicht Zeus.

Vielleicht versuchte ich ja, durch das Gebet einen Gott herbeizuzaubern, an den ich längst glaubte. Krank zu sein hatte in meinem Kopf buchstäblich etwas gelockert. Und die langen Nachtwachen im dunklen Zimmer hatten meine Wahrnehmung verändert. Mein Körper schien mir nicht länger als Quelle unendlicher Kräfte, sondern als lose Einheit Tausender höchst fragiler Moleküle wie chemischer Botenstoffe, Provitamine und Aminosäuren, deren Gleichgewicht leicht zu erschüttern war. Dass es so vielen Leuten gutging – dass es mir so lange Zeit gutgegangen war –, erschien mir nun wie ein Wunder.

Krankheiten befördern gewöhnlich die Leidtragenden gleich durch den Vordereingang der Religion ins Haus. Bei mir war es eher das Hintertürchen, das sich auftat. Ich wollte gar nicht wissen, ob ich geprüft oder gestraft worden war. Weder bei meiner Gesundheit noch bei meiner Krankheit ging es um mich. Die Kraft, die meinen Kortisolspiegel durcheinanderbrachte, half, meinen Körper auch wieder zu heilen. Wenn ich mich an einem Tag besser, am anderen schlechter fühlte, berührte das diese Kraft gar nicht. Die Kraft war nicht parteiisch. Sie gab dem Mädchen, das neben mir im Krankenhaus lag, eine Lungenentzündung. Doch sie gab ihr auch weiße Blutkörperchen, die ihre Infektion bekämpften. Und die Atome in den Zellen, und die Kerne in diesen Atomen, waren dieselben Kohlenstoffmoleküle, wie sie sich im namenlosen Raum zu neuen Planeten formten. Ich hatte auf all dies keinen Einfluss, war dabei völlig unbedeutend – und in dieser Unbedeutendheit gefiel ich mir.

Diese Kraft war ein so massiver, so unmenschlicher Gott, dass der Atheismus, in dem man mich erzogen hatte, nicht gegen ihn ankonnte. Ich wurde zum Religionskämpfer ohne Religion. Mir war nicht klar, ob es überhaupt eine Weltanschauung gab, in der ein so unerbittlicher Monotheismus seinen Platz fände. Es sollte ein Glaube sein, der nicht erst erklären musste, weshalb guten Menschen böse Dinge widerfahren. Ein Glaube also, der davon ausging, dass mit der Schöpfung auch die Zerstörung verknüpft war.

Ich fühlte mich vom Buddhismus angezogen, doch der war mir nicht theistisch genug. Gott war nicht da, jedenfalls nicht sichtbar. Ich wäre gerne Christin geworden. Mein Leben wäre viel einfacher, wenn ich mit der Dreifaltigkeit und der Erbsünde zurechtkäme oder mit der Vorstellung, dass Gott einen Sohn haben sollte. Das Judentum war fast vollkommen, aber leider war es nur für ein bestimmtes Volk geschaffen worden. Die meisten Juden, die ich kannte, fanden die Vorstellung zu konvertieren merkwürdig. Die verbriefte Mitgliedschaft in der historischen Gemeinschaft war ihnen ebenso wichtig wie der Glaube selbst.

Im Islam hingegen, der dem Gedanken an Konversion offen gegenübersteht, gab es endlich Worte für das, was ich glaubte: *Tauhid,* die absolute Einheit Gottes. *Al Haq,* eine Wahrheit, so ehern und unverbrüchlich, dass sie kein

Gegenteil kannte, denn diese Wahrheit umfasste Gut und Böse zugleich. Im Akt der Schöpfung gab es keine Zwischenstufen. Gott sagte einfach nur: *Kun, fa yakun* – »Sei, und es ist.« Ich hatte ein Déjà-vu. Mir war, als sei mein Versprechen, Muslimin zu werden, kein Zufall gewesen, sondern eine Art Rückkehr zu mir selbst. Zu meinem zukünftigen Selbst, das sich bereits durch mein früheres Selbst geäußert hatte.

Eines Abends war dieses Gefühl besonders deutlich. Ich stand vor einem Süßigkeiten-Automaten im Studentenwohnheim. Es war der Frühling, in dem ich krank geworden war. Ein anderes Mädchen stand vor mir, in T-Shirt und Pyjamahose und mit frustriertem Gesichtsausdruck.

»Mistding«, schimpfte die Studentin und schlug mit der Faust gegen das Glas, das sie von ihrem Twix trennte. Es war an einer Ecke der Verpackung hängengeblieben. Sie seufzte, drehte sich um und murmelte: »Viel Glück!«, als sie an mir vorbeiging. Auf ihrem T-Shirt stand: »Warum regnet es immer auf *meinen* Kopf?« Offensichtlich trug sie genau das richtige T-Shirt zum Anlass.

Ich gab den Code für ein Snickers ein. Als es hinter der Glasscheibe herunterfiel, riss es das steckengebliebene Twix mit sich. Als ich die Klappe des Automaten öffnete, lagen da zwei süße Riegel einträchtig nebeneinander. Ich sah mich nach der Studentin um, aber sie war schon weg.

»Kun«, sagte ich vor mich hin. »Kun, fa yakun.«

Das Mädchen mit dem zum Anlass passenden T-Shirt war in diesem Moment frustrierter als ich mit meiner Osteopenie, dieser Verminderung meiner Knochendichte. Irgendwie schien der moralische Mikrokosmos des Studentenwohnheims vollkommen ausgeglichen. Was ich durchgemacht hatte, war so gering im Vergleich zu dem, was andere Menschen erlitten. Und im Gegenzug bekam ich dafür einen Keksriegel geschenkt.

Ich hatte gerade einen Koranvers gelesen, in dem es um *rizq* ging, den Lebensunterhalt, doch barg dieser Begriff auch eine gewisse Schicksalhaftigkeit. »Oh, ihr, die ihr glaubt! Esst von den guten Dingen, mit denen Wir euch versorgen, und dankt Gott, so ihr Ihm dient.« Eine kleine Veränderung der Wahrscheinlichkeiten, ein unsichtbarer Wink, und ein wenig *rizq* war neu verteilt worden. Die Welt schien mit einem Mal völlig widerspruchsfrei zu sein. Sie war ins Leben gerufen worden – kun – durch Schmerz, Synchronizität und schlecht funktionierende Süßigkeiten-Automaten. Ich gab meine Fähigkeit, zwischen Mikro- und Makrokosmos unterscheiden zu können, allmählich auf.

Als ich in diesem Sommer nach Hause ins vertraute Colorado zurückkehrte, ließ ich mir ein Tattoo machen. Ein Künstler namens Fish stach den Begriff *Al Haq* in arabischer Kalligraphie in die Haut auf meinem unteren Rücken. Während der Arbeit redete er auf mich ein, um mich vom Schmerz abzulenken. Ich hatte mich für den Herbst bei einem Arabischkurs angemeldet. In der Zwischenzeit lernte ich einen Teil des Alphabets mit Hilfe eines alten Lehrbuches, um sicher zu sein, dass ich mir keinen Unsinn auf den Körper tätowieren ließ. Der arabische Schriftzug fand seinen Platz neben einem anderen, den ich mir auf Rhode Island mit siebzehn hatte stechen lassen, nachdem ich dem Tätowierer einen gefälschten Ausweis vorgelegt hatte. Er hatte mich darauf hingewiesen, dass niemand nur zwei Tattoos habe. Die meisten ließen sich entweder eines stechen oder gleich mehrere. Eigentlich wollte ich noch zwei weitere, als ich das *Al Haq* stechen ließ, doch dies führte zu einer der ersten schwierigen Debatten, die ich im Hinblick auf Kunst und religiöse Vorschriften zu führen hatte. Sowohl im Judentum als auch im Islam sind Tattoos nicht gern gesehen. Der Körper ist eine Schöpfung Gottes und daher per se vollkommen. Jeder medizinisch nicht notwendige Eingriff gilt als Beleidigung des Allerhöchsten. Ich bin froh, dass ich das damals noch nicht wusste, denn ich bin mir nicht sicher, ob mich das wirklich abgehalten hätte.

Al Haq war eine Mahnung an mich selbst, die ich nicht mehr auslöschen konnte. Sobald ich wieder gesund war, wäre es nur allzu einfach, diesen Teil meines Lebens wieder zu vergessen und erneut in die irrige Vorstellung zu verfallen, die Welt sei nur für mich da und müsse mir alles, was ich mir wünsche, zur Verfügung stellen. Nun aber hatte ich sozusagen ein körpereigenes Post-it. Eines Tages würde ich den Mut zum Eintritt in den Islam aufbringen. Ich war noch nicht bereit. Noch immer hatte ich meine chemischen und sozialen Krücken, und ich würde einige Zeit brauchen, um ohne sie leben zu lernen. Doch nun wusste ich, was aus mir werden würde, wenn ich eines Tages nicht mehr auf sie angewiesen wäre.

Der Schimmel

Zuljanah ging ein paar Schritte nach vorn, dann blieb er stehen. Husayn strich dem Hengst über den weißen Hals und sagte: »Mein treues Ross, ich weiß, dass du müde und hungrig bist. Du trägst mich seit dem Morgengrauen. Doch, mein treues Pferd, trage mich nur noch einmal, bring mich zum Schlachtfeld.«
ISLAMISCHE SAGE

Drei Wochen später war ich wieder zurück in Boston an der Universität, als ich BBC World über folgenden Vorfall berichten hörte: Ahmad Shah Massoud, der Führer der afghanischen Widerstandsbewegung, der die Taliban so lange in Schach gehalten hatte, war von Männern erschossen worden, die sich als Journalisten ausgegeben hatten. Ich hatte in einem meiner Kurse ein Referat über ihn gehalten und wusste daher, welch wichtige Rolle er im Kampf der Afghanen gegen die Taliban spielte. Ich war erstaunt, dass dieser clever eingefädelte politische Mord, der vermutlich von seinen fundamentalistischen Gegnern inszeniert worden war, keinerlei Aufmerksamkeit erregte. Die Tatsache, dass die Taliban einen so geschickt ausgeklügelten Plan ersinnen konnten, erschreckte mich.

Müssten im Beruf stehende Erwachsene sich wie Schulkinder regelmäßig Tests unterziehen, die ihr Wissen über aktuelle Ereignisse abfragen, würden wir ganz sicher in einer anderen Welt leben. Ich jedenfalls empfand in dem Moment die Art Schwindelgefühl, die einen packt, wenn man einem Auto zusieht, das über die Mittellinie hinausschlingert. Man hat den Unfall förmlich vor Augen. Massouds Tod war nicht das Ende, konnte es nicht sein. Aber er war aus dem Weg geräumt worden, um freie Bahn zu machen für etwas anderes.

Wir schrieben den 11. September 2001, es war etwa acht Uhr dreißig am Morgen.

Boston wird im Zusammenhang mit den Angriffen selten erwähnt, doch das Schuldgefühl war danach in der Stadt mit Händen zu greifen. Die Terroristen, die den Süd-Tower angeflogen hatten, kamen vom Logan Airport in Boston. Nur zwei Stunden zuvor waren sie in Boston gestartet. Man hätte sie hier abfangen können. Die meisten Menschen redeten, als sei es ihre persönliche Schuld, dass dies nicht geschehen war.

Und dann war da natürlich die Paranoia: Es hieß, es gäbe noch eine weitere terroristische Zelle in der Stadt. Wir an der Universität würden bleiben müssen, wo wir waren. Man würde alle Brücken sperren und uns von öffentlichen Verkehrsmitteln fernhalten, bis die Zelle aufgespürt und zerschlagen worden sei. Einige hysterische Studenten begaben sich eiligst zur South Station, weil sie noch den letzten Zug nach Hause erwischen wollten, »bevor man hier alles dichtmachte«.

Es gab jedoch gar keine Zelle, und wir wurden auch nicht total abgeriegelt. Doch die Kampfflugzeuge donnerten mit ohrenbetäubendem Lärm dicht über unsere Köpfe hinweg, und die Sirenen hörten gar nicht mehr auf zu heulen. Meine Eltern hatten mehrere alarmierte Nachrichten auf meinem Anrufbeantworter hinterlassen, weil sie Angst hatten, dass ich wie so oft übers Wochenende Freunde in New York besucht hatte. Ich schickte ihnen eine E-Mail und bat sie, sich an die offizielle Empfehlung zu halten, das Telefon nicht zu benutzen.

In weiser Voraussicht hatte der Kanzler der Boston University die Kurse an jenem Tag nicht abgesagt. Sein Argument: Wenn wir unseren Lebensstil, also unseren gewohnten Tagesablauf, ändern, würden wir damit nur den Terroristen in die Hände spielen. Und so ging ich an jenem

Tag um drei Uhr nachmittags in den Arabischkurs, für den ich mich im Frühjahr angemeldet hatte, mit einem Schulbuch, das ein großes, scharlachrotes A auf dem Umschlag trug.

Für den nächsten Abend hatte ich mich mit Ben, einem anderen Geschichte-Hauptfach-Studenten, zum Abendessen im Studentenwerk verabredet. Ich hatte meine Arabisch-Hausaufgaben mitgenommen, verlor aber die Lust, sobald ich nur das Buch öffnete. Als Ben seine Tasche auf den Tisch fallen ließ, fuhr ich erschrocken auf. Er setzte sich.

»Ich habe eine Flasche Gin in der Manteltasche«, sagte er. »Komm, wir besaufen uns und schauen uns dann *Zoolander* an. Die Kinos sind anscheinend geöffnet. Ich packe das einfach nicht mehr.«

Erleichtert seufzte ich auf. »Nein, ich auch nicht. Das ist wirklich der beste Vorschlag, den ich heute gehört habe.«

Still verzehrten wir unser Abendessen und machten uns dann auf den Weg. Wir marschierten die Commonwealth Avenue hinunter, die Menschen dort wirkten bedrückter als sonst, und auf das Fenway-Baseballstadion zu.

»Was, glaubst du, passiert als Nächstes?«, fragte Ben ohne Vorwarnung. Er reichte mir den Gin. Er war kühl und schmeckte nach Kiefern, als tränke ich Wasser mit Christbaumgeschmack.

»Ich bin froh, dass es nicht mein Job ist, das jetzt herauszufinden.« Ich wollte auch gar nicht darüber nachdenken. Mein Arabischlehrer, ein freundlicher, aber ständig genervter Ägypter, war erschöpft zum Unterricht gekommen. Damals gingen wir alle davon aus, ein Vergeltungsschlag würde eines der Länder treffen, aus dem die Attentäter stammten.

»Es wird Krieg geben«, sagte Ben mit jener barschen Stimme, die er sich für seine politischen Prognosen vorbehielt. »Klug von dir, Arabisch zu belegen«, fuhr er fort. »Dann kannst du für den Geheimdienst arbeiten.«

»Deshalb habe ich den Kurs nicht belegt«, sagte ich und spürte einen Nerv in meiner Wange zucken. »Es ist einfach schön.«

»Es ist nützlich.«

»Warum lernst du dann kein Arabisch?«

»Keine schlechte Idee.« Ben schwieg einen Augenblick, die Hände in den Taschen vergraben. »Ich wünschte, ich könnte begreifen, was da passiert ist«, meinte er. »Ich bin heute Morgen aufgewacht und hatte das Gefühl, vergessen zu haben, was falsch und richtig ist. Es war ein schrecklicher Moment. Ich habe fünf Minuten gebraucht, bis ich erkannte, dass dieses Gefühl auf die aktuellen Ereignisse zurückzuführen war.«

Damals konnte sich niemand auf die Geschehnisse einen Reim machen. Alles, was wir wussten, war, dass wir nicht mehr in einer Welt lebten, in der auf der einen Seite Amerika stand, wo solche Dinge niemals passierten, und auf der anderen Seite der Rest der Welt, in dem so etwas eben einfach so geschehen konnte. Diese Erkenntnis schweißte die Menschen zusammen. In der Schlange vor dem Kino lächelten die Wartenden einander zu. Man unterhielt sich mit Fremden. Es berührte mich tief: In dieser Situation, in diesem Augenblick war unsere erste Reaktion ein zartes Gefühl der Freundlichkeit.

Ich konnte nicht zum Islam übertreten. Nicht danach. Das wäre Verrat gewesen an den Menschen, die ich liebte, und eine Beleidigung angesichts des Unrechts, das mein Land erlitten hatte. Als die Filmberichte mit den zornigen alten Männern über Amerikas Bildschirme flimmerten, die erklärten, ihre Religion sei unvereinbar mit dem dekadenten Westen, glaubte ich ihnen. Schließlich beleidigten sie meine Kultur. Die Kultur, in der ich groß geworden war. Bewusst und unbewusst lehnte ich mich gegen den Islam auf. Wie zuvor griff ich wieder zu Jello-Cocktails und Wein im Tetrapak. Das tat ich sogar im Fastenmonat Ramadan vor den Augen meiner muslimischen Freunde. Meinen Salto rückwärts begleitete ich mit rationalen Erklärungen: Muslimin zu werden sei ohnehin antiislamisch, weil ich mich damit ja einer organisierten Religion anschließen und nicht den Kontakt zu Gott selbst suchen würde. Überhaupt war ich in Religionsfragen aggressiv und schnell sarkastisch. In Diskussionen verteidigte ich zwar die Muslime, um mir einen liberalen Anstrich zu geben, doch diese Verteidigungshaltung war im Grunde nichts weiter als widerrechtliche Aneignung: Ich tat so, als hätte ich dazu etwas Wichtiges zu sagen, doch letztlich stand ich dem Islam auf verkappte Weise genauso ablehnend gegenüber wie jene, die ihn offen und ehrlich hassten.

Ich lechzte nach der weltlichen Wahrheit, die für alle anderen so offensichtlich auf der Hand lag. Glücklicherweise gab es mehr als genug islamkritische Bücher. Ich hatte die freie Wahl und entschied mich für Rushdies *Satanische Verse*, die – so hoffte ich – mich von meiner Neigung zur Religiosität ein für alle Mal kurieren würden. Doch ich fand das Buch schwer und unverdaulich. Andererseits liebte ich Hanif Kureishis urbane, subversive Novellen. Das *Schwarze Album* ist immer noch eines meiner Lieblingsbücher, doch auch dieses Buch rührte nicht an meinem Glauben an Gott. Nichts fühlte sich für mich so richtig an wie das, was ich im Qur'an gelesen hatte. Ich wartete auf das mich in meinen Grundfesten erschütternde Argument, das mir unzweideutig klarmachte, dass es keine spirituelle Autorität gab. Ich wartete auf das, was so viele andere Menschen zum Austritt aus einer organisierten Religion bewogen hatte. Doch was auch immer ich las, für mich fühlte es sich nie richtig an. Für mich war es, als hätten die Leute, die behaupteten, es gäbe kein Licht, nur den Lichtschalter versteckt.

Tag für Tag mühte ich mich, die *shaheda* nicht zu sprechen: »Es gibt keinen Gott außer Gott, und Mohammed ist sein Prophet.« In meinen Träumen häuften sich alttestamentarische Motive, die Christentum, Judentum und Islam gemeinsam sind. In einem Traum beispielsweise sah ich die Jakobsleiter, nur führte sie nicht von der Erde zum Himmel, sondern verlief dazwischen. Stufe für Stufe zeichnete sie eine Parallele zum Horizont. In einem anderen Traum stand ich in einer Wüste, die von ausgetrockneten Knochen übersät war, und spürte hinter mir eine Präsenz wie den Schatten eines großen Vogels, die mir Fragen stellte. Als ich aufwachte, wusste ich immer noch nicht, womit ich es da zu tun gehabt hatte. Später an diesem Tag erzählte uns einer unserer Professoren vom Propheten Hesekiel und dem Tal der verdorrten Gebeine, was mich zutiefst erschütterte. Am häufigsten aber träumte ich von einem Schimmel. Er tauchte vor allem in meinen Alpträumen auf, wenn ich bedroht oder verletzt wurde. Dann kletterte ich auf seinen Rücken und er trug mich aus der Gefahrenzone, ohne dass ich ihm auch nur den Befehl dazu hätte geben müssen.

Ben machte seinen Abschluss ein Jahr vor mir. Zur selben Zeit ging eine seiner Professorinnen in den Ruhestand. Sie wollte in ihrer Heimatstadt Kairo eine Highschool für englischsprachige Schüler gründen. In der damals schwierigen wirtschaftlichen Situation war Ben froh, als sie ihm einen Job anbot. Er sagte sofort zu. Er würde also doch noch richtig Arabisch lernen. Unsere Freunde nahmen an, ich würde ihm folgen, sobald ich mein Diplom gemacht hatte. Solche Chancen auf neue Lebenserfahrungen, die noch dazu mit keinerlei Kosten verbunden waren, boten sich schließlich nicht jeden Tag. Sobald ich zurückkäme, würde ich über zwei der Qualifikationen verfügen, die auf dem amerikanischen Arbeitsmarkt nach dem 11. September 2001 zu den gesuchtesten überhaupt gehörten: Ich würde Arabisch sprechen und den Nahen Osten gut kennen. Es gab also absolut keinen Grund, nicht zu gehen. Mit einem Abschluss in Geschichte und meinem chronisch mangelnden Ehrgeiz hatte ich nichts, was mich in Amerika hielt.

Aber mich beschäftigten ganz andere Fragen. Ich wusste tief in mir, dass ich nicht einfach nach Ägypten gehen würde, um dort zu studieren und mit ein paar guten Geschichten im Gepäck wieder nach Hause zu fahren. Ich würde dort zum Islam übertreten. Blieb ich jedoch in den Vereinigten Staaten, würde der Alltag mich irgendwann auffressen und ich würde den Qur'an vergessen. Ich konnte mit Freunden zusammenziehen, mir einen Job suchen, Vorträge über die beste Autoversicherung oder die günstigsten Urlaubsangebote halten. Die Vorstellung, ein planbares Leben zu haben, in dem die Ereignisse vorhersehbar, die Mitwirkenden bekannt waren, hatte etwas Verführerisches. Monatelang fragte ich mich, für welche der beiden Möglichkeiten ich mich entscheiden würde.

Im Winter vor meiner Abschlussprüfung fiel mir dann bei einer Freundin plötzlich ein Päckchen Tarotkarten in die Hände. Ich mochte das Tarot. Es hatte sich immer als recht zuverlässig erwiesen – soweit das überhaupt der Fall sein kann. Während der Highschool hatte ich mir regelmäßig Tarotkarten gelegt. Und während ich auf meine Freundin wartete, spielte ich mit den Karten. Ich legte mir ein ganz normales siebenteiliges Kreuz aus. In der Position, welche die Vergangenheit bezeichnete, lag nun die »Königin der Stäbe« vor mir, eine Karte, die mich wenig überraschte. Die Zukunft allerdings zeigte den »Ritter der

Stäbe«, einen jungen Mann, der an Pyramiden vorbei in die Wüste reitet – auf einem Schimmel.

»Nein!« Ich richtete den Blick zur Decke und sprach mit dem leeren Raum. Es war das erste Mal, dass ich mich laut an Gott wandte, ohne stille Vorrede und ohne verlegen zu sein.

»Das tue ich nicht«, sagte ich. »Ich gehe nicht.«

Es war dies das letzte Mal, dass ich mir die Karten gelegt habe. Als Muslim verzichtet man darauf, einen Blick in die Zukunft tun zu wollen.

Den Ausschlag in der Ägyptenfrage gaben dann jedoch meine Eltern. Sie fanden es verrückt, auf eine so gute Möglichkeit zu verzichten, Auslandserfahrungen zu sammeln. Wenn ich ihnen erzählt hätte, dass ich versuchte, mich vor dem Bekenntnis zum islamischen Glauben zu retten, hätten sie vielleicht mehr Verständnis für mein Zögern aufgebracht. Sich gegen eine Religion zu stemmen gilt unter weltlichen Liberalen als noble Tat. Aber ich erzählte ihnen nichts davon … und auch niemandem sonst.

An einem warmen Augusttag 2003, zwei Wochen vor meinem einundzwanzigsten Geburtstag, bestieg ich ein Flugzeug. Es sollte mich nach Frankfurt bringen und von dort aus nach Kairo. Meine Freundin Jo begleitete mich. Jo studierte Kunst und war darin sehr fleißig. Und so hatte sie beschlossen, sich ein Jahr Auszeit zu gönnen und mit mir nach Ägypten zu gehen.

Wir hatten zwei Koffer mit unseren altmodischsten Kleidern dabei. Schließlich hatten wir keine Vorstellung davon, wie man sich in ägyptischen Augen »sittsam« kleidete. Ich hatte darüber hinaus noch eine Schachtel Tampons eingesteckt. Bens Zimmergenossin hatte mich vorgewarnt, dass es in Ägypten keine gäbe. Ich muss zugeben, dass ich ihr das glaubte. Hätte ich auch nur eine Minute darüber nachgedacht, ich wäre bestimmt schnell dahintergekommen, dass auch »unterdrückte fremde Frauen« ihre Regel bekommen. Und Kairo, eine der größten Städte der Welt, musste für seine weiblichen Bewohner zweifellos etwas bereithalten, das ihnen half, damit umzugehen. Ich mochte ja gebildet sein, aber ich war doch sehr naiv, wenn es um den Nahen Osten ging. Meine Auseinandersetzung mit dem Islam bedeutete noch lange nicht, dass ich über die Menschen etwas wusste, die diese Religion praktizierten. In gewisser Weise war ich auf das Leben in Ägypten ebenso wenig vorbereitet wie jemand, der sich noch nie für den Islam interessiert hatte.

Ich ließ meine Mum auf dem Flughafen in Denver zurück. Sobald das Flugzeug abhob, tobte das Adrenalin in meinen Adern. Und bei der Landung in Frankfurt waren meine Hände schweißnass. Doch erst beim Abflug nach Kairo bekam ich Panik. Wenn mich jemand fragt, wann ich denn nun eigentlich zum Islam übergetreten sei, drücke ich mich gewöhnlich vor der Antwort. Ich erzähle, dass ich während meiner Zeit am College bereits im Stillen zum Islam gefunden habe, was ja auch stimmt. Andererseits habe ich das Gefühl, mein Leben lang Muslimin gewesen zu sein, weil ich im Qur'an nur fand, was ich immer schon geglaubt hatte. Wenn Konversion aber bedeutet, dass man beginnt, einem bestimmten Ideal zu dienen, dann fand meine in jenem Flugzeug statt. In der Dunkelheit über dem Mittelmeer machte ich meinen Frieden mit Gott, fernab von jedem Land und jedem Gesetz. Ich nannte ihn Allah.

Natürlich wusste ich nicht, was mich in Ägypten erwartete. Ich wusste nicht, ob es den Kampf der Kulturen, diesen vielbesprochenen »clash of civilizations«, tatsächlich gab und ob es ein unauflösbarer Widerspruch wäre, Amerikanerin *und* Muslimin zu sein. Und doch fühlte ich mich zum ersten Mal in meinem Leben eins mit mir selbst – und das musste schließlich etwas heißen. Kulturelle und politische Unterschiede wurzeln tief, doch es gab etwas in mir, das noch tiefer ging. Daran glaubte ich. Daran musste ich glauben.

Die Siegreiche

Auf der schmalen Furt zwischen Leben und Tod, unter dem letzten Funkeln wachender Sterne, über dem Klang erhabener, dunkle Gesänge, hob an die Zwiesprache gewohnter Plagen und ersehnter Freuden.
NAGIB MACHFUS, *Das Lied der Bettler*

Ich war noch nicht einmal vierundzwanzig Stunden in Kairo, als ein Typ auf der Straße von mir einen geblasen haben wollte. Er war um die dreißig, eher mager, und er hatte einen Schnurrbart, dessen Enden nach unten hingen. Ich beugte mich aus dem Taxi und fragte ihn nach dem Weg – Jo und ich hatten uns im Maadi verirrt, dem Schickimicki-Viertel, in dem unsere Wohnung lag, die wir von Ben übernommen hatten. Nachdem er mit einer unbestimmten Geste über seine Schulter in die Richtung gedeutet hatte, wo die von uns gesuchte Straße liegen sollte, unterbreitete er uns seinen Vorschlag. Sein Englisch war so schlecht, dass »blow job« sich anhörte, als wäre es ein französisches Wort.

»Hat er da etwa gerade …?« Ich sah Jo an, nicht völlig sicher, ob ich richtig verstanden hatte.

Jos hübsche, weiche Züge verzogen sich zu einer Grimasse des Abscheus.

»Nun gut, fahren Sie los«, sagte ich zu dem Taxifahrer und ließ mich in den Sitz zurücksinken. Mein Gesicht brannte. Der Fahrer sah mich über die Schulter an und runzelte die Stirn. Für ihn war die Adresse, die wir ihm gegeben hatten, nur ein unentwirrbarer Buchstaben- und Zahlensalat. Wie die meisten Taxifahrer in Kairo brauchte er Orientierungshilfen, um den Weg zu finden – fahr vorbei an der weißen Moschee, bieg ab, wenn du an einem Ladenbesitzer vorbeikommst, der im Schatten sitzt und aussieht wie ein wütender Hahn. Doch da wir die Umgebung des Hauses nicht beschreiben konnten, wusste er nicht, wohin er uns bringen sollte.

»Wir können fahren«, sage ich nochmals und wedelte mit der Hand.

Das Taxi schoss vorwärts.

Die Stadt, in der wir eben angekommen waren, stand am Rande des moralischen und finanziellen Zusammenbruchs. Nahezu jeder Mann, dem wir begegneten – von den Taxifahrern, die uns auf dem Parkplatz des Flughafens anriefen, bis zu den Türstehern in ihren umbrafarbenen Livreen vor unserem Wohnhaus –, begegnete uns mit dem Ausdruck einer unterdrückten, sexuell gefärbten Wut. Frauen nahmen hingegen überhaupt keine Notiz von uns. Die Luft war dick von Staub, der sich in Kleidung und Haaren festsetzte wie ein metallisches Parfüm. Dies war zweifellos Kairos allgegenwärtigstes Merkmal: der Staub. Sogar die Palmen und Bananenstauden in den kleinen, mauernumschlossenen Vorgärten waren eher grau als grün.

Im Herzen der Stadt duckten sich alte Moscheen in den Schatten der zusammengewürfelten Hochhäuser, die mitunter recht wacklig auf ihren Fundamenten standen. Der Lärm der Autos und Maschinen riss nie ab. Im Zentrum der Metropole räkelte sich der Nil breit und schwarz wie der ägyptische Kaffee. Die Wüste nagte von allen Seiten am fruchtbaren Schwemmland; die jahreszeitlich bedingte Schlammflut wurde vom Staudamm in Assuan zurückgehalten. Fiele je der Blick eines Umweltforschers auf Kairo, so würde er in ihr vermutlich die Zeichen der Zukunft sehen: eine flache, verbrannte, luftlose Ebene, in der die Zivilisation Schiffbruch erlitten hatte.

Ich liebte diese Stadt. Ich liebte sie wie besessen von dem Moment an, an dem ich aus dem Flughafen in die stickige Augusthitze trat. Vor diesem Moloch schienen all meine Ängste eitel. Mich erfasste mit einem Mal ein lang verschütteter Überlebensinstinkt.

Mittlerweile war ich Muslimin. Hinter den hölzernen Fensterläden meines Zimmers, das auf ein paar zerzauste Palmwipfel hinausging, betete ich … allein. Anfangs fiel mir das Beten schwer. Ich hatte nie gelernt, mich vor etwas zu verneigen oder etwas zu sagen, ohne dass jemand zugegen war, der es hätte hören können. Als ich zum ersten Mal mein Gebet verrichtete, war mein Gesicht nicht nach Mekka gewandt. Ich betete mit dem Gesicht nach Westen, meiner Heimat. Dort hatte ich zum ersten Mal mit Gott gesprochen. Mekka war ein Ort, den ich nie gesehen hatte, voller Menschen, die mir nichts bedeuteten. Für jemanden, der frisch zum Glauben gefunden hatte, war ich ganz schön widerborstig. Ich fand es peinlich, mich zu verneigen und mit der Stirn den Boden zu berühren. Wenn man mich damals gefragt hätte, was Religion ist, hätte ich wohl geantwortet: der Ausdruck unserer Liebe zu Gott. Jahre später meinte ein muslimischer Freund, der zur Untergruppe der Dawoodi Bohras gehörte, Gott sei die Liebe zwischen uns und der Religion. Heute ist mir dies klar. Ich stellte schon bald fest, dass religiös sein ein Willensakt ist. Ich dachte, das Gebet würde sich von selbst aus dem Glauben ergeben, doch das tat es nicht: Ich musste mich darin erst üben. Und das tat ich also, ganz für mich allein, ohne Jo oder jemand anderem etwas davon zu verraten.

Eine Woche lang aßen Jo und ich fast gar nichts. Wir hatten keine Ahnung, wo und wie wir Essen kaufen konnten. Die Wohnung, in der Ben und seine WG-Genossin gelebt hatten, lag in einer von ausladenden Hibiskusbüschen gesäumten Seitenstraße. Am Ende der Straße gab es ein paar kleine Läden, die uns allerdings wenig nützten. Einer verkaufte Finken und Rosenköpfchen-Papageien in kleinen Käfigen. In einem anderen gab es Handys, im dritten Computerteile, die ohne jede Beschriftung auf Holztischen lagen. Als wir endlich einen Lebensmittelladen fanden – einen sogenannten *duken,* wie wir später lernten –, kauften wir Oliven und Brot. Ein Eselswagen versorgte uns mit Mangos. An Supermärkte gewöhnt, waren wir völlig irritiert, dass wir Fleisch oder Fisch nicht dort kaufen konnten, wo es Milch gab.

Eines Nachmittags während dieser ersten, vollkommen proteinfreien Woche läutete plötzlich das Telefon. Jo und ich starrten es unbehaglich an. Der einzige Anruf, den wir bisher erhalten hatten, war vom Direktor der Sprachenschule gekommen, der uns in Kairo willkommen hieß. Zu spät merkte ich, dass ich keine Ahnung hatte, wie Ägypter sich am Telefon melden.

»Geh du ran«, sagte Jo.

»Wieso ich?«, fragte ich erschrocken.

»Weil es jemand sein könnte, der Arabisch spricht«, meinte sie. »Los, nimm den Hörer ab.«

Das tat ich. »Hallo?«

»Ist dort Willow?« Die Stimme war männlich und sprach Englisch mit einem angenehmen ägyptischen Akzent. Der Mann stellte sich als Omar vor. Diesen Namen kannte ich aus Bens E-Mails. Er war Physiklehrer an der Sprachenschule, der LS, wie wir das Institut nannten, und einer von Bens engsten Freunden in Ägypten. Ben hatte sich Sorgen gemacht, wie es uns zwei amerikanischen Mädchen in Kairo wohl ergehen mochte, und so hatte er Omar gebeten, sich unser anzunehmen.

»Mir ist heute eingefallen, dass ihr ja am Fünfzehnten

kommen wolltet«, sagte er. »Ich wollte nur nachfragen, ob alles in Ordnung ist. Ben sagte, du hast jemanden mitgebracht?«

»Eine Freundin«, antwortete ich. »Sie wird auch an der LS arbeiten.«

»Oh, gut«, gab er höflich zurück. »Braucht ihr irgendetwas?«

Ich sagte nichts über unser aufgezwungenes Veganertum.

Er entschuldigte sich, dass er nicht früher angerufen hatte – er habe die letzten Tage auf Sinai verbracht.

»Können wir dich zum Tee einladen?«, fragte ich dankbar. »Ich habe ein Buch dabei, das Ben dir schickt.«

»Natürlich«, meinte er. »Wann soll ich kommen?«

Eine Stunde später stand er vor der Tür. Omar war ein großer Mann mit olivfarbener Haut und trug Khakihosen und ein westliches Hemd. Er hatte einen wachen, freundlichen Gesichtsausdruck und sah mich amüsiert an, als ich zögernd meine Hand ausstreckte, da ich nicht sicher war, was sich ziemte, wenn eine Amerikanerin einen Ägypter begrüßte. Doch er drückte mir beherzt die Hand.

»Der Raum hat sich ganz schön verändert, seit ich das letzte Mal hier war«, sagte er, als ich ihn in unser Wohnzimmer führte. Er stand vor dem Kaffeetisch. Ich sah, wie seine Augen sich verengten. Das Aquarell, das zu Bens Zeiten dort gehangen hatte, war weg. Stattdessen hing dort eine gerahmte Kalligraphie der Neunundneunzig Namen Gottes.

»Wem gehört das?«, fragte er. »Dir wohl kaum, oder?«

»Doch, es gehört mir«, antwortete ich.

»Tatsächlich?« Erstaunt sah er mich an.

»Ja.« Ich entschuldigte mich und half Jo mit dem Tee. Von der Küchentür aus warf ich einen Blick zurück auf Omar. Er stand mit gekreuzten Armen vor der Kalligraphie und betrachtete mit geneigtem Kopf die Schriftzüge. Vom Fenster fiel Licht auf sein Gesicht und ließ seine Wangen honigfarben erscheinen. Er lächelte.

Omar musste bemerkt haben, dass wir nur wenig zu essen zu Hause hatten. Wir konnten ihm kaum etwas anbieten. Als er uns fragte, was wir denn so essen würden, mussten wir gestehen, dass wir fast nichts zu uns nahmen. »Die Sprachenschule schickt in der ersten Woche meist jemanden, der sich um die Ausländer kümmert«, meinte er. »Man kann euch doch nicht so einfach euch selbst überlassen.«

»Gibt es hier Supermärkte, in denen man Fleisch kaufen kann?«, wollte Jo wissen.

»Natürlich, aber die sind ziemlich teuer. Nur für die Reichen und all jene, die ihr Gehalt in Dollar ausgezahlt bekommen«, antwortete Omar.

»Teuer können wir uns nicht leisten«, entgegnete ich.

Omar nickte. »Morgen zeige ich euch den Souk. Dort gehen normale Menschen einkaufen. Okay?«

Unsere Gier nach Eiweiß hatte mittlerweile ungeahnte Ausmaße angenommen, und so stimmten wir natürlich sofort zu.

Am nächsten Morgen kam Omar pünktlich zu uns. Er hatte gedämpfte Puffbohnen und Brot von einem Straßenverkäufer mitgebracht. Als wir gegessen und aufgeräumt hatten, führte er uns hinaus in den späten Vormittag mit seinem grellen Licht und wässrigen Schatten. Wir nahmen ein Taxi und fuhren bis zu einer Fußgängerbrücke, die über die U-Bahn-Station Maadi führte. Hier begann der Souk, ein offener Marktplatz, der sich durch zahlreiche, ungepflasterte Gässchen zog, die mit Planen abgeteilt waren. Die Verkäufer saßen im Dämmerlicht hinter Stapeln grüner und gelber Mangos, Guaven, Karotten, Süßkartoffeln, violetter und weißer Auberginen sowie faustgroßer Tomaten. Hühner und Enten schnatterten sich in der drückenden Hitze ihrer Bambuskäfige Unverständliches zu. Heute war der Markt voll: Männer und Frauen mit den typischen Kopfbedeckungen eilten in langen Roben von Stand zu Stand und plauderten mit ihren Freunden und Nachbarn.

»Fleisch kauft man beim Metzger. Hier zum Beispiel«, sagte Omar und zeigte auf eine stinkende steinerne Bank, über der mehrere Tierkadaver hingen, möglicherweise Wasserbüffel. »Aber hier müsst ihr vorsichtig sein, vor allem im Sommer. Man bekommt leicht verdorbenes Fleisch. Wenn ihr einen Metzger gefunden habt, dem ihr vertraut, bleibt ihm treu.«

Wir schwiegen beeindruckt.

»Hühner, Enten und Tauben kauft man beim Geflügelhändler«, fuhr Omar fort. »Ihr sucht euch ein Tier aus, und man wird es für euch schlachten. Obst und Gemüse ist vermutlich kein Problem. Brot könnt ihr auch in jeder beliebigen Bäckerei kaufen. Das meiste davon ist recht gut. Käse, Öl oder Oliven solltet ihr in einem *duken* besorgen.« Er zeigte auf einen kleinen Laden, der dem Feinkostladen in unserer Nachbarschaft glich.

»Sechs Läden für fünf verschiedene Lebensmittel?«, flüsterte ich Jo ins Ohr.

Sie kicherte.

Dann schlenderten wir durch das Labyrinth, weil wir frische Minze für unseren Tee brauchten. Mir wurde allmählich wirklich übel. Ich erstickte fast in den Jeans und dem langen T-Shirt, die ich trug. Obwohl uns die Sonne auf den Scheitel brannte, begann ich zu zittern. Vermutlich war das kein gutes Zeichen.

»Geht's dir gut?«, fragte Jo mich. »Du siehst auf einmal so blass aus.«

Winzige Lichtpunkte tanzten vor meinen Augen auf und ab. »Nein, es geht mir prima«, antwortete ich und schwor mir insgeheim, nicht hier vor allen Leuten in Ohnmacht zu fallen. »Aber ich muss wohl in den Schatten.«

Jo drehte sich um und sagte etwas zu Omar, der mich über ihren Kopf hinweg besorgt musterte. Er beugte sich runter zu einem Mann, der es sich neben ein paar Schachteln mit Grünzeug gemütlich gemacht hatte. Dieser reichte Omar ein Büschel Minze.

Omar drehte sich zu mir um: »Hast du fünfzig Piaster?«, fragte er. »Ich habe kein Kleingeld mehr.«

Weder ich noch Jo hatten noch Münzen. Und der Mann konnte unsere Zwanzig- und Fünfzigpfundnoten nicht wechseln. Er sagte etwas zu Omar, der ihm in langen, gedrechselten Sätzen antwortete, die ich nicht verstand.

»Er sagt, es sei in Ordnung. Du kannst ihm die fünfzig Piaster nächstes Mal geben.«

Schwankend stand ich da und sah den Mann an. Er lächelte mich unter seinem Turban an und amüsierte sich über meine Verständnislosigkeit oder mein offensichtliches Unbehagen, möglicherweise auch über beides.

»Danke sehr«, sagte ich in Englisch. Ich hatte völlig vergessen, wo ich gerade war.

Jo packte mich am Arm und schob mich aus der Menge hinaus in den Schatten des von Bäumen bestandenen Platzes auf der anderen Seite des Souk.

Omar stellte sich vor mich wie der Zeiger einer Sonnenuhr, so dass mein Gesicht im Schatten lag. »Fühlst du dich besser?«, fragte er.

»Ja. Ich bin die Hitze nicht gewohnt. Und dann habe ich letzte Nacht auch schlecht geschlafen.« Die Schlaflosigkeit, unter der ich infolge meiner hormonellen Störung noch immer zuweilen litt, wollte sich einfach nicht geben.

Gelegentlich, wenn ich unter Stress stand, machte sie sich besonders bemerkbar.

Omar zitierte ein paar Zeilen über den Schlaf aus Shakespeares *Macbeth* und lächelte dabei auf dieselbe amüsiert-bittere Weise, wie er es immer tat, wenn er seine beträchtlichen Kenntnisse westlicher Literatur hervorholte, ein Wissensschatz, über den er eher gegen seinen Willen verfügte. Er war in einer englischen Schule erzogen worden, einem der wenigen Relikte und Pfeiler des einstigen Kolonialsystems. Um etwas über die literarischen Traditionen seines eigenen Landes zu erfahren, hatte er in billigen Läden nach Büchern in Arabisch stöbern und sich selbst weiterbilden müssen. Es war das Lächeln eines Mannes, der sich – wie so viele Männer im Nahen Osten – wünschte, in seinem Gehirn Platz zu haben für wichtigere Dinge.

Da mir nicht mehr ganz so heiß war, lächelte ich ihn freundlich an. »Wenn der Wirrwarr stille schweigt.«

»Wer der Sieger ist, sich zeigt.«

In den folgenden Wochen verliebte ich mich in Omars Hinterkopf. Unmittelbar vor Schulbeginn musste Jo wegen einer familiären Angelegenheit noch kurz nach Hause, so dass Omar und ich die Stadt allein weitererkundeten. Ich höre immer noch seine entnervte Stimme, wenn wir durch eine dunkle, überfüllte Seitengasse gingen. »Bitte, Willow, geh vor mir oder neben mir, aber nicht hinter mir. Ich werde nervös, wenn ich dich nicht im Blick habe.« Doch ich trottete unweigerlich hinter ihm her, gedankenverloren und unfähig, mich ohne ihn zurechtzufinden. Ich konnte mich ja nicht einfach bei ihm einhängen. Wir berührten uns nur, wenn wir uns die Hand gaben.

So lernte ich Kairo kennen: Ich ging in Omars Windschatten.

Omar hatte sein ganzes Leben hier verbracht. Er hatte

ein gutes Gespür für Orte und die wechselnden Stimmungen in den verschiedenen Vierteln Kairos, und die Stadt, die auch mir immer mehr ans Herz wuchs, war seit Kindertagen seine große Leidenschaft. Omar führte mich in Cafés und Seitenstraßen, die die Jahre der Unterdrückung und Armut unverändert überstanden hatten, und wies mich scheu auf ihre Schönheit hin. Die Stadt war in diesen ersten Wochen unser Mittler, bis wir unter diese Phase einen Schlussstrich ziehen konnten, weil wir – in Ermangelung eines besseren Wortes – Freunde geworden waren.

Wir begannen unsere Erkundungen bei Orten, an denen eine junge weiße Frau nicht weiter auffallen würde.

»Nagib Machfus kam zum Schreiben hierher«, sagte Omar eines Abends und versuchte den Lärm zu übertönen. Wir waren im Fishawi's, einem überfüllten Café in einem von Kairos größten Basaren. »Er saß gerne in der Ecke dort drüben. Der gerahmte Zeitungsartikel hängt genau über seinem Stammplatz.«

Ich sah genauer hin: In dem von warmem Licht erhellten Alkoven hinter uns hing tatsächlich ein Zeitungsfoto von Ägyptens Nobelpreisträger.

»*Die Kinder unseres Viertels* hat mir gefallen«, sagte ich zu Omar, wobei der Lärm meine Worte beinahe verschluckte.

»Das hast du gelesen?« Er wirkte erstaunt.

»In der Übersetzung. In den letzten beiden Collegejahren habe ich nur deprimierende arabische Romane gelesen.«

»Wieso?« Omars Stimme verriet so viel Abwehr, dass ich lachen musste.

»Ich habe Kurse in arabischer Literatur belegt. Ich musste. Und offensichtlich gibt es in der arabischen Literatur keine Geschichten mit Happy End.«

»Darum lesen wir sie ja nicht«, meinte er. »Das Leben

ist deprimierend genug. Ich kann Machfus nicht ausstehen.«

Wieder musste ich lachen. Unwillkürlich sah ich meinen Professor für arabische Literatur vor mir, einen todernsten Mann. Und es stimmte: Von allen Ägyptern, die ich je kennengelernt hatte, las höchstens eine Handvoll zum Vergnügen, und noch weniger lasen Romane. Überhaupt gehörte Omar zur Minderheit der Lesenden. Er besaß zahlreiche Bücher über Geschichte, Philosophie und Religion, aber ich sollte nie auch nur einen Roman in seiner Hand sehen.

»Ich schreibe einen Roman«, fügte ich entschuldigend hinzu.

»Dann sei bitte nicht beleidigt, wenn ich ihn nicht lese.«

»Bin ich nicht.« Ich grinste und stellte fest, dass ich ein bisschen mit ihm flirtete. Nachdem wir das Café verlassen hatten, gingen wir am Nil entlang spazieren. Die Luft war feucht, stickig, und sie roch sauer. »Danke übrigens«, sagte ich.

Omar machte eine wegwerfende Handbewegung. »Es macht mir Spaß, dir Kairo zu zeigen«, sagte er. »Das ist noch das Einfachste.«

»Und was wäre dann schwierig?«, fragte ich.

»Dir Kairos Gesellschaft nahezubringen«, antwortete er. »Das ist etwas ganz anderes.«

Ich kam gar nicht auf die Idee, mich zu fragen, weshalb er so etwas sagte. Ich war einfach nicht daran gewöhnt, Anspielungen zu entschlüsseln. Interesse und Gefühle wurden in Kairo nur angedeutet statt direkt ausgedrückt. In der Mittelschicht gibt es in dem Sinn keine »dates«. Bevor ein junger Mann und eine junge Frau sich alleine sehen durften, musste mindestens ein Heiratsantrag vorliegen. Mir war damals nicht klar, dass meine Freundschaft zu Omar bereits eine Grauzone berührte, da wir uns häufig allein sahen – zwar immer in der Öffentlichkeit und immer aus einem offiziellen Anlass heraus, doch es war kein Anstandswauwau dabei.

Anfangs behandelte er mich wie seine naive jüngere Schwester. Geduldig beantwortete er meine Fragen über Sprache, Verhaltensregeln und den Sinn mir unbekannter Gegenstände wie der Ramadanlampen, Taubenschläge, Pferdehaarquasten oder Darstellungen des Gottesauges. Meine Heimat hingegen schien ihn so gut wie gar nicht zu interessieren, mit einer Ausnahme, der Musik. Er konnte afrikanische Rhythmen im Jazz identifizieren und Fünftonleitern im Hiphop, wann immer diese Art der Musik auf Radio Nil gespielt wurde. Er liebte jede Form von musikalischen Grenzüberschreitungen und redete häufig davon, dass er gerne eine Rockband gründen würde, in der Laute und Tabla gespielt würden.

»Ich habe früher in einer Heavy-Metal-Band gespielt«, sagte er grinsend. An dem Tag besuchten wir ein Konzert experimenteller Musik in der Oper. Es war ein Open-Air-Konzert und fand in einer Art Hof statt, den eine Veranda umschloss. »Bevor ich den Westen aufgab. Ich trug damals viel Schwarz und immer Ketten mit Ankh-Anhängern um den Hals.«

Ich sah ihn ungläubig an. »Ich auch. Lieber Himmel, du warst ein Gruftie.«

»Was ist ein Gruftie?«

»Na ja, das, was du warst. Jemand, der sich schwarz kleidet, Ankh-Ketten trägt und Heavy Metal hört.«

Er runzelte die Brauen. »Aber der Ankh ist ein ägyptisches Symbol.«

»Darum fanden wir es ja so cool. Das ewige Leben, Mumien, Vampire und solche Sachen.«

»Und so warst du drauf?« Er sah mich stirnrunzelnd an.

»Ja. Damals war Heavy Metal fast ausgestorben. Wir hörten *Nine Inch Nails, Front Line Assembly* und *Delirium.* Ich hatte das Haar gefärbt, in mindestens zehn verschiedenen Farbtönen.«

»Von diesen Bands habe ich noch nie gehört. Ich habe immer *Black Sabbath* gehört.«

Ich lachte. »Wann?«

Er ließ sich zurücksinken und stützte sich auf seine Ellbogen. Wir saßen auf den Stufen des Hofes, die zu der Veranda hinaufführten. »In den frühen Neunzigern. Ich war gerade mit der Highschool fertig. Während der ersten beiden Studienjahre vielleicht.«

»Ich habe 1995 mit der Highschool angefangen. Wir waren also etwa zur selben Zeit Grufties.« Der Gedanke gefiel mir.

»Und jetzt bist du einundzwanzig? Ich bin sieben Jahre älter als du.«

»Das ist doch nicht so viel«, sagte ich fast entschuldigend.

»In welcher Hinsicht?«

Ich errötete. »Im Allgemeinen eben.«

»Aha.« Er lächelte. »Gut.«

Nach dem Konzert nahmen wir ein Taxi, um in den Süden Kairos zurückzukehren. Wir fuhren die Corniche genannte Uferstraße des Nils entlang. Wir genossen den Anblick der weißen Segel von Fischer- und Vergnügungsbooten. Sie boten einen wunderschönen Kontrast zum dunklen Wasser. Und plötzlich kamen wir auf das Thema Liebe zu sprechen. Omar erzählte mir, dass es im Arabischen vier verschiedene Worte dafür gäbe.

»*Hob* ist die eigentliche Liebe«, sagte er so leise, dass der Taxifahrer uns nicht hören konnte. Er zeichnete mit den Händen eine Form in den Raum, die so abstrakt war, dass man im Englischen anscheinend kaum darüber sprechen konnte. »*Hob* kann man für alles und jedes empfinden – für die Eltern, die Schwester, einen guten Freund. Für das Lieblingsbuch oder eine sehr leckere Mango. Aber auch für den Menschen, in den man verliebt ist.«

»Das Wort *habibi* kommt doch sicher von *hob*«, warf ich ein. *Habibi* war eines der ersten Wörter, die jeder Neuankömmling in Ägypten lernte. Es kam in so gut wie jedem Popsong vor und bedeutete »Liebling«, aber man benutzte es auch für gute Freunde oder herablassend für einen Untergebenen.

»Ja, *habibi* kommt von *hob*«, bestätigte Omar. »Genau. Und dann ist da noch *aishq.*« Das Wort begann mit dem Buchstaben *ajin,* demselben also, mit dem auch Sein Name begann. Es ist ein Ton zwischen Konsonant und Vokal, der ganz tief im Rachen gebildet wird. »*Aishq* bringt zwei Menschen zusammen. Sie werden nicht eins, aber sie bilden eine Einheit.« Er verschränkte die Finger beider Hände. »*Aishq* empfindet man gegenüber dem Ehepartner, aber auch Gott gegenüber. Zumindest hin und wieder. Ich weiß nicht, ob das auf Englisch einen Sinn ergibt, was ich sage.«

»Aber hundertprozentig«, sagte ich.

Das Taxi hielt vor meinem Haus. Omar stieg aus und setzte sich vorne neben den Fahrer, wie die Männer es in Ägypten tun, wenn keine Frau dabei ist. Bevor er sich setzte, schüttelte er mir die Hand, wie er es beim Abschied immer tat. Einen Augenblick umschloss er mit beiden Händen meine Finger. Ich konnte ihn nicht ansehen. Dann kletterte er ins Taxi. Auf mein Angebot, doch die Kosten für die Fahrt zu teilen, kam nur die schon vertraute wegwerfende Handbewegung. Ich hob meine Hand ans Gesicht und blies meinen Atem hinein. In den Geruch des Staubs mischte sich der schwache Duft von Seife.

Gerade rechtzeitig für unsere Einführung als Lehrerinnen an der Sprachenschule kam Jo aus Amerika zurück. Die LS verfügte über ein weitläufiges Gelände in Gizeh. Wir konnten von dort aus sogar die Pyramiden sehen. Von außen glich sie einer gewöhnlichen Vorortschule, drinnen aber erwartete uns nur eine Reihe von spartanisch eingerichteten Betonräumen ohne Klimaanlage oder Heizung. In den Klassenräumen gab es nur eintönige Tischreihen vor Whiteboards aus Aluminium. Die Toiletten starrten vor Schmutz und waren nur mit unhygienischen Bidets ausgestattet. Nichtsdestotrotz galt die LS als fortschrittliche Schule auf dem neuesten Stand und verlangte dementsprechend Schulgeld.

»Wenn es noch kahler wäre, könnte man fast meinen, die tun das mit Absicht, um richtig modern zu wirken«, meinte Jo bei der Einweisung am ersten Tag.

»Sei doch nicht so negativ«, tadelte ich sie.

Jo zog nur die Nase kraus und kicherte.

Als wir in der Schulbibliothek die anderen Lehrer kennenlernten, hob sich unsere Stimmung gleich. Das Kollegium bestand etwa zur Hälfte aus Ägyptern, zur Hälfte aus Ausländern, und auch der Anteil von Männern und Frauen war in etwa gleich groß. Doch während die Ausländer einander alle noch irgendwie ähnelten – wohlerzogene Mittelschichtler mit dem durchweg austauschbaren Stil, den man im Ausland so annimmt –, unterschieden sich die Ägypter erheblich voneinander. Einige trugen traditionelle Gewänder, andere dunkle Jeans und italienisches Schuhwerk. Letztere sprachen untereinander Englisch. Die Frauen dieser Gruppe waren besonders freundlich zu uns. Sie kümmerten sich offenbar gern um die neuen Lehrer und stellten uns vor. Jo und ich wurden sofort in diese familiäre Atmosphäre aufgenommen: Die eintreffenden Lehrer begrüßten einander fröhlich und machten Witze über das eine oder andere Pfund, das die Rückkehrer nach den Ferien mehr auf den Rippen hatten.

Ich sah mich nach Omar um. Er saß am anderen Ende des Raums mit einigen sich auf Arabisch unterhaltenden Lehrern zusammen. Viele der Frauen in dieser Gruppe trugen Kopftuch und weite Roben in Grün oder Ocker, die Männer hingegen sorgfältig gebügelte Oxford-Hemden. Die messerscharfen Bügelfalten hatten etwas Bemühtes, als wollten diese Männer unter allen Umständen einen guten Eindruck machen.

Der Vizedirektor bat um unsere Aufmerksamkeit, und ich setzte mich eilig auf den Platz neben Jo. Ich war verwirrt, spürte ich doch, dass es unangemessen gewesen wäre, mich Omar in dieser Umgebung zu nähern.

In diesem Raum gab es zwei konkurrierende Modelle des Ägypter-Seins: Da waren die Angehörigen einer verwestlichten Oberschicht, und auf der anderen Seite die Traditionalisten. Da Jo und ich aus dem Westen stammten, ordnete man uns automatisch der verwestlichten Gruppe zu. Und mit einem Mal wurde mir bewusst, dass Omar mich in den letzten Wochen in sein Ägypten mitgenommen hatte, einen Ort, an den ich nicht gehörte und an dem ich nicht bleiben durfte.

Ich sah mich immer wieder nach ihm um und versuchte, seine Miene zu deuten. Er hörte dem Vizedirektor aufmerksam zu, wobei er die Arme verschränkt hielt. Gelegentlich lehnte er sich für eine Bemerkung zu dem Mann neben ihm hinüber. Mich aber sah er nicht ein einziges Mal an. Ich beobachtete Jo, die sich Notizen machte, und überlegte, wie ich mich ihm gegenüber am besten verhalten sollte.

Als wir zum Mittagessen aufbrachen, lauerte ich ihm auf.

»Hallo, wie geht es dir?«, sagte ich, bemüht, den richtigen Ton zwischen Freundlichkeit und Reserviertheit zu treffen.

»Ich langweile mich«, antwortete Omar. »Nichts von dem, was uns hier erklärt wird, kann man in einer ägyptischen Schule wirklich umsetzen. Die ganze Einführung ist nur für westliche Lehrer gedacht.« Sein Akzent war stärker, als ich ihn in Erinnerung hatte.

»Aber deshalb muss es doch nicht langweilig sein«, versetzte ich, und er lachte. Einen Augenblick lang schwiegen wir beide. »Was hast du nach der Arbeit vor?«, fragte ich endlich und verfluchte mich im selben Moment für meine Aufdringlichkeit.

Omar zuckte mit den Schultern. »Ich kann dich und Jo ja heute Abend anrufen«, meinte er.

»Wie du willst. Du musst nicht. Es ist schließlich nicht deine Aufgabe, uns zu unterhalten.« Ich spürte, wie ich rot wurde, und kam mir kindisch vor.

»Das sehe ich auch gar nicht so«, meinte er und ging weiter zu seinem Platz im Essraum.

Omar rief am Abend tatsächlich an und verabredete sich mit uns. Er wollte uns einen guten Freund vorstellen. Wir vier trafen uns in einem Café im Stadtteil Maadi. Sobald wir bestellt hatten, warf Jo mir einen bezeichnenden Blick zu und meinte, sie müsse sich mal schnell die Nase pudern. Mir war klar, dass ich ihr folgen sollte.

Kaum war die Tür zu, drehte sie sich zu mir um: »Zwei Jungs und zwei Mädels«, meinte sie. »Ist das jetzt ein Date oder was?«

»Ach, du meine Güte«, flüsterte ich und kämpfte mit einem nervösen Lachen. Möglicherweise hatte sie recht: Soweit ich wusste, verabredeten sich unverheiratete ägyptische Frauen nicht in der Öffentlichkeit mit jungen Männern. Man ging nur in großen Gruppen aus. Ben hatte uns erzählt, dass er auf diese Weise unwissentlich einem Mädchen zwei Wochen lang Hoffnungen gemacht hatte.

»Was sollen wir nur tun?«, fragte Jo.

»Ich weiß auch nicht«, antwortete ich. »Vielleicht sollten wir so richtig verklemmt tun, damit sie mitbekommen, wie es uns damit geht.«

»Möglicherweise«, meinte sie und legte den Kopf nachdenklich schräg. Ein schelmischer Blick traf mich. »Und wenn es schon ein Date ist, wer geht dann mit wem? Nuri hat dir gegenüber Platz genommen, Omar mir gegenüber.«

Angst überkam mich. Wenn ich schon in eine Verabredung getrickst worden war, dann wenigstens nicht mit dem falschen Mann.

»Glaubst du wirklich, Omar würde uns auf diese Weise hereinlegen?« Jos Gesicht war ernst geworden.

»Nein, das glaube ich nicht«, gab ich zurück. »Warten wir mal ab, was passiert.«

Mit züchtig niedergeschlagenen Augen verließen wir die Damentoilette. Ich hatte mir vorgenommen, so wenig wie möglich zu sagen, aber Nuri war ein guter Unterhalter, und so plauderte ich bald lebhaft mit ihm.

»Ich kann nicht glauben, dass du hier amerikanische Geschichte unterrichten willst«, sagte er zu mir und beobachtete mich über den Rand der Kaffeetasse hinweg. Sein Englisch war exzellent, und … er redete Klartext. »Diese Kids kennen ja nicht einmal die Geschichte ihres eigenen Landes. Genau darum geht es doch: Der Westen übernimmt Ägypten, und die Ägypter drücken beide Augen zu.«

»Ich würde ja versuchen, ihnen die Geschichte ihres Landes nahezubringen, aber ich habe die Lehrpläne nicht gemacht.«

»Wenn wir versuchen, unsere eigene Version der Geschichte des Nahen Ostens zu unterrichten, bekommen wir Probleme mit der Schulaufsicht«, kam Omar mir zu Hilfe. »Und Schulen, die nach dem amerikanischen Lehrplan unterrichten, werden genauestens überwacht.«

Angewidert verzog Nuri das Gesicht. »Ja, da hast du wohl recht. Heutzutage gilt es sogar unter jungen Ägyptern schon als schick, kein korrektes Arabisch mehr zu sprechen. Kannst du dir das vorstellen?«

»Du übertreibst«, versetzte Omar scharf.

Nuri grinste. »Das sagt ausgerechnet einer, der immer so besorgt war wegen des Verfalls der arabischen Sprache, *ya* Omar.« Er drehte sich zu uns um. »Wusstet ihr, dass er sich sieben Jahre lang geweigert hat, Englisch zu sprechen?«

»Danach bin ich allerdings gemäßigter geworden«, warf Omar verlegen ein. »Heute ist es sowieso schwierig. Ich habe liberale und konservative Freunde, Ägypter und Ausländer, *khawagga,* die alle verschiedenen Religionen angehören. Ich habe keinen klaren Bezugsrahmen mehr.«

»Zur Hölle mit deinem ›Bezugsrahmen‹!«, sagte Nuri und leerte seine Kaffeetasse. »Wir müssen uns eben einen eigenen schaffen. Ohnehin sollten wir zuerst und vor allem gute Menschen werden.«

»Aber man ist so isoliert«, entgegnete Omar. »Ohne ein Fundament, das einen wenigstens ein bisschen zugehörig fühlen lässt, ist man allein.«

Überrascht sah ich ihn an.

»Ich weiß, was du meinst«, sagte ich. »Ziemlich genau sogar.«

Später, als Omar Jo und mich vor unserer Haustür absetzte, schaffte Jo es auf feinfühlige Weise, ihn zu fragen, ob das denn nun ein Date gewesen sei oder nicht.

»Nein!«, rief Omar aus und lachte. »Ich habe Nuri mitgebracht, weil er der einzige Mann in meinem Bekanntenkreis ist, der Frauen ebenso als Freunde sehen kann wie Männer. Ich habe ihm vertraut. Nein, das war kein Date.«

»Prima!« Jo stimmte in sein Lachen ein. »Wir haben ohnehin nicht geglaubt, dass du uns so verschaukeln würdest, aber ich wollte doch ganz sicher sein.«

Als Omars Taxi im Staub verschwand, war ich weniger erleichtert als Jo. Ich war fast enttäuscht. Jo und ich zogen an der Tür unsere Schuhe aus und gingen in die Küche, um uns an ein paar Mangos gütlich zu tun.

Ich legte meinen Kopf auf die Granitplatte unserer Anrichte. »Ich bin verknallt«, sagte ich.

Jo starrte mich entgeistert an. »Wirklich?«

»Ja.«

»Wie schlimm ist es?«

»Schon schlimm. Sogar ziemlich schlimm.«

Versonnen betrachtete sie die Mango in ihrer Hand. »Hältst du das für eine gute Idee?«

»Ich bin sicher, dass es das nicht ist.«

»Was willst du tun?« Jo ließ das Messer unter die ledrige Haut der Mango gleiten. Das Fruchtfleisch blitzte hervor, und ein blumiger Duft verbreitete sich im Raum.

»Vermutlich gar nichts.« Ich hob den Kopf und verzog schmollend den Mund. »Es ist einfach zu kompliziert.« Das war wohl die höflichste Art, um anzudeuten, was mir durch den Kopf ging: Dass Männer aus dem Nahen Osten Frauenfeinde waren, vor denen man sich besser hütete. War es nicht das, was man in Fernsehsendungen, Kinofilmen und Zeitschriften ständig las? Und meine Erfahrungen in Kairo, wo ich ununterbrochen angestarrt wurde und mehr als zweideutige Angebote bekam, bestätigten diesen Eindruck noch. Nur ein Rest Anstand hielt mich davon ab, es offen auszusprechen. Doch nicht einmal meine liberale Einstellung lieferte mir ein halbwegs überzeugendes Gegenargument, sondern nur die banale Benimmregel, dass man nach Möglichkeit nicht verallgemeinern sollte.

»Du sagst es ihm nicht?«, fragte Jo.

»Wenn es ihm nicht genauso geht, würden wir uns dann wohl gar nicht mehr sehen können. So eine Reaktion würde jedenfalls zu ihm passen. Außerdem sind die kulturellen Unterschiede zwischen uns zu groß.« Ich sah sie mit großen Augen an in der Hoffnung, dass dieser politisch korrekte Hinweis mich vor weiteren Diskussionen über das Thema bewahren würde. »Habe ich nicht recht?«

Jo lächelte. »Natürlich gibt es kulturelle Unterschiede, aber Omar ist doch nicht irgendein Kerl von der Straße. Er ist klug und sensibel, und außerdem steht er auf dich.«

»Oje.« Ich ließ meinen Kopf wieder auf die kühle Platte sinken und fühlte mich schuldig. »Du hast recht, ich bin bescheuert.« Ich schämte mich, dass ich Omar mit der gesichtslosen Masse der Männer hier im Nahen Osten in einen Topf warf, der Männer eben, die ich zu fürchten gelernt hatte. In meinem Hinterkopf rührten sich Bilder aus Betty Mahmoodys *Nicht ohne meine Tochter* und vermischten sich mit Sätzen, die ich in Frauenzeitschriften aufgeschnappt hatte: Sie *scheinen* ja immer so nett zu sein. Erst wenn man mit ihnen zusammen ist, lassen sie die Maske fallen und enthüllen ihr ehrenmordendes, frauenwegsperrendes, fundamentalistisches Naturell. Gab es da Züge in Omars Persönlichkeit, die ich nicht kannte? Diese Möglichkeit machte mir Angst.

»Aber es geht mir gut so«, sagte ich zu Jo und streckte die Hand aus, weil ich ein Stück Mango wollte. »Das ist das Problem. Es geht mir gut, wenn ich die Sache auf sich beruhen lasse. Schließlich stecken nicht nur Strauße den Kopf in den Sand. Mein Kopf ist dafür wie geschaffen!«

Jo lachte. Unbewusst hatte ich das eigentliche Problem

erkannt: Es ging mir gut, so wie es war. Ich wollte mich den Mühen einer »interkulturellen Beziehung« nicht aussetzen. Ich wollte so wenig wie möglich als Muslimin auftreten, nicht umsonst hatte ich vor allen geheim gehalten, welche Religion ich im stillen Kämmerlein praktizierte. Nicht einmal der Mensch, dem ich dieses Geheimnis am liebsten anvertraut hätte, der, der ständig in meinen Gedanken war, wusste davon. Für den Rest der Welt war ich ein höfliches und zurückhaltendes weißes Mädchen aus der gebildeten amerikanischen Mittelschicht mit undefinierbaren politischen Ansichten. In diesem behüteten sozialen Raum war ich glücklich. Ich schätzte meinen Status quo. Ich wollte ihn nicht aufgeben – nicht für die Liebe, ja nicht einmal für Gott.

Bei Anbruch der Dämmerung in Straße Neun

Ich werde nicht zu dir sprechen, ich werde an dich denken,
wenn ich einsam sitze und nachts aufwache, allein,
ich werde warten, ich zweifle nicht, dass ich dir wieder begegne,
ich werde zusehen, dass ich dich nicht verliere.
Walt Whitman, *An einen Fremdling*

Wir fanden tausend Entschuldigungen, um zusammen sein zu können. Was wir auch immer besorgen mussten, wir brauchten den anderen dabei. Dies war wie eine stillschweigende Vereinbarung. Ich lehnte Einladungen zum Abendessen und zu Partys in den Enklaven der Ausländer ab, um mit Omar in die Souks zu gehen, zum Schneider oder in staubige, versandete Cafés im Freien, wo ich die einzige Amerikanerin war. In den heißen Stunden nach dem Unterricht, wenn Jo und ich ein wenig Brot und Oliven aßen und von unserem Balkon aus die dunstige Landschaft betrachteten, lauerte ich förmlich auf seinen Anruf. Abends ging Jo meist mit unseren Kollegen aus. Ich tat nichts ohne Omar.

Eines Abends rief er mich an. Er klang niedergeschlagen.

»Ich muss zum Zahnarzt«, sagte er. »Ich kann das nicht aufschieben. Ich wollte dir noch gute Nacht sagen, weil ich dich ja vor morgen früh nicht mehr sehe.«

»Was hast du denn gegen den Zahnarzt?«, fragte ich erstaunt.

»Ich hasse es, zum Zahnarzt zu gehen. Ehrlich gesagt, habe ich Angst.« Er lachte über sich selbst.

»Wäre es da nicht besser, du gehst in Begleitung? Wenn du magst, komme ich mit.«

»Das würdest du wirklich tun?« Dies ging über unsere fröhliche Co-Abhängigkeit einen Schritt hinaus.

»Natürlich.«

Eine halbe Stunde später kam er und holte mich ab.

»Aber du musst das nicht tun«, meinte er. »Ich möchte nicht, dass du dich langweilst.«

»Stell dich nicht so an.« Ich zog eine Galibayya-Tunika über mein T-Shirt, bevor wir das Haus verließen. Der Abend war gerade erst angebrochen. Ein feuchter Geruch nach Tau hatte sich über das Stadtviertel Maadi gelegt. Wir marschierten durch den Staub zur Straße Neun. Die elegante Allee zeigt eine bunte Mischung von altem und neuem Reichtum. Obwohl Omar in den meisten Dingen alles andere als wählerisch wirkte, war er bei der Wahl seines Zahnarztes doch sehr anspruchsvoll.

»Es ist meine dritte Wurzelbehandlung«, erklärte er mir, als wir so dahinschlenderten. »Die zweite hatte ich, kurz bevor du hier angekommen bist.«

»Das muss ja schrecklich weh getan haben.«

»Das kannst du laut sagen.«

»Ich habe dir aber gar nichts angemerkt.«

»Ich wollte nicht, dass du mich für einen Schwächling hältst.« Er grinste.

Ich musste mir ein Lächeln verkneifen, war ich doch froh über dieses winzige Zeichen, das mir sagte, dass es ihm keineswegs einerlei war, was ich über ihn dachte.

Da Omar und ich weder verheiratet noch verlobt noch verwandt waren, ergab sich natürlich die Frage, wie wir uns im Wartezimmer hinsetzen würden. Zunächst wählte ich ein Sofa, das von Omars Platz durch einen Kaffeetisch getrennt war. Doch das war, fand ich, dann doch ein wenig zweideutig. Als ich einen Mann sah, der offensichtlich drauf und dran war, mich anzusprechen, stand ich auf, um mich neben Omar zu setzen, und fühlte mich in meinem Tun gerechtfertigt, als er sich mir beschützend zuwandte.

»Du bist nervös, nicht wahr?«, fragte ich.

Er schüttelte den Kopf, den Mund zu einer Grimasse verzogen. »Das ist schon eine ausgewachsene Phobie«, murmelte er verbissen. »Eine Zahnarztphobie.«

»Weißt du, was ich in solchen Situationen tue?«, fragte ich ihn.

»Was?«

»Ich mache Wortspiele. Zum Beispiel: Ich nenne dir eine Berühmtheit, du eine andere, deren Name mit dem ersten Buchstaben des Nachnamens meiner Berühmtheit beginnt. Und so weiter. Das lenkt ab.«

»Das verstehe ich nicht.«

»Sieh mal, ich sage ›Gary Oldman‹, und du sagst …«

»Omar Sharif?«

Ich zögerte. »Es gibt kein *sheen* im Englischen. Ich sehe schon, die Zweisprachigkeit wird uns Probleme machen.«

»Es hilft sowieso nicht.«

Ich hielt mir die Hand vor den Mund, um mein Lachen zu verbergen. Da rief eine Arzthelferin Omars Namen, und er folgte ihr in das Behandlungszimmer. Über die Schulter warf er mir noch einen gequälten Blick zu. Sobald er hinter der Tür verschwunden war, fühlte ich mich alleingelassen und wand mich fast unter den neugierigen Blicken der anderen Wartenden. Um mich zu beschäftigen, blätterte ich ein paar ägyptische Frauenzeitschriften durch, die auf dem Kaffeetisch lagen. Von irgendwo her war das Geräusch eines Bohrers zu vernehmen. Ich musste ein Kichern unterdrücken, als ich an den stets so würdevollen Omar dachte, wie er auf dem Behandlungsstuhl auf das gefürchtete Instrument wartete. Das war bei weitem das absurdeste Nicht-Date meines Lebens.

Vor vier Jahren, nein, noch vor zwei Jahren hätte ich mir

so etwas nicht einmal ansatzweise vorstellen können. Ich hätte nie geglaubt, dass ich mit einundzwanzig Jahren aufhören würde, Alkohol zu trinken, oder dass das Wartezimmer eines Zahnarztes einst für mich zum Schauplatz einer heimlichen Romanze werden würde.

Ich war ohne große Erwartungen nach Ägypten gekommen. Nach Ägypten und zum Islam. Ohne eine Ahnung, was aus mir werden sollte, denn ich hatte eine Entscheidung getroffen, die mich massiv von dem Weg abbrachte, den meine Eltern sich für mich erhofft hatten. Alles, aber auch alles – angefangen vom 11. September bis hin zu den Bildern arabischer Terroristen aus Agententhrillern – schien mir suggerieren zu wollen, dass eine Tragödie auf mich wartete. Stattdessen hatte mich ein Mensch erwartet, der mir vom ersten Moment an so vertraut gewesen war, ein Mensch, der sich die Mühe machte, diese für mich so verstörende neue Wirklichkeit in eine Sprache zu übersetzen, die ich verstand.

Eine Stunde später kam Omar aus dem Behandlungszimmer. Er wirkte mitgenommen, aber trotzdem erleichtert. »*Yalla?*« Er hielt mir die Tür auf und lächelte, als ich ihn ansah.

»Das ist wirklich …« Seine Stimme erstarb, als er mir hinaus in die Gluthitze folgte. »Ich bin richtig froh, dass du da bist. Danke.«

Ich spürte, wie seine Hand auf Schulterhöhe hinter meinem Rücken schwebte. Ein Teil von mir wollte stehen bleiben, damit seine ausgestreckten Finger mich ohne Schamgefühl berühren konnten. Nein, so nicht. Ich ging weiter und traf meine Entscheidung.

Während einer Pause in unserem Trainingsprogramm fragte ich Omar am nächsten Tag, ob ich ihn nach der Arbeit privat sprechen könnte. Ich blieb dabei so neutral wie möglich. Wenn uns jemand hören würde, wäre der Skandal perfekt. Einen Augenblick lang sah er mich erschrocken an. Dann fasste er sich wieder und antwortete im selben neutralen Ton, den ich angeschlagen hatte. Nur in seinen Augen schien ein wenig Furcht aufzublitzen und ein Schimmer der Hoffnung, wie ich glaubte.

Den Rest des Tages richtete er es so ein, dass er immer in meiner Nähe war. Manchmal hätte ich ihn sogar berühren können. Trotzdem vermieden wir es, uns anzusprechen.

Nach der Arbeit, als Jo wegging, um mit ihrem Co-Lehrer ein paar Tafelbilder fertigzustellen, kam Omar vorbei. Bei seinem Kommen entstand ein verlegenes Schweigen. Obwohl wir die Stadt gemeinsam erkundet hatten, waren wir doch nie miteinander allein gewesen. Die Nähe, die sich dadurch ergab, dass wir uns zu zweit in einem geschlossenen Raum aufhielten, erschreckte mich fast. Ich war daran gewöhnt, die ganze Stadt als Anstandsdame zu haben.

»Ich liebe dich«, stieß ich aufgeregt hervor. »Und ich weiß, was das heißt. Ich meine, ich weiß, dass das kein Pipifax ist, vor allem, wo doch …« Mir ging die Luft aus, und ich schluckte. »Aber ich musste es dir einfach sagen. Es tut mir leid.« Ich verzog das Gesicht. So nüchtern und ungeniert hatte ich das eigentlich nicht sagen wollen.

Ein Lächeln huschte über Omars Gesicht, verschwand und zeigte sich von neuem wie die Sonne, die sich einen Moment hinter Wolken verbirgt und wieder hervortritt. »Gib mir deine Hand«, sagte er und streckte die seine aus. Das war ein Heiratsantrag. In Ägypten kommt das offene Eingeständnis der Liebe einem Heiratsantrag gleich. Ehe ist also dasselbe wie Liebe, ein Gefühl, keine rationale Entscheidung. Bis zu dem Tag, an dem wir es offiziell verkünden würden, sollten wir uns immer wieder fragen: »Wirst du mich heiraten?«, sobald in einem Gespräch zwischen uns eine Pause entstand. Doch den eigentlichen Antrag hatte er mir an diesem Tag gemacht: Omar streckte die Hand aus, und ich ergriff sie. Wir hatten nie auch nur ein Date gehabt, das diese Bezeichnung verdient hätte. Wir hatten uns nie geküsst. Und wir kannten uns gerade mal einen Monat.

»Es gibt da noch etwas, was ich dir sagen muss«, fügte ich zögernd hinzu. Omar sah mich erwartungsvoll an. Ich musste mich konzentrieren, um die Worte in der richtigen Reihenfolge herauszubekommen. »Ich bin Muslimin«, sagte ich.

Omar zuckte zusammen und sah mich mit einem Ausdruck tiefer Erleichterung an. »Gott sei Dank«, sagte er, »Gott sei Dank. Das macht vieles einfacher.«

»Du bist ja gar nicht überrascht«, meinte ich lachend.

»Stimmt.« Omar richtete sich auf und grinste mich an. »Das liegt wohl daran, dass ich einem Menschen, der kein Muslim ist, geistig noch nie so nahe war. Wir waren uns immer irgendwie ähnlich. Nein, ich bin wirklich nicht überrascht.« Er legte seinen Arm um meine Schultern und zog mich an sich. »Ich bin einfach nur sehr, sehr glücklich.«

Das Hemd und die Schultern, an die ich mich lehnte, glätteten die Knoten der Angst in meinem Bauch. Hat man erst einmal erfahren, dass die Welt furchtlosen Glauben belohnt, gibt es nichts Schöneres mehr als das, was ist. Omar berührte mein Haar, lachte, meinte, er wisse kein Wort, um seine Farbe zu beschreiben. Er wickelte sich eine Strähne um den Finger und küsste sie. Er habe mir so viel zu sagen, meinte er, so unglaublich viele Dinge, die er mir schon habe sagen wollen, noch bevor er mich gekannt habe.

Omar lebte mit seiner geschiedenen Mutter und seinem jüngeren Bruder am äußersten Rand von Tura, einem Industrieviertel südlich von Maadi. Jo und ich waren schon einmal kurz dort gewesen und hatten seine Mutter Sohair begrüßt, eine eindrucksvolle Frau um die fünfzig, die Augen schwarz mit Khol umrandet. Anfangs war ich erstaunt gewesen, dass Omar mit achtundzwanzig Jahren noch bei seiner Familie lebte, doch in Ägypten ist das ganz normal. Die meisten Ägypter leben bis zur Heirat zu Hause. In Ägypten gilt Zusammenhalt mehr als Unabhängigkeit. Wer allein lebt und seinen Besitz nicht teilt, gilt als asozial. Bis ich erfuhr, dass all meine ägyptischen Kollegen an der Schule noch bei ihren Familien wohnten, verstand ich das überhaupt nicht.

Die Tatsache, dass Omar Tag für Tag das Haus verließ, um einem amerikanischen Mädchen Kairo zu zeigen, war natürlich nicht unbemerkt geblieben. Am Abend nach unserer Verlobung rief Omar mich an und erzählte mir, dass er seiner Familie unsere Absichten verkündet hatte. Sein Ton war sachlich, als würden wir über ein gemeinsames Abendessen oder einen Ausflug zu den Pyramiden sprechen.

»Du hast es ihnen gesagt? Einfach so?« Ich kaute an meinen Nägeln.

»Einfach so«, sagte er. Seine Stimme klang fest und frohgemut.

»Und sie sind nicht ausgeflippt?«

»Nein. Natürlich haben sie auch Bedenken, aber in erster Linie freuen sie sich für uns. Sie möchten, dass du zum Abendessen kommst, damit wir alles besprechen können.«

Obwohl Omars geschiedene Eltern nicht gerade traditionell eingestellt waren – sie hatten nach der Revolution eher zum linken Flügel gehört –, war es für einen jungen Ägypter doch ungewöhnlich, sich zu verloben, ohne vorher um die Erlaubnis der Eltern zu bitten. Omar allerdings hatte kein Problem damit, auf diese Art und Weise gegen ungeschriebene Gebote zu verstoßen. Als seine Generation sich wieder der Religion zu- und von den westlichen, sozialistischen Ideen der Eltern abgewandt hatte, war Omar gezwungen gewesen, sich einen eigenen Weg durch den Dschungel der Ideologien zu bahnen. Er verteidigte seinen Musikgeschmack gegen die Fundamentalisten und seine Religion gegen die Säkularisten in einer Zeit, in der man die Menschen gewöhnlich zwang, sich auf eine Seite zu schlagen. Ohne irgendwelche Umwege schlicht bekanntzugeben, dass er mich heiraten wollte, war zugleich ein Signal an seine Familie, dass er nicht gewillt war, Einwände gleich welcher Natur zu dulden.

Ich war da ein gutes Stück nervöser als er und wusste nicht, was ich zu dem Abendessen, zu dem seine Familie mich eingeladen hatte, anziehen sollte. Als Omar kam, war ich noch nicht fertig.

»Ich habe das Gefühl, wir machen einen Riesenfehler«, meinte ich bekümmert, als ich meine Schuhe anzog. »Ich will nicht einfach so hereinplatzen: ›Hallo, ich bin Ihre künftige Schwiegertochter, die heimlich zum Islam übergetreten ist. Ich habe Ihnen Blumen mitgebracht ... und eine Menge Sorgen.‹«

Omar schüttelte den Kopf. »Wir tun nichts Falsches. Dies ist einzig und allein unsere Entscheidung.« Er lächelte. »Alle werden dich mögen.«

»Alle?« Ich warf ihm einen koketten Blick zu.

»Ja, alle.« Er drückte meine Hand. »Ich liebe dich.«

Als wir in der Wohnung von Omars Mutter ankamen, sah ich mich ein wenig gründlicher um als beim ersten Mal. Es war gemütlich: Zwei kleine Schlafzimmer und die Küche umgaben den großen Raum in der Mitte, der als Wohn- und Esszimmer diente. Die Wohnung war vollgestopft mit Büchern. Fast jede Wand wurde von großen Regalen mit geschichtlichen Werken in Arabisch und Romanen in Englisch und Französisch eingenommen. Die Bücher teilten sich den Platz mit ein paar Zimmerpflanzen und einem gerahmten Bild von Gamal Abdel Nasser, dem ehemaligen Präsidenten. Auf einem Diwan in der Mitte des großen Raumes lagen zwei von Omars Ouds – die *oud* ist der Vorläufer der Laute – und eine Elektrogitarre.

Omars Mutter Sohair kam uns entgegen, um uns willkommen zu heißen. Erleichtert atmete ich auf: Sie lächelte.

»Hallo, meine Liebe«, sagte sie und küsste mich auf beide Wangen. »Setz dich doch bitte. Möchtest du gerne Tee?«

Ein Junge steckte den Kopf herein. Es war Ibrahim, Omars jüngerer Bruder. Er trat näher und starrte mich mit großen Augen an. Die Hand hielt er ausgestreckt vor sich. Anders als Omar und Sohair gehörte er nicht zu dem dunklen Menschenschlag in Ägypten. Als Junge soll er sogar rothaarig gewesen sein, wie es in der aus dem Nildelta stammenden Familie seines Vaters des Öfteren vorkommt. Er war sechs Jahre jünger als Omar und ein Jahr älter als ich.

»Ahlan«, sagte er und reichte mir die Hand. *»Ahlan* heißt: ›Willkommen‹.«

»Ich weiß«, sagte ich und war unwillkürlich befangen.

»Sie hat Arabisch schon auf dem College gelernt«, warf Omar ein. »Sie kennt schon viele Worte.«

»Was nicht stimmt. Ich musste schnell feststellen, dass alles, was ich auf dem College gelernt habe, hier nutzlos ist. Ich kann zwar sagen, dass die neue Sekretärin aus dem Libanon kommt, aber ich kann nicht nach einer bestimmten Straße fragen.«

Ibrahim lachte. »Das ist schon in Ordnung. Wir werden dir alles beibringen, was du wissen möchtest.«

Wir setzten uns zusammen und redeten. Dabei entspannte ich mich allmählich. Sohair und Ibrahim fragten, was ich denn bisher so erlebt hatte und was ich mir von der Zukunft erwartete. Sie hörten mir freundlich zu, ohne irgendetwas von dem, was ich sagte, zu verurteilen. Obwohl es reichlich unorthodox war, dass wir uns ohne jeden Vermittler einfach verlobt hatten, klangen doch deutlich Freude und Erleichterung durch, dass Omar endlich jemanden gefunden hatte, den er heiraten wollte. Er hatte sich, soweit ich das mitbekam, in der Wahl einer möglichen Partnerin bislang recht anspruchsvoll gezeigt. Gläubige Menschen wie Omar hatten selten so vielfältige intellektuelle und künstlerische Interessen, was die Suche nach einer Frau für ihn schwierig gestaltet hatte. Omar hatte wohl darauf bestanden, dass er nur eine Frau heiraten wolle, die sowohl gläubig als auch geistig unabhängig sei. Seine Mutter hatte immer von ihm gefordert, doch realistisch zu sein. Er war Ende zwanzig, ein Alter, in dem man von einem ägyptischen Mann erwartet, eine Frau zu nehmen und das Heim der Familie zu verlassen. Sie jedenfalls war der Ansicht, dass es für ihn an der Zeit war, eine Entscheidung zu treffen.

Sohair war immer noch eine überzeugte Anhängerin von Nassers Revolutionsidee. Obwohl Nassers Traum von einem demokratischen, industrialisierten Ägypten nicht in Erfüllung gegangen war, hielt sie doch an ihrer Hoffnung fest. Ihr Idealismus und ihre Energie flößten mir Respekt ein. In meinem Alter hatte sie sich linken Gruppierungen angeschlossen. Sie hatte ihr Übersetzerdiplom gemacht, während sie mit Omar schwanger war. Und als Omar zur Highschool ging, hatten sich seine Eltern getrennt. Danach hatte Sohair ihre beiden Söhne allein großgezogen und alle Hilfe von Verwandten oder Freunden abgelehnt. In den letzten Jahren hatten sich ihr beruflich mehrfach Gelegenheiten geboten, Europa und

Westafrika zu bereisen. Wenig später sollte sie mit ein paar Rucksacktouristen, die nur halb so alt waren wie sie, bis an die Quellen des Nils vordringen. Die harten Zeiten, die sie als junge Frau durchgemacht hatte, hatten ihr nichts anhaben können. Sie sprühte nur so vor Optimismus und war mit ihren fünfzig Jahren mutiger als ich.

»Hast du ein gutes Verhältnis zu deinen Eltern?«, fragte sie mich während unseres ersten gemeinsamen Abendessens.

»Ja«, sagte ich und fuhr mit dem Finger nervös über den Rand der Teetasse. »Und ich möchte auch keineswegs etwas vor ihnen verheimlichen. Ich will es ihnen nur persönlich sagen, nachdem sie Omar kennengelernt haben.«

»Wann kommen sie denn?«

»Im Dezember, zum Weihnachtsfest. Das sind nur noch ein paar Monate, daher …« Meine Stimme erstarb, und ich begann erneut, mit der Teetasse herumzuspielen. Natürlich waren ein paar Monate keine lange Zeit, aber ich hatte trotzdem Schuldgefühle, dass ich ihnen eine so einschneidende Tatsache einfach verschwieg.

»Es ist deine Entscheidung«, meinte Sohair und tätschelte liebevoll meine Hand. »Wenn du meinst, dass es so am besten ist, dann werden wir es so machen.«

Danach setzten wir uns und nahmen eine traditionelle Mahlzeit ein – Hackfleisch in Strudelteig mit Reis und Gurkensalat. Ibrahim schwärmte von seiner Lieblings-CD, einem Sampler mit Musik aus den Siebzigern, und erzählte, wie sehr er sich vor Skorpionen fürchte. Ich musste lachen, als ich miterlebte, wie er und Omar über Heavy-Metal-Bands stritten. Später sagte Ibrahim im großen Kreis der Familie: »Mein Herz steht ihr offen.« Damit zerstreute er alle Befürchtungen im Hinblick auf Omars amerikanische Verlobte. Ich fühlte mich geborgen, als ich mit Omar in dem hellen Wohnzimmer saß, zusammen mit den Menschen, die ihn am besten kannten. Gleichzeitig fragte ich mich, ob Sohairs Vertrauen in mein Urteilsvermögen gerechtfertigt war. Wusste ich denn wirklich, was das Beste war? Wusste ich überhaupt, was ich da tat?

Omars Vater war Künstler. Er hatte in Tura im selben Haus wie seine Familie eine Wohnung, in der er allein lebte. Dort lagen überall Sachen herum, die er zum Malen brauchte: Pinsel in Gläsern voller Terpentin, Paletten, die er zum Trocknen auf Zeitungen gelegt hatte, an den Wänden auf Rahmen gespannte Leinwand.

»Meine teure Willow«, sagte er, jedes Wort betonend, als Omar mich ihm vorstellte. »Denn genau das wirst du uns sein: kostbar.« Sein Name war Fakhry, für mich aber war er immer Amu Fakhry. Ich fügte seinem Namen das arabische Wort für »Onkel« hinzu, um meinen Respekt auszudrücken. Er war Anfang sechzig und hatte Probleme mit dem Herzen, wodurch er schnell ermüdete. In seinen ausdrucksvollen Augen aber blitzte das Feuer der Jugend.

»Ich freue mich, dich kennenzulernen«, sagte ich und drückte ihm einen Kuss auf die Wange. Dann gab ich ihm den Blumenstrauß, den ich in einem Laden ganz in der Nähe gekauft hatte.

Erfreut lächelte er. »Sie sind sehr schön«, sagte er und stellte sie in eine Vase aus grünem Glas. »Die Farbe ist herrlich. Mir als Maler sind solche Dinge wichtig. Ich achte sehr auf Details.«

Wir sahen uns einige seiner Bilder an. Er liebte Picasso und kopierte ihn gerne. Mein Blick fiel auf eines der Bilder, eine Kopie von *Das karge Mahl*.

»Das ist ja phantastisch«, sagte ich.

»Es gefällt dir?« Amu Fakhry schien sich zu freuen. »Dann kannst du es haben, sobald es fertig ist.«

»Ich möchte es dir nicht wegnehmen …«

»Nein, du sollst es haben«, meinte Amu Fakhry. »Kunst gehört ohnehin nicht dem Künstler, sondern seinen Mitmenschen.«

In stillem Einverständnis lächelten wir uns an. Von diesem Augenblick an waren wir Verbündete. Das Gemälde, das mir so gefallen hatte, ließ er mir einige Wochen später direkt ins Haus liefern. Er hatte eine kleine Veränderung vorgenommen: Der Blumenstrauß, den ich Amu Fakhry mitgebracht hatte, stand auf dem Tisch neben dem Ellbogen der Frau, zarte Farbtupfen von Rosa und Grün.

Nun ist es nicht schwer, vor Menschen, die Tausende von Meilen entfernt leben, etwas geheim zu halten. Vor der Zimmergenossin hingegen lassen sich Geheimnisse nicht so leicht verbergen. Ich wollte mit Jo über die anstehenden Veränderungen in meinem Leben reden, aber ich hatte Angst, wie sie reagieren würde. Wenn ich ihr von meiner Verlobung erzählte, würde ich ihr auch meinen Übertritt zum Islam beichten müssen, und dazu war ich noch nicht bereit, denn sie hatte zu religiösen Dingen eine ziemlich klare Meinung.

»Immer wenn von ›Gott‹ die Rede ist, schaltet mein Gehirn auf Durchzug«, erzählte sie mir eines Nachmittags, als wir in Maadi waren. Anlässlich eines Todesfalles in Jos Familie hatte ihr eine Kollegin ein Buch mit tröstenden Worten geschenkt. Sie hatte es zwar gelesen, konnte aber letztlich nicht viel damit anfangen: »Ich traue diesem Zeug einfach nicht, auch wenn mir einzelne Sprüche durchaus gefallen. Es waren ein paar wunderschöne Ideen darunter. Aber ich lese immer nur Gott, Gott, Gott. So etwas kann ich einfach nicht ernst nehmen.«

»Wieso nicht?«, fragte ich. Wir gingen eine Straße entlang, die wir die »Tote-Katzen-Straße« getauft hatten, weil dort wochenlang der aufgedunsene Kadaver einer Tigerkatze mitten auf der Straße gelegen hatte, um den wir jedes Mal einen Bogen gemacht hatten.

»Ich kann mit diesem Wort einfach nichts Positives verbinden«, sagte Jo. »Ich bin nicht religiös. Ich habe immer das Gefühl, Gott wird mir auf unehrliche und manipulative Weise aufgezwungen.«

»Nicht jeder empfindet Gott als überdimensionierten Weißen, der an der Decke der Sixtinischen Kapelle schwebt und auf alle Welt mit dem Finger zeigt«, sagte ich ein wenig verärgert. »Du könntest ihn dir schließlich auch als etwas alles Durchdringendes, Allumfassendes vorstellen.«

Mein Einwurf entlockte ihr ein Lächeln. »In diesem Fall aber«, meinte sie, »müsste ich als Leserin meinem Gehirn einiges abverlangen, was letztendlich bedeutet, dass das Buch nicht besonders gut geschrieben ist, sonst könnte es mein Interesse auf andere Weise fesseln, als ›Gott‹ als Krücke zur Hilfe zu nehmen.«

»Wie bitte?«, schrie ich beinahe. Ein *boab,* ein Türsteher, sah mich erstaunt an. Ich ignorierte ihn. »Willst du damit behaupten, dass ein Buch, in dem das Wort ›Gott‹ vorkommt, schlecht geschrieben ist?«

»Ja«, antwortete sie. »Genau das meine ich.«

Ich atmete zu heftig ein, der Gestank der Katze drang mir in die Lungen, ich begann zu husten. Und so setzten wir unseren Weg in nachdenklichem Schweigen fort.

Ein paar Tage später lud Omar uns zu einer Musikstunde am Beyt al Oud ein, der Musikschule, wo er bei dem irakischen Lautenspieler Naseer Shamma Stunden nahm. Die Schule war in einem traditionellen arabischen Gebäude aus dem 18. Jahrhundert untergebracht. Rund um einen offenen Innenhof, in dem Konzerte und Gruppenunterricht abgehalten wurden, lag der frühere Harem, eine Vielzahl abgeschirmter, kleiner Räume, in denen die Schüler üben konnten. Während Omar mit Naseer und seinen Schülern plauderte, erkundeten Jo und ich das Haus. Die schmalen Steintreppen, die farbenprächtigen Malereien an den hohen Decken und die Gitterwerkbalkone faszinierten uns. Dort saßen vor Hunderten von Jahren die Frauen und konnten beobachten, was auf der Straße vor sich ging, ohne selbst gesehen zu werden. Auf einem dieser Balkone erzählte ich Jo, dass Omar und ich mittlerweile verlobt waren. Unten im *salamlek* genannten Hof war eine Unterrichtsstunde in vollem Gang, verspielte und traurige Melodien drangen zu uns herauf. Omar stand neben einem trockengelegten Brunnen aus Lehm und unterhielt sich mit seinem Lehrer. Wir aber waren hinter dem hölzernen Gitter verborgen. Jo drückte meine Hand und sagte kein Wort. Ein paar Minuten lang lauschten wir der Musik, dann gingen wir Arm in Arm die Treppen hinunter.

Als wir zurück in unserer Wohnung waren, überschüttete sie mich mit Fragen.

»Und was ist mit der religiösen Seite? Glaubst du nicht, dass das ein Problem werden könnte?«

»Ich bin Muslimin.«

Jo sah besorgt drein. »Bist du seinetwegen zum Islam übergetreten?«

»Nein, ich bin schon Muslimin gewesen, bevor ich ihn auch nur kannte. Er wusste es nicht, bis wir übers Heiraten geredet haben.«

»Du warst schon vorher gläubige Muslimin?« Aus der Sorge wurde Erstaunen. »Seit wann? Und darf ich mal fragen, wieso?«

Ein nagendes Gefühl machte sich in mir breit. Ich kam mir vor wie im Sexualkundeunterricht in der fünften Klasse, als man Jungen und Mädchen trennte, um uns gesondert in die lateinischen Namen für unsere intimen Körperteile und die mechanischen Aspekte der Sexualität einzuweihen. Das Ganze hatte etwas entschieden Absurdes, ja Kafkaeskes gehabt. Genau so fühlte ich mich, wenn jemand mich fragte, weshalb ich eine Religion praktizieren wolle. Wie sollte ich etwas so Ungreifbares in Worte fassen? Ich spürte, dass es nicht darum ging, die Beweggründe für meinen Übertritt zu erklären. Ich sollte ihn vielmehr verteidigen. Das war es, was mich am meisten erschütterte.

»Ich habe ja versucht, Atheistin zu bleiben«, sagte ich klagend. »Es hat aber nicht funktioniert.«

»Na gut, aber warum ausgerechnet der Islam?«

»Ich habe einfach herausgefunden, dass ich vom Wesen her Monotheistin bin. Glaub mir, ich war darüber ungefähr so glücklich wie du. Aber jede Art von Polytheismus kommt für mich einfach nicht in Frage. Außerdem habe ich Probleme mit Autoritäten. Damit fällt jede Religion weg, in der es Priester gibt, die sich für Gottes Stellvertreter auf Erden halten. Und da uns Gott diesen Körper gegeben hat, glaube ich auch nicht, dass wir Jungfrau bleiben sollten, bis wir Kinder bekommen wollen. Und damit bleibt schon jede Religion außen vor, bei der es keinen Sex zum Vergnügen und keine Familienplanung gibt. Und der Islam ist nun einmal eine antiautoritäre, monotheistische Religion, die eine positive Einstellung zum Sex hat.«

»Der Islam soll eine positive Einstellung zum Sex haben? Also hör mal!«

Ich schluckte meinen Ärger hinunter. »Im Islam gilt es als unnatürlich und ungesund, ohne Partner zu leben. Die beste Lebensweise für einen erwachsenen Muslim ist eine verantwortungsbewusste, sexuell freudvolle Partnerschaft mit einem anderen erwachsenen Muslim. Das hört sich doch ganz gut an.«

»Aber du siehst doch, wie Frauen hier behandelt werden. Du gehst Tag für Tag durch die Straßen Kairos. Man fühlt sich wie ein gehetztes Tier! Wenn das eine positive Einstellung zum Sex sein soll, bin ich der Papst!«

»Das meine ich ja gar nicht. Das ist abstoßend und heuchlerisch und falsch. Aber ich glaube, dass nicht ein islamischer Geistlicher dir in diesem Punkt widersprechen würde. Das ist nicht islamisch. Das ist vielmehr eine Gesellschaft im freien Fall. Das totale *Chaos*. Ägypten steht heute tiefer, als es je im Laufe seiner Geschichte gestanden ist.« Ich spürte, dass ich die Fäuste geballt hatte.

Jo sah aus dem Fenster, auf die Straßen von Kairo, in denen wir Tag für Tag belästigt wurden. Kairo war voller arbeitsloser, zorniger, Kind gebliebener Männer, die immer noch in ihrem Kinderzimmer schliefen und von ihrer Mutter herumkommandiert wurden. Die Eltern von Mädchen verlangten immer höhere Brautpreise, mitunter sogar Immobilien. Das aber machte Heirat und Ehe – gleichbedeutend mit einem Leben als Erwachsener – für viele Männer aus dieser mit Armut gestraften Generation unmöglich. Die Mittelschicht schrumpfte, damit aber stiegen auch die Erwartungen der Familien an eine Heirat als Mittel zum Aufstieg. Wenn sich ein Mädchen aus der Arbeiterklasse gut verheiratete, konnte sie ihrer Familie dabei helfen, wieder in eine »respektable« soziale Schicht aufzusteigen. Es gab kein höheres Ziel, als *ibn i'nas* oder *bint i'nas* zu sein, also Sohn oder Tochter einer vornehm bürgerlichen Familie. Auf den Schultern normaler Männer aus der Arbeiterklasse lag also eine enorme Last. Und diese Männer waren es, die uns belästigten, ja uns hassten. Sie fühlten sich von den käuflichen Frauen ihrer Klasse betrogen, weil diese sie wegen mangelnder Aufstiegschancen nicht heiraten wollten. Doch in dieser statusversessenen Gesellschaft konnten sie ihre Würde nicht länger wahren. Ich heiratete in ein Land ein, das am Rande des Kollapses stand.

Jo drehte sich vom Fenster weg und sah mich an. Das

Sonnenlicht zauberte einen Strahlenkranz um ihr blondes Haar. »Bist du glücklich?«, wollte sie wissen.

»Ja, ich bin glücklich«, antwortete ich. Das war eine Lüge. Ich hatte eine Todesangst. Sich inmitten einer feindseligen Umgebung zu verlieben ist schließlich keine Kleinigkeit. Doch trotz meiner Ängste wagte ich nicht, auch nur ein Zeichen des Zögerns zu zeigen. Wenn ich Selbstvertrauen bewies, würden meine Freunde und meine Familie sich am Ende überzeugen lassen. Daher musste ich mich selbst an die Kandare nehmen und mich darauf konzentrieren, die Ängste der anderen zu beruhigen.

Ramadan

Wisse, dass Geduld den Sieg bringt, am Ende des Kummers die Linderung steht, am Ende der Unbill die Erleichterung.
Mohammed, der Prophet

Ich hatte Jo gerade rechtzeitig über meinen Übertritt zum Islam in Kenntnis gesetzt, denn in diesem Jahr begann der Fastenmonat Ramadan im Oktober. Sie wäre sonst vermutlich verärgert, wenn nicht sogar beleidigt gewesen, wenn ich den ganzen Tag nichts gegessen hätte, um mich nach Sonnenuntergang an allerlei Köstlichkeiten gütlich zu tun. Am neunundzwanzigsten Tag des Scha'ban, des achten Monats nach dem islamischen Kalender, tranken Omar, Jo und ich in unserer Wohnung Tee, als Omar draußen auf der Veranda die Hand hochhielt, um uns zum Schweigen zu mahnen. Der abendliche Ruf zum Gebet erklang von den tausend Minaretten der Stadt. Er wartete auf die Ankündigung des heiligen Fastenmonats.

»Wieso wissen sie eigentlich nicht, wann dieser Monat beginnt?« Jo kniete auf der Couch und durchsuchte unseren CD-Stapel. Omars Bemühen amüsierte sie anscheinend.

»Weil der Fastenmonat nicht an einem bestimmten Datum beginnt. Das richtet sich nach der Sichel des zunehmenden Mondes.« Omar trat aus der Dunkelheit der Veranda zurück ins Wohnzimmer und setzte sich zu uns. »Wenn sie heute sichtbar ist, beginnen wir morgen mit dem Fasten. Wenn nicht, dann einen Tag später.«

Es lag eine Erregung in der Luft, die ich sonst nur vom Weihnachtsfest her kannte. »Ich denke, es wird heute Nacht so weit sein«, sagte ich.

»Glaubst du?« Omar lächelte. »Dann wird es wohl so sein.«

Eine Minute später hörten wir, wie die Stimmen von den Moscheen erschallten und den Raum zwischen den Straßengeräuschen ausfüllten.

»Ist es das?«, fragte ich.

»Ja«, antwortete Omar fröhlich und zog seine Schuhe an. »Komm, wir gehen für *sahur* einkaufen.« Sahur ist »die letzte Mahlzeit«, die man während des Ramadan isst, bevor der Morgen anbricht. In Ägypten nimmt man gewöhnlich Puffbohnen und Joghurt zu sich. Dazu Süßholztee, der dem Körper hilft, mehr Flüssigkeit zu speichern. Und für eine unbedarfte Westlerin wie mich gab es Unmengen Wasser.

Wir fuhren im Taxi zum Souk el Maadi. Natürlich war alles voller Menschen, die Tüten voller Gemüse nach Hause schleppten, Berge von Fladenbrot in der Hand und auf dem Kopf. »Von diesem Moment an wird Kairo nicht zur Ruhe kommen, bis der Ramadan in einem Monat endet«, erklärte mir Omar. »Viele Leute bleiben die ganze Nacht über auf und schlafen sich tagsüber aus. Dann stehen sie auf zum *iftar,* zum abendlichen Fastenbrechen, und machen Party. Sie kaufen Sachen für *sahur* wie wir.«

In einem kleinen Laden besorgten wir Weißkäse und Brot. »Vergiss nicht, heute Abend reichlich Wasser zu trinken. Warte damit nicht bis zum Morgengrauen«, sagte Omar, als wir im Taxi wieder nach Hause fuhren. Er begleitete mich hinauf, küsste mich und versprach mir, gleich morgen früh wiederzukommen. Ich ging schlafen und hatte ein Gefühl wie am ersten Ferientag.

Um drei Uhr fünfundvierzig wachte ich auf, weil ein Mann draußen auf der Straße laut sang und trommelte. »Sahur, Sahur, erwachet, ihr Schläfer«, hörte ich ihn singen. Die

Melodie schwang sich von Häuserblock zu Häuserblock. Ich stürzte ans Fenster und sah einen Mann in der Galibayya-Tunika, der im Schein der Neon-Straßenlampen stand. Er schwankte die Straße entlang, gefolgt von einer der streunenden Katzen.

»Und wer weckt dich?«, fragte ich ins Leere, als könne er mich hören. In der Wohnung über uns war das Geräusch von Kochtöpfen zu hören. Voller Entschlossenheit marschierte ich in die Küche und trank einen Liter Wasser. Danach war ich so voll, dass ich fast nichts mehr essen konnte, doch das machte mir ohnehin weniger Angst als die Vorstellung, den ganzen Tag lang nichts trinken zu können. Mein Blutdruck schien im Keller zu sein, also legte ich mich wieder ins Bett und schlief.

Gegen zehn Uhr morgens wachte ich mit trockenem Mund wieder auf.

»Das vergeht schon«, meinte Omar, der wie eine Fata Morgana im Wohnzimmer aufgetaucht war. Er und Jo waren wach und wirkten frisch und munter.

»Wie fühlst du dich?«, fragte Jo und räumte die Reste ihres Frühstücks ab.

»Als hätte ich 'nen Jetlag. Als müsse ich mich an eine Zeitumstellung gewöhnen.«

»Am ersten Tag ist das immer so«, sagte Omar und lächelte mir ermutigend zu. »Danach wird's leichter.«

Den Rest des Tages verbrachte ich wie in Trance – teils war ich schläfrig und schlapp, dann wieder ungewöhnlich aufgekratzt. Wir sahen *Die zwei Türme* an, den zweiten Teil des *Herrn der Ringe.* Mittendrin schlief ich wieder ein, hingekuschelt zwischen Omar und Jo, die offensichtlich beide davon überzeugt waren, dass Fasten nicht mit meiner anglosächsischen Konstitution vereinbar war. Sehr viel später weckte mich der Klang von Omars Stimme. Er las *Al Jabbar* auf Englisch: »Und ich beanspruche *al haq*, die Wahrheit, für mich als Geburtsrecht. Als Geschöpf bin ich vergänglich. Und Er sagte: ›Verhülle dieses Symbol, mache es dir zu eigen und erfreue dich daran.‹«

»Ich weiß, warum du das tust«, sagte ich.

Als die Sonne in den Nil einzutauchen begann, nahmen Jo, Omar und ich ein Taxi und fuhren zu Sohair, um bei ihr die Mahlzeit zum Fastenbrechen, *iftar,* einzunehmen. Die Tradition des Propheten will es, dass diese Mahlzeit eher schlicht ausfällt: Datteln und Milch. Doch die Ägypter halten sich nicht an diese Anweisung. Man tafelt gefüllte Auberginen, Lamm und Reis mit Zimt und Rosinen. Am Ende gibt es vor Sirup triefende Buttertörtchen, und obwohl man einen ganzen Tag lang nichts getrunken hat, löscht man den Durst nicht mit Wasser, sondern mit dickem Aprikosennektar.

»Der Zucker schenkt Energie, das Salz hilft, Flüssigkeit im Körper zurückzuhalten«, meinte Ibrahim, als wir uns zu Tisch setzten. Jo half Sohair in der Küche. Ich hörte sie lachen. Von draußen drang der Ruf zum Abendgebet.

»Sie haben angefangen«, meinte Omar und reichte mir ein Glas. *»Ramadan karim!«*

»Allahu akram«, antwortete ich, wie es das Ritual will, das ich erst am Morgen gelernt hatte. »Der Ramadan ist großmütig. Gott aber ist großmütiger!« Ich hob das Glas an die Lippen und nahm höflich einen kleinen Schluck.

Es war das Beste, was ich je getrunken hatte. Meine Sinne, die ich tagsüber zum Schweigen verurteilt hatte, meldeten sich mit Macht zurück. Ich wollte vor allem eines: schmecken. Die Euphorie des Fastenbrechens – die spirituelle ebenso wie schlicht chemische Gründe hat – war ein sublimes sinnliches Erlebnis. Ich sackte in meinem Stuhl zusammen und ließ meinen Kopf zurückfallen.

»Oh, Gott«, sagte ich.

Alle lachten. Jo stieß mich scherzhaft mit dem Ellbogen

an und blinzelte mir zu. Alle saßen um Sohairs kleinen Holztisch versammelt. Draußen war verschwommen die Wüste erkennbar. Ich war glücklich und mit mir selbst im Reinen. Denn ich hatte mich meiner Entscheidung würdig erwiesen: Wenn ich einen Tag lang fasten konnte, konnte ich es auch die nächsten neunundzwanzig Tage. Und ich konnte nächstes Jahr dasselbe tun. Und das Jahr danach. Zum ersten Mal, seit ich mich dem Islam zugewandt hatte, konnte ich mir meine Zukunft vorstellen. Wer wählt, wie er leben will, wählt das Leben selbst. Von diesem Abend an war Ramadan für mich untrennbar mit dem Gefühl der Dankbarkeit verbunden – für die Offenbarung, für die Prophezeiung, für die schiere Freude, als Mensch auf dieser Welt zu leben.

Nachdem wir gegessen und den Tisch abgeräumt hatten, tranken wir Tee. Omar holte seine Oud hervor und spielte arabische Volkslieder voller Vierteltöne, die es in der westlichen Musik nicht gibt: flüchtige Melodien, die sich um sich selbst zu winden scheinen. Ibrahim führte Jo und mir seine elektrische Gitarre vor und erklärte uns all die Knöpfe und Schalter, die man als nichtmusikalischer Mensch so schwer begreift.

»Ich würde auch gerne Klavier lernen. Ich habe angefangen, aber …« Er zeigte auf ein altes Casio-Keyboard auf dem Regal: »… das alte Ding da ist nicht gerade inspirierend. Ich hätte gern ein echtes Klavier.«

»Schade, dass es keine Teleportation gibt«, sagte ich.

»Aeda?«

»Das heißt, dass man etwas von einem Ort verschwinden und an einem anderen erscheinen lassen kann«, erklärte ich ihm.

»Und wieso?«

»Weil im Haus meiner Eltern in Colorado ein riesiges

altes Klavier steht, auf dem keiner spielen kann. Es würde dir gefallen.«

»Vielleicht kann ich dich ja mal besuchen.«

»Das musst du unbedingt. Ich möchte dir unsere Berge zeigen.«

Er grinste, dann schweifte sein Blick nachdenklich in die Ferne. »Ich habe schon viele Amerikaner kennengelernt. Sie sind alle nett und offen. Aber ich verstehe nicht, wieso ...« Ich weiß nicht mehr, ob er seinen Satz beendete. »Ich versuche immer, das im Hinterkopf zu behalten, wenn ich sehe, was die USA im Nahen Osten anrichten. Oder wenn ich eure Nachrichten ansehe – die wirklich sehr deprimierend sind. Es ist schwer, nicht wütend zu werden. Oder sich zu verschließen. Da wird so viel gelogen.«

Bei Gelegenheiten wie diesen verspüre ich als Erstes den Impuls, mein Land zu verteidigen, nur weiß ich nie so recht, wie ich das am besten anfange.

»Die amerikanischen Medien sind viel extremer als die Amerikaner selbst«, meinte ich schwach. Natürlich konnte ich dafür nichts, aber ich fühlte mich trotzdem schuldig. Ich musterte Ibrahim, wie er so dastand, die Gebetsperlen in einer Hand, die Elektrogitarre über die Schulter gehängt. »Er ist doch der beste Beweis dafür, dass es für die Welt noch nicht zu spät ist«, dachte ich. Und doch gab es da Afghanistan, den Irak und das Netz, das sich allmählich um den Iran schloss, von der katastrophalen Situation zwischen Israel und Palästina einmal abgesehen. Wie sollte sich ein Ägypter sicher fühlen angesichts all dieser Konfliktherde vor seiner Haustür? Ich sah Ibrahim an und dachte: »Entweder stirbt der Nahe Osten gerade oder er wird neu geboren.« Das Ergebnis hing bedauerlicherweise von Menschen ab, die ihn nie Gitarre spielen sehen würden.

»Du würdest es vermutlich besser verstehen, wenn du es kennenlernen würdest«, sagte ich. »Amerika, meine ich.«

»Eines Tages, Inschallah!«

»Ja, Inschallah – so Gott will!«

Damit man sie versteht, müssen Gefühle, selbst wenn es sich um so allgemein menschliche handelt wie Liebe, Freude und Trauer, in einer Form ausgedrückt werden, die alle Beteiligten verstehen können. Eigentlich sollte das nicht so schwer sein. Wenn Gefühle universell sind, sollte ihr Ausdruck es doch ebenfalls sein. Doch das ist nicht der Fall. Zu Anfang war Omar sich dessen mehr bewusst als ich. Er erkannte, dass das Einzige, das wir gemeinsam hatten, der Islam und die Rockmusik waren. Aus diesen beiden so ungreifbaren Dingen mussten wir ein Fundament für eine dritte Kultur schaffen: unsere eigene. Nun, Religion und Kunst sind gute Grundsteine, wenn es darum geht, inmitten eines tobenden Krieges ein friedliches Plätzchen für zwei zu schaffen. Doch selbst mit diesem gemeinsamen Fundament würde der Kampf um unseren Frieden hart werden. Manchmal hatte ich den Eindruck, als müsste ich meine Knochen auseinandernehmen, um durch dieses Nadelöhr zu passen. Dieses Bild verfolgte mich. Alles, was wir dachten, taten oder sagten, anzogen oder uns entschlüpfen ließen, musste seziert und miteinander versöhnt werden. Im Laufe dieses Prozesses bekamen viele alte Symbole neue Bedeutung. Sie wurden zur Sprache jener Kultur, die wir für uns schufen.

Das begann mit den Symbolen, die ich mir hatte in die Haut ritzen lassen.

»Ben sagte, du hast ein interessantes Tattoo …«, meinte Omar eines Abends, kurz nachdem wir uns verlobt hatten. »Stimmt das?«

Ich wusste, welches Tattoo er meinte. »Ja. Stört es dich?«

Omar lächelte. »Nein, aber könnte ich es vielleicht sehen?«

Ich drehte mich um und hob den Saum meines T-Shirts an, so dass er meinen unteren Rücken sehen konnte. Natürlich fragte ich mich, ob das Tattoo ihn schockieren würde oder ob er darin meine guten Absichten erkennen konnte.

Omar schwieg einen Augenblick lang.

»Es ist schön«, sagte er schließlich. Ich atmete hörbar auf. »Hat das ein Amerikaner gemacht? Nein.«

»Doch, tatsächlich.«

»Aber die Schrift ist wirklich gut. Du hast das nicht selbst geschrieben?«

»Nein, nein. Ich fand es online.«

»Warum *Al Haq?*« Er berührte die erste Linie, den Buchstaben *alif.* Die Haut war glatt, aber ein wenig erhaben, da sie ja vernarbt war. Ich schloss die Augen, als er mit dem Zeigefinger die Linien nachzeichnete.

»Ich mag *Al Haq*«, murmelte ich. »Wahrheit ohne Unwahrheit, Wahrheit ohne Gegenteil. Das Wirkliche, das sogar das Unwirkliche einschließt, das Allerwirklichste also. Und er kommt gleich nach *Ash-Shahid,* der Zeuge, was ich auch sehr mag.« Ich öffnete ein Auge. »Aber *Ash-Shahid* hat mehr Buchstaben, also hätte es mehr geschmerzt.«

Er lächelte. »Wann hast du dieses Tattoo machen lassen? Warst du damals schon Muslimin?«

»Nein«, antwortete ich. »Es ist schon über zwei Jahre alt. Ich habe es machen lassen, als mir klar war, dass ich mich eines Tages zum Islam bekennen würde. Damals war ich noch nicht bereit, aber ich wollte dieses Tattoo, damit es mich daran erinnert.«

»Erstaunlich«, meinte er und schüttelte den Kopf. »Ich wusste nicht, dass so etwas in Amerika möglich ist.«

»Na ja, zu Hause weiß es ja auch niemand. Du bist der Erste, dem ich es erzähle.«

Überrascht sah er mich an: »Wirklich?«

»Ja. Die Leute zu Hause denken, ich interessiere mich aus kulturellen oder wissenschaftlichen Gründen für den Islam. Ich habe sechs Koranausgaben, und keine davon habe ich mir selbst gekauft. Und mindestens genauso viele Bücher über Sufidichtung. Lauter Geschenke, aber wenn ich den Leuten, die sie mir geschenkt haben, sagen würde, dass ich ich zum Islam übergetreten bin, wären sie entsetzt.«

Über Omars Gesicht flog ein Schatten. »Ist das wirklich so inakzeptabel?«

»Oh, ja.«

Er berührte meine Hand. »Ich hoffe, du weißt, dass das alles sehr schwer wird«, sagte er.

»Ich weiß«, sagte ich. »Ich weiß.«

❁❁❁

Eine einfache Übung zur Teambildung, die wir an der Sprachenschule machten, zeigte uns, wogegen wir anzukämpfen hatten. Die Direktorin war eine Ägypterin, die jahrelang in den USA unterrichtet hatte. Daher konnten wir davon ausgehen, dass sie wusste, was sie tat, als sie uns diese Übung machen ließ. Wir erhielten ein Blatt Papier, auf dem in kurzen Worten folgendes Szenario beschrieben war: Eine Frau, deren Mann häufig beruflich unterwegs ist, geht abends aus, um sich mit ihrem Liebhaber zu treffen. Ein stadtbekannter Irrer ist entsprungen und macht das Viertel unsicher. Also bittet die Frau ihren Liebhaber, sie doch nach Hause zu bringen, damit sie nicht überfallen wird. Der

Liebhaber weigert sich. Die Frau geht zum Haus eines Freundes und bittet diesen, sie doch nach Hause zu bringen. Als er jedoch erfährt, weshalb die Frau so spät allein unterwegs ist, lehnt er ihre Bitte ab. Der Frau geht also allein nach Hause. An dem Fluss, der das Viertel ihres Liebhabers von ihrem trennt, bittet sie den Fährmann, sie doch überzusetzen. Da sie kein Geld bei sich hat, lehnt er ab. Die Frau ist also auf der falschen Seite des Flusses gefangen und wird tatsächlich von dem Verrückten ermordet.

»Wer ist nun«, fragte die Direktorin augenzwinkernd, »für ihren Tod verantwortlich? Nennen Sie die einzelnen Personen in der Reihenfolge ihrer Schuldhaftigkeit und entscheiden Sie sich für eine gemeinsame Lösung.«

Nach einem kurzen Augenblick der Stille brach im Saal eine heftige Debatte los. Die Lehrer aus dem Westen waren sich einig: Der Verrückte war schuld an ihrem Tod. Der Freund, der Liebhaber, der Fährmann und am Ende die Frau selbst wurden in verschiedener Reihenfolge angeführt. Ganz am Ende stand der abwesende Ehemann.

Die Ägypter waren entsetzt über diese Interpretation der Geschichte. Für sie war die Frau die Hauptverantwortliche, da sie sich ja entschieden hatte, eine Affäre zu haben und nachts ihr Haus zu verlassen. Der Verrückte, so hieß es, könne schließlich für seine Tat nicht verantwortlich gemacht werden. Bei den meisten Ägyptern stand er an letzter Stelle. Alle westlichen Frauen, mich eingeschlossen, machte diese Sichtweise der Dinge wütend. Unsere feministische Einstellung wurde hier massiv in Frage gestellt, und wir verteidigten sie entschlossen. Einige der Frauen hatten Tränen in den Augen. Hier zeigte sich die arabische Kultur genauso sexistisch und chauvinistisch, wie man uns immer gesagt hatte. Waren wir nicht genau davor gewarnt worden? Dabei hatten wir doch gerade angefangen, großzügig über die Unterschiede hinwegzusehen und anzunehmen, dass sich darunter doch dieselbe Art von Mensch verberge, wie der Westen sie hervorbringt.

Ich sah Omar an. Er hielt meinem Blick einen Augenblick lang stand und schüttelte dann den Kopf, als wolle er sagen: »Die Brücke, über die du gehen möchtest, existiert nicht.« Wir konnten nur zusehen. Schließlich waren wir nicht offiziell verlobt. Ich wollte nicht, dass Fremde davon eher erfuhren als meine Familie. Wieder ein Fluss, der ohne kleine Lügen nicht überquert werden konnte.

Hanan, Lehrerin für Arabisch, nahm mich beiseite, weil sie mir die Einstellung der Ägypter erklären wollte. Ihr zufolge war die Frau die einzige Person, die für ihre Taten direkt verantwortlich war. Niemand habe sie gezwungen, eine Affäre zu beginnen und das Haus zu verlassen, wo sie doch wusste, dass ein entsprungener Irrer draußen herumlief, meinte sie leidenschaftlich. Danach kam als Verantwortlicher gleich der Ehemann. Er habe seine Pflichten seiner Frau gegenüber verletzt und müsse sich daher schämen, sie vernachlässigt und auf diese Weise ihren Tod verursacht zu haben. Diese Argumentation erschreckte mich, da meine ägyptischen Kollegen, egal welchen Geschlechts, sich in diesem Punkt insgesamt einig waren: Die meisten von ihnen hatten den Ehemann auf Platz zwei ihrer Liste der Schuldigen gesetzt. Sie sprachen so voller Verachtung über ihn, als sei er eine reale Person. Die Lehrer aus dem Westen hingegen wussten nicht so recht, was sie mit ihm anfangen sollten. Bei ihnen rangierte er zwischen Platz vier und Platz sechs.

Die westlichen Lehrer ordneten die Schuld im buchstäblichen Sinne zu: Wer hatte das Messer geführt? Wer unterließ die Hilfeleistung, zu der er fähig gewesen war? Die Ägypter hingegen verteilten die Verantwortung nach moralischen Kriterien. So gesehen war der Irre eine Art

»Naturgewalt«. Er konnte ja nicht zwischen Gut und Böse unterscheiden. Seinen Handlungen fehlte die Absicht. Die Frau hingegen konnte sehr wohl zwischen Gut und Böse unterscheiden. Sie hatte ihr Leben ohne hinreichenden Grund gefährdet. Da ihr Mann für ihr körperliches und seelisches Glück verantwortlich war, sie jedoch vernachlässigt hatte, hatte auch er sich schuldig gemacht: Seinetwegen hatte seine Frau ihr Glück anderswo gesucht.

Im Laufe der Diskussion wurde mir klar, weshalb die Ägypter so entsetzt über unsere Empörung waren: In ihren Augen versuchten wir zu beweisen, dass es nicht falsch sei, wenn man seinen Ehemann betrüge, und dass ein Ehemann seiner Frau gegenüber keinerlei Verantwortung trage. Wir aber gingen von Persönlichkeitsrechten aus, nicht von sozialen Verpflichtungen. Unserer Ansicht nach hatten sowohl Ehemann als auch Ehefrau das Recht auf eine eigene Entscheidung. Wollte sich der Mann in erster Linie um seine Karriere kümmern, so war dies sein gutes Recht, wie es das Recht der Frau war, anderswo emotionale Erfüllung zu suchen. Dass Mann oder Frau füreinander Verantwortung tragen könnten, kam in diesem Szenario gar nicht vor.

Am Ende entschieden wir uns für einen Kompromiss. Der Verrückte kam auf Platz eins, da er das Messer geführt hatte. Die Ehefrau wurde auf Platz zwei gesetzt, weil sie wissentlich ihr Leben gefährdet hatte. Der Ehemann landete auf Platz drei, weil er ihr Verhalten herausgefordert hatte, der Liebhaber auf Platz vier, weil er ein Schuft war. Den Fährmann setzten wir auf Platz fünf, weil er sich nicht großzügig gezeigt hatte (was im Islam eine Sünde ist), und den Freund auf Platz sechs, da seine Beweggründe doch recht zweifelhaft waren. Wir hatten um diese Aufstellung gekämpft, als stünden die Betroffenen vor unserer Tür. Ich war erstaunt, wie wenig dazu nötig war, eine Gruppe intelligenter Menschen entlang der Linie ihrer kulturellen Prägung auseinanderzudividieren. Es gab keine einzige Ausnahme. Natürlich lachten danach alle und redeten noch wochenlang über den Vorfall (»Denk an den Fährmann!«, wurde quasi zum *running gag.*) Doch im Grunde waren wir alle erschüttert. Jedem von uns war klar, dass der Kompromiss, um den wir uns bemüht hatten, an deutlich sichtbare Grenzen stieß.

Omar und ich sollten uns noch öfter über entsetzlich tiefe Abgründe hinweg ansehen müssen. Sie öffneten sich ganz plötzlich, mehr oder weniger unter unseren Füßen. Wenn wir allein waren, schienen die Unterschiede nicht von Bedeutung, doch sobald wir in Gesellschaft waren, wurde er zum Ägypter, und ich wurde zur Amerikanerin. Das geschah ganz automatisch. Und außer unserer Liebe – die uns für unsere kulturellen Unterschiede eher noch sensibler machte – gab es nichts, worauf wir bauen konnten. Wenn ich über diese ersten Monate spreche, setzen meine Zuhörer meist voraus, dass es irgendetwas gegeben haben müsse, was uns die Liebe möglich machte. Irgendwo mussten die Erwartungen zweier Menschen aus verschiedenen Kulturen sich doch überschneiden. Und immer wieder muss ich sagen: Nein. Da war gar nichts. Absolut und brutal: gar nichts.

Jo war meist die Einzige, die begriff, wie schwierig es war, in dieser Zwischenwelt seinen Weg zu finden, zwischen den zahllosen Haarrissen, die Ost und West voneinander trennen, ohne gemeinsame Werte, die als Kitt hätten herhalten können. Die Wochen vergingen, und wir entwickelten allmählich eigene Rituale, wie Außenseiter dies gewöhnlich tun. Unser Lieblingsspiel war »Punch Fundie«. Es geht so ähnlich wie das in Amerika verbreitete »Punch Buggy«. Dabei stupst man seinen Nachbarn, sobald man einen VW-Käfer entdeckt hat. In Kairo hatte dies natürlich wenig Sinn, also stupsten wir uns, wenn wir einen Fundamentalisten auf der Straße sahen. Dabei galt als Fundamentalist jeder, der den verräterisch langen Bart trug und dessen Galibayya nur bis zu den Knöcheln reichte. Oder eine Frau, die den *niqab* genannten schwarzen Ganzkörperschal trug, der nur die Augen frei ließ. Wir spielten »Punch Fundie« vorzugsweise, wenn wir im Taxi saßen. Eines Tages waren wir damit unterwegs ins Stadtzentrum, als Jo mir ihren Ellbogen gleich zwei Mal in die Rippen stieß.

»Was soll das denn?«, rief ich und blitzte sie wütend an. Sie deutete aus dem Fenster.

»Guck mal, ›Punch Fundie‹ und ›Punch Buggy‹ auf einmal«, sagte sie hingerissen. Ich sah genauer hin: Tatsächlich stand neben uns ein knallgelber VW-Käfer, in dem ein Fundamentalist saß. Er musterte stirnrunzelnd den Verkehr. Wir sahen die Schwielen an seiner Stirn, die vom Aufschlagen auf dem Gebetsstein herrührten. Der ungekämmte Bart zog sich seine Wangen hinauf wie eine Baumflechte. Mit offenem Mund starrten wir aus dem Fenster. Als der Wagen an uns vorbei war, mussten wir die Hand auf den Mund pressen, um nicht laut loszulachen. Tränen rannen uns über die Wangen. Das ganze Problem – die Stadt, die Welt, die Konflikte, mit denen wir konfrontiert waren – konnte gar nicht so dramatisch sein, wenn es Fundamentalisten gab, die in Hippie-Autos durch Kairo gurkten. Den ganzen Tag über grinsten Jo und ich uns immer wieder verstohlen an. Wenigstens einmal teilten wir gemeinsam das gute Gefühl, dass am Ende schon alles gutgehen würde.

Die brennende Schale

Er gab mir eine Schale, und ich sah im vollen Licht der Erkenntnis. Oh Shams, oh Sonnenlicht, eilt mir beide zu Hilfe, denn ich bin getrennt von mir und doch ich selbst.
RUMI

Ich begann, mir auf eigene Initiative und in kleinen Schritten den Islam zu erobern. Sobald ich mein Ego diszipliniert hatte und mich beim Beten nach Mekka wandte, verstand ich allmählich, welchen Sinn »organisierte« Anbetung hat, welche alle Veränderungen am Ritual zurückweist. Wenn man sich einer organisierten Religion anschließt, betet man nicht für sich, auch wenn man allein ist. Im Islam ist das Gebet ohnehin eine Ganzkörpererfahrung: Man steht, verbeugt sich, steht wieder auf, kniet sich hin und berührt mit der Stirn den Boden, um am Ende wieder aufzustehen. Diesen Ablauf wiederholt man mehrfach. Man wird Teil eines mathematischen Algorithmus, der alle Körper des Himmels und der Erde verbindet. Der Kalender beruht auf den Mondphasen, das tägliche Gebet auf der Bewegung der Sonne am Himmel. Mekka wird eine Idee mit Ortsangabe. Man orientiert sich nicht mit Hilfe des Kompasses, sondern eines geographischen Großkreises, und kalkuliert so die kürzeste Entfernung zwischen dem Ort, an dem man sich aufhält, und der Kaaba, dem Schrein in Mekka, der angeblich von Abraham errichtet worden ist. Im weitaus größten Teil der USA wendet man sich daher nach Norden, der eisüberzogenen Polkappe zu.

Festtage und Fastenzeiten hingegen haben kein festes Datum. Sie werden Jahr für Jahr im Kalender um zehn Tage nach hinten verschoben, unabhängig von der Jahreszeit. Sogar *Laylat ul Qadr*, die heiligste Nacht des Ramadan, ist an wechselnden Daten. Mohammed war diesbezüglich sehr deutlich: Du sollst nicht an Bildern anhaften, seien es nun gemalte oder natürliche. Ramadan, Muharram, die Eid-Feste – kein religiöses Ereignis wird mit dem Geruch von Schnee in der Luft verbunden, mit dem Tauwetter des Frühlings oder dem Sommeranfang. Gott lebt in all diesen Dingen – heißt es doch: Allah ist schön, und er liebt die Schönheit –, doch sie sind vergänglich. Man richtet den Blick auf das Ewige und beginnt, Gebein und Sehnen unter dem Fleisch der vergänglichen Welt zu sehen oder zumindest, es zu glauben. Sonne und Mond werden zur Uhr. Auch sie sind vergänglich, doch sie weisen uns auf die dunklen Weiten hin, die sich voller Sternenstaub rund um die Erde in alle Richtungen erstrecken bis zum sich ständig ausdehnenden, unbegreiflichen »Rand«.

Es gibt Tausende von bildhaften Vergleichen, die die Wirkung religiöser Praxis auf den Gläubigen beschreiben sollen. Die religiöse Erfahrung ist so abstrakt, dass Analogien häufig die einzige Möglichkeit darstellen, sie zu beschreiben. Für mich war Religion wie eine Tablette, die – einmal geschluckt – Wirkungen entfaltete, die ich weder ahnen noch kontrollieren noch rückgängig machen konnte. Selbst wenn ich morgen aufhören würde, den Islam zu praktizieren, wäre ich dennoch auf biochemischer Ebene ein anderer Mensch geworden. Die Rituale, die nichtreligiösen Menschen so überflüssig erscheinen – so zum Beispiel der genaue Wortlaut eines Gebetes, die dabei einzunehmende Körperhaltung, die Waschungen –, sind Stärkungsmittel mit einer exakt ausgewogenen Formel. Diese Mittel prägten mich nahezu unbewusst.

Die Veränderung machte sich zuerst in meinem Traumleben bemerkbar. Träume waren für mich immer wichtig gewesen. Ich konnte mich Nacht für Nacht an das Geträumte erinnern, schon als ich noch ein kleines Kind war. In ihrer Summe stellen sie eine Art paralleler Geschichte meiner Persönlichkeit dar, den Roman des Unbewussten. Traumsymbole spielten bei meiner Bekehrung zum Islam eine große Rolle. Als die muslimischen Rituale mehr und mehr Teil meines Alltags wurden, begannen sich Inhalt und Art meiner Träume zu verändern. Es gab weniger unverständliche Traumfetzen, weniger »Hintergrundgeräusche«. Was übrig blieb, trat sehr viel deutlicher hervor.

Ein paar Wochen nach Ramadan träumte mir von einer riesigen Wüste, durch die eine breite Teerstraße führte. Diese war aber völlig leer: keine Autos, keine Lastwagen, keine Menschen oder Tiere. Ich ging ganz allein die Straße entlang und trug eine Schale mit duftenden Ölen in der Hand, die ich einer schiitischen Freundin in New York bringen sollte. Ich war sicher, dass die Straße mich dorthin führen würde. Und tatsächlich traf ich meine Freundin vor einem alt aussehenden Steinbau inmitten eines kleinen Parks an. Als ich ihr die Schale mit dem Öl hinhielt, bat meine Freundin mich, es doch noch eine Zeitlang für sie aufzubewahren. Daraufhin drehte ich mich um und ließ ein brennendes Streichholz in die Schale fallen. Sofort schoss eine Stichflamme heraus. In den züngelnden Flammen sah ich das Gesicht von Imam Husayn, dem Kriegerpoeten und Enkel des Propheten Mohammed, der im 7. Jahrhundert in der Ebene von Kerbela als Märtyrer starb. Ich weiß nicht, wie ich erkannte, dass er es war – als Sunnitin machen wir uns ja kein Bild von heiligen Gestalten.

»Er begann zu mir zu sprechen«, erzählte ich Omar und Ibrahim später, »aber ich weiß nicht mehr, was er sagte. Mittendrin wachte ich auf.«

»Du erinnerst dich nicht mehr?«, sagte Omar enttäuscht. »Aber das war wahrscheinlich der wichtigste Teil!«

Hilflos zuckte ich mit den Schultern. »Vielleicht sprach er ja Fus'ha«, sagte ich, da ich das klassische Arabisch ja nicht beherrschte.

»Und wie sah er aus?«, wollte Ibrahim wissen.

»Er hatte ein kantiges Gesicht, keine ansprechenden, sondern eher starke Züge, eine bleiche Gesichtsfarbe und dunkle, fast schwarze Augen. Einen dunklen Bart. Der Kopf war rasiert. Er sah sehr klug, aber auch sehr traurig aus.«

Omar nickte. »Genau so wird er immer beschrieben. Dann war es ein Wahrtraum.«

Im Islam teilt man Träume in drei Kategorien ein: gewöhnliche Träume, in denen unser Unbewusstes das Tagesgeschehen verarbeitet; satanische Träume, zu denen die Alpträume gehören; und Wahrträume oder Visionen, die von Gott kommen. Ein Wahrtraum ist in religiöser Hinsicht überprüfbar. Er enthält Elemente der Schrift oder der islamischen Geschichte, die der Träumer kennen kann oder nicht.

Omar und Ibrahim schien es daher völlig normal, dass ich von Imam Husayn träumte, ohne je eine Beschreibung von ihm gelesen zu haben. Ich war zutiefst erleichtert, über diese Erfahrung sprechen zu können, ohne dafür verurteilt zu werden. Dann war ich doch kein unnormaler Mensch: Ich erlebte die Welt so, wie Menschen seit Tausenden von Jahren es taten. Und genau das schenkte mir die Religion. Als ich quasi in den Islam hineinstolperte, war ich keineswegs auf der Suche nach einem neuen sozialen Modell oder einer neuen Moral. Ich fühlte mich nicht unbehaglich in der Gesellschaft, in der ich lebte. Aber ich suchte nach Worten, nach Worten, die zu dem passten, was ich gesehen und erfahren hatte, aber nicht erklären konnte. Wie beispielsweise einen Traum. Glaube ist für mich kein Sprung ins Ungewisse, sondern die Bestätigung persönlicher Erfahrung. Mit meinem Bekenntnis zum Islam hatte ich mir die Erlaubnis erteilt, so in der Welt zu leben, wie ich sie tatsächlich erfuhr, und nicht so, wie man es mir beigebracht hatte.

Nachdem ich von dem Feuer in der Schale geträumt hatte, war natürlich meine Neugier auf Imam Husayn geweckt. Ich beschloss, die Moschee aufzusuchen, die ihm zu Ehren erbaut worden war. Masjid al Husayn heißt sie. Die Moschee nimmt eine Seite eines großen Platzes im alten Kairo ein. Gleich daneben befindet sich der Eingang zu einem mittelalterlichen Basar, Khan al Khalili, der aus Hunderten winziger Gässchen besteht. In einem davon findet sich das berühmte Fishawi-Café. Man nennt diese Gegend ganz allgemein Husayn. Ich liebte dieses Viertel, doch in der Moschee war ich noch nie gewesen.

Im Schrein der Moschee soll der Legende nach Imam Husayns Kopf aufbewahrt werden. Daran ist nichts Ungewöhnliches. Kairo ist voll von heiligen Gebeinen. Für einen Sunniten ist der Status solcher Heiliger nicht einwandfrei geklärt: Zu einem Heiligen zu beten ist ganz sicher Götzenverehrung, doch an seinem Grab spirituellen Beistand zu suchen ist in Ordnung. Nur Hardliner runzeln dabei die Stirn. Viele Wahhabiten – dogmatische Muslime – fordern sogar, die Schreine der Heiligen niederzureißen. Der durchschnittliche Kairoer aber kennt den Unterschied zwischen liebevoller Verehrung und tatsächlicher Anbetung durchaus. Das Grab Imam Husayns befindet sich in Kerbela im Irak. Jeder Schiite, den ich je kannte, findet die Vorstellung, der Kopf des Heiligen könne woanders begraben sein, schlicht skandalös. Doch die meisten Menschen in Kairo glauben, dass auch im Schrein von Masjid al Husayn ein »Körperteil« des Imam ruht.

Ich ging am frühen Nachmittag hin, zwischen dem Mittagsgebet und dem Gebet am frühen Nachmittag. Als ich ankam, war die Frauenseite in der Moschee nur zur Hälfte gefüllt. Ich ging barfuß über den Teppich, während mich neugierige Blicke und hie und da ein Lächeln verfolgten. In Ägypten werden solche Schreine meist von den Armen besucht. Der mystische Volksglaube hat dem Wahhabitentum wohl mehr entgegenzusetzen als der rationale Glaube der Mittelschicht. Daher waren wohl die meisten Frauen Arbeiterinnen. Sie trugen schwarze oder braune Roben, die nur Gesicht und Füße frei ließen. Ein gutes Dutzend der Frauen stand auf der einen Seite des Betraumes um den Schrein herum. Der Schrein war ein Quader aus reinem Silber, etwa zweieinhalb Meter hoch, verziert mit den geschwungenen Buchstaben arabischer Kalligraphie und durchbrochenem Gitterwerk. Männer und Frauen sahen sich beim Beten über den Schrein hinweg an, was in einer Moschee eher selten der Fall ist. Hier war damit beabsichtigt, beiden Geschlechtern die gleiche Nähe zum Imam zu gestatten.

Ich suchte mir also einen Platz in der Nähe des Schreins, legte dann die Hände vors Gesicht und flüsterte die Fatiha, die ersten Worte des Qur'an. Eine Frau quetschte sich neben mich und grüßte den Imam mit *As-salaamu alaykum,* als wäre er ein Onkel oder ein Scheich, der zur Familie gehörte, und stünde leibhaftig vor ihr. Unsicher geworden, vergaß ich allmählich, dass ich vor einem silbernen Quader stand. Ich musste an eine Wanderung denken, die ich einst durch die Berge Colorados unternommen hatte. Damals hatte ich einen Bären gesehen, ihn aber im ersten Moment für einen Menschen gehalten. Allerdings war es weniger seine Gestalt, die mein Gehirn zu dieser Fehlwahrnehmung verleitete, als seine so deutlich fühlbare Wachheit und Intelligenz. Einen Augenblick lang sah ich einen riesigen, zottigen Kerl vornübergebeugt durchs Gras eilen. Vor dem Schrein verspürte ich ähnliche Verwirrung:

Ich befand mich in Gegenwart des Imam, hatte ihn aber einen Moment lang für einen silbernen Quader gehalten. Die Präsenz einer Persönlichkeit voller Anmut und Trauer durchwehte diesen Raum – ob sie nun von den Anbetenden ausging, die den Imam begrüßten, oder von dem silbernen Quader, der vielleicht, vielleicht auch nicht seine Gebeine enthielt, war nicht von Bedeutung. Etwas drängte sich hier gegen alle wahrnehmbaren Objekte im Raum und erinnerte uns in seiner Klarheit und Fremdartigkeit an das, was wir nicht sehen können.

In dieser Zeit lernte ich allmählich, meiner Religion zu vertrauen. Sie wurde in meinem Leben allmählich zum Prüfstein, zum Schiedsrichter zwischen den Kulturen. Mehr als einmal nämlich prallten ägyptische und amerikanische Lebensart in meiner Umgebung aufeinander. Amerikanische Männer begrüßen Frauen häufig durch einen Kuss auf die Wange, bei Männern hingegen tun sie das nicht. In Ägypten macht man es genau andersherum. Natürlich behauptet jede Seite, solch ein Kuss habe keinerlei sexuelle Anklänge. In diesem Fall stellt sich natürlich die Frage, weshalb der Ägypter keine Frau küssen soll, der Amerikaner aber keine Männer auf die Wange küsst. Dieser und ähnliche Unterschiede untermauerten einmal mehr eine leidige Wahrheit: dass kulturelle Gepflogenheiten absolut irrational sind, dass weder ihr Ursprung noch ihre Einhaltung irgendetwas mit Vernunft zu tun haben. Rationale oder gar logische Elemente darin finden zu wollen ist daher völlig sinnlos. Man kann sie akzeptieren oder ablehnen, darüber diskutieren kann man nicht. Die Frage: »Wenn ein Kuss keine sexuelle Bedeutung hat, warum darf man dann ein Geschlecht küssen, das andere nicht?«, ist so unsinnig wie der Versuch, den praktischen Nutzen einer Fliege (statt Krawatte) oder die Vorzüge von Türknäufen (in Amerika üblich) gegenüber Türklinken (im Nahen Osten üblich) ergründen zu wollen. Kultur ist eine Sache der Phantasie. Sie rational begreifen zu wollen hieße, ihre Funktion falsch zu verstehen.

Omar und ich ließen bei Differenzen den Islam entscheiden, der weder ägyptisch noch amerikanisch war. Für diese Richtschnur hatten wir uns beide freiwillig entschieden, es schien uns der fairste Weg, Unstimmigkeiten beizulegen. Wann immer wir uns über etwas nicht einig waren, holten wir den Qur'an hervor und den Hadith, die Sprüche des Propheten. Wenn wir uns nicht einigen konnten, hatte dies fast immer mit den Themen »Geschlecht« oder »Bewegungsfreiheit« zu tun. Das Privatleben mit seinen ritualisierten und vorgeschriebenen Beziehungsmustern ist die Hauptachse des ägyptischen Lebens. Ich aber war daran gewöhnt, mein Leben in der Öffentlichkeit und unabhängig zu führen. Ich achtete einfach nicht darauf, welches Geschlecht meine Freunde hatten und was das für mich bedeutete.

Ich war erstaunt, wie oft der Islam – zumindest in der Form, wie er in den Schriften niedergelegt ist – in diesen Fragen meine Position unterstützte. Es gibt kein religiöses Gesetz, das den öffentlichen Freiraum von Frauen einschränkt. Nichts verbietet ihnen, ein Geschäft zu führen oder Auto zu fahren. Es gibt keinen Grund, weshalb sie hinter den Männern hergehen oder ihr Gesicht bedecken sollten. Der Einflussbereich der Frau beschränkt sich keineswegs auf Küche und Kindererziehung.

Während Omar und ich geduldig das kulturelle Zwischenreich aufbauten, in dem wir leben würden, entdeckte ich, dass muslimische Frauen im 7. Jahrhundert zum Teil mehr Freiheiten besessen hatten als heute. Khadidjah, die erste Frau des Propheten, eine der meistverehrten Frauen im Islam, war eine sehr erfolgreiche Geschäftsfrau gewesen. Den Großteil seiner Jugend war Mohammed sogar ihr Angestellter gewesen. Sie heirateten, nachdem sie ihm einen Heiratsantrag gemacht hatte. Und sie war fast fünfzehn Jahre älter als er. Nach ihrem Tod verfiel der Prophet in so tiefe Trauer, dass diese Zeit heute »das Jahr des Kummers« genannt wird. Die Jungfrau Maria, die die Muslime als Mariyam kennen, findet im Qur'an öfter Erwähnung als in der Bibel. Sie zieht ihren Wunder vollbringenden Sohn ganz alleine groß. In der islamischen Version der Geschichte gibt es keinen Josef. Asia, die Frau des Pharao, wird von den Muslimen verehrt, weil sie Moses gegen ihren Mann verteidigte. Eine erfolgreiche Geschäftsfrau, eine alleinerziehende Mutter und eine rebellische Ehefrau: Diese drei Frauen werden als vollkommene Verkörperungen des Glaubens verehrt.

Mir war zuvor nicht bewusst gewesen, wie viele eingefleischte Vorurteile ich dem Islam gegenüber immer noch hegte. Dass der Großteil der Scharia-Gesetze die Geschlechter gleich behandelte, erstaunte mich zutiefst. Natürlich brachte mich dieses Überraschtsein auch in eine gewisse Verlegenheit. Wenn man die spirituelle Seite einmal beiseiteließ, war klar, dass ein Teil von mir immer noch glaubte, ich habe etwas Unrechtes getan, als ich zum Islam übergetreten war. In meiner Familie war Religion tabu gewesen, und in der Gesellschaft, aus der ich kam, war der Islam tabu. Diese Art von Druck schüttelt man nicht so einfach ab. Manchmal fühlte ich mich so schuldig, als hätte ich ein Verbrechen begangen. Ich hätte das nie zugegeben, doch insgeheim glaubte ein Teil von mir, dass Osama bin Ladens Islam die wahre Natur des Islam darstellte. Dass im Qur'an oder im Hadith die Rechtfertigung für seine Barbarei zu finden sei. Dass ich eines Tages in den Schriften auf etwas stoßen könnte, was mich erschüttern würde. Natürlich waren Teile der Scharia vormodern und warfen deshalb Probleme auf, doch das galt genauso für das Alte Testament. Im Islam gab es überholte Traditionen wie in allen altehrwürdigen Glaubenstraditionen auch, aber er besaß darüber hinaus das Potenzial zu ihrer Lösung.

Einige Aspekte des »Gesetzes« waren sogar liberaler als in den anderen abrahamitischen Religionen. Ich stellte fest, dass das recht liberale islamische Scheidungsrecht häufig der Grund war, dass ägyptische Christen zum Islam übertraten, denn nach koptischem Recht durften sie sich nur unter extremen, gewöhnlich kaum beweisbaren Bedingungen scheiden lassen. Im Jahr 2005 gab es einen Riesenskandal in Ägypten, weil die Frau eines koptischen Patriarchen zum Islam übertrat, nur damit sie sich von ihm scheiden lassen konnte.

Mein ursprüngliches Bild von der Scharia war zusammengesetzt aus westlichen Nachrichten, Propaganda der Saudis und den Äußerungen konservativer islamischer Gelehrter. Es schien recht wahhabitisch geprägt zu sein – eine Tradition zorniger, gewaltbereiter Nomaden von der arabischen Halbinsel. In den Sprüchen des Propheten finden sich Warnungen, dass das Volk von Najd – wo das Wahhabitentum seinen Ausgang nahm – versuchen würde, den Glauben zu zerstören. Die Wahhabiten – in ihrer vorgeblichen Frömmigkeit und uneingeschränkten Buchstabentreue – haben wohl aber beschlossen, diese Hinweise zu ignorieren …

Die ersten paar Monate unserer Verlobungszeit verstrichen in einem Klima der Ruhe, die von gelegentlichen Konflikten unterbrochen wurde. Wenn ich heute zurückblicke, bin ich erstaunt, wie viel Vertrauen und Disziplin wir aufbrachten, um unermüdlich an unserer noch so jungen Beziehung zu arbeiten. Es gab schließlich keine Garantie, dass wir uns nicht aus den üblichen Gründen wieder trennen würden. Wir hatten Potenzial, aber noch keine gemeinsame Geschichte. Und dieses Potenzial mussten wir mit einem Vertrauen schützen, das sich gewöhnlich erst nach Jahren einstellt. Es gab Zeiten – ganze Tage oder Wochen –, da hatte ich das Gefühl, Omar verschwinde in einem blinden Fleck meiner Wahrnehmung. Ein Gefühl, als habe ich ihn als Menschen aus den Augen verloren, weil ich so beschäftigt war, ihm einen kulturellen Raum anzupassen, in dem er existieren konnte. Auch er litt unter ähnlichen Erfahrungen. In bestimmten Situationen oder angesichts bestimmter Ideen wurde ich unwiederbringlich zur Amerikanerin. Dann verschwamm, was von uns nur kultureller Hintergrund und was Persönlichkeit war. Wir versanken in Angst und Zweifel. Obwohl wir es nicht offen aussprachen, hatten wir wohl Angst, dass wir einander vielleicht doch nie wirklich kennenlernen würden.

Dies passierte vor allem, wenn wir mit anderen Amerikanern ausgingen, die in Ägypten lebten. Unsere ägyptischen Freunde waren viel eher bereit, mir ein Verhalten nachzusehen, das in ihren Augen seltsam erscheinen musste. Meine amerikanischen Bekannten waren Omar gegenüber vergleichsweise unduldsam. Die Ägypter waren nett zu mir, auch wenn sie einmal nicht damit einverstanden waren, was ich sagte oder tat. Die Amerikaner hingegen erwarteten ganz selbstverständlich eine gewisse kulturelle Unterwerfung. Wenn jemand ihre Ansichten über Homosexualität und Alkohol nicht teilte oder nicht einen ähnlich lockeren Umgang zwischen Männern und Frauen pflegen wollte, kam es schnell zu feindseligen, verächtlichen Blicken. Natürlich gab es auch hier Ausnahmen. Diese schienen vor allem vom Alter der Beteiligten abzuhängen. Ältere Amerikaner, die meist weitgereist waren, benahmen sich weniger herablassend und zeigten mehr Humor. Der jüngere Jetset aber – vor allem College-Absolventen, die die Party-Stimmung ihrer Studienzeit hier in Ägypten fortsetzen wollten – sprühte förmlich Gift und Galle.

Ein Vertreter der letzteren Spezies, ein großspuriger Studienkollege von mir, kam nach dem Ende des Ramadan nach Kairo. Er hatte sich auf Reisen begeben und hoffte, irgendwo im Ausland einen Job zu finden. Meine begeisterten E-Mails aus Ägypten hatten ihn hierhergeführt. Ich traf mich mit ihm in einem Straßencafé in Maadi, wo wir türkischen Kaffee genossen. Unser Gespräch riss immer wieder ab. Er versuchte ständig, an dem Punkt anzuknüpfen, an dem wir uns im College aus den Augen verloren hatten. Das war in meinem ersten Jahr gewesen, und natürlich hatte ich mich seitdem verändert. Der lockere, respektlose Smalltalk von damals wollte mir nicht über die Lippen. Nach einer Stunde recht bemühter Unterhaltung brachen wir auf. Er brachte mich zu Omars Haus. Omar saß mit seinem Freund Khaled im Wohnzimmer. Khaled war Beduine. Er hatte sich mit seiner Sippe vor mehr als fünfzig Jahren in Kairo niedergelassen, nachdem die Stadt allmählich ihre traditionellen Lagerplätze überwuchert hatte. Mein Freund aus Amerika stellte sich kurz vor, doch bevor er sich umdrehte und ging, hauchte er mir ein Küsschen auf die Wange, was er auch in Amerika nie getan hatte. Überrascht starrte ich ihm nach.

»Ich hoffe, Khaled hat das nicht gesehen«, sagte Omar danach amüsiert. Wenn es um Frauen ging, gehörten die Beduinen zweifelsohne zu den konservativsten Bevölkerungsgruppen in Ägypten. Allerdings war ein Kuss auf die Wange einer verlobten Frau auch für Kairoer Verhältnisse recht gewagt, noch dazu, da Omar und ein völlig Fremder dabei Zeuge waren.

Ich musste noch mehrere solcher Vorfälle erleben – ausufernde Monologe über meinen früheren Freund in den

USA oder bissige Bemerkungen über die Religion im Allgemeinen –, bevor ich merkte, was da vorging: Viele Menschen, die Ägypten besuchten, hatten nicht das geringste Interesse, die Gebräuche des Landes zu respektieren. Es galt sogar als schick, offensiv dagegen zu verstoßen.

Anfangs nahm ich diese Fettnäpfchenpolka noch gelassen hin oder versuchte zumindest, darüber hinwegzusehen. Omar war immer erstaunt, dass ich solche Leute nicht zu besserem Benehmen aufforderte. Er war im klassisch islamischen Denken groß geworden, das letztlich auf das Abwägen von Richtig oder Falsch hinausläuft: Man versucht, so viele Fakten wie möglich zu bekommen, um mit einiger Sicherheit eine Entscheidung treffen zu können. Ich hingegen war im amerikanischen Schulsystem erzogen worden, das – trotz all seiner Nachteile – darauf hinauslief, Kreativität und Vorstellungskraft zu fördern, eine Vorstellung, die Omar fremd war. Wenn ein Gespräch eine unerfreuliche Wendung nahm, fand er, sollte ich es besser beenden, statt es so zu dirigieren, dass es in Ruhe und Frieden erstarb. Der Aspekt der Persönlichkeit, diese Grauzone zwischen Kultur und Seele, war kaum fassbar, doch in Gesellschaft mit anderen Menschen aus dem Westen war ich unweigerlich die Amerikanerin und er der Ägypter.

»Dann hören wir doch für den Augenblick auf, darüber nachzudenken«, sagte er, um mich zu trösten, wenn wir wieder einmal mit dieser zwischen uns verlaufenden Grenzlinie konfrontiert waren. »Seien wir einen Augenblick lang mit dem zufrieden, was wir schon wissen.«

Ein Baum im Himmel

Sprich »Im Namen Gottes«, um deinen wahren Namen zu finden.
RUMI

Heiraten in Ägypten zwei Menschen, dann heiraten eigentlich zwei Familien. Auch Omars Familie beschränkte sich nicht auf Eltern und Bruder: Er hatte einen ganzen Clan von Tanten, Onkeln, Cousins und Cousinen ersten und zweiten Grades, die alle in den verschiedenen Vierteln Kairos lebten. Einige von ihnen lernte ich auf der Verlobungsfeier einer Cousine kennen, der Großteil der Familie aber war mir nicht bekannt.

Man versammelte sich jeden Donnerstag zum Abendessen in der Familienwohnung in Doqqi, einem Viertel auf der anderen Seite des Nils. Solch enge Bande waren sogar für ein familienorientiertes Land wie Ägypten außergewöhnlich. Omar meinte, im Grunde sei seine Familie ein Stamm. Da er sich Sorgen machte, die schiere Zahl seiner Verwandten könne mich ebenso abschrecken wie das Arabische – außer Sohair und Ibrahim sprach keiner von ihnen Englisch –, verschob er es von einem Donnerstag auf den anderen, mich ihnen vorzustellen. Dann aber kam der Donnerstag, an dem ein weiteres Hinauszögern nicht mehr möglich war: Sohairs Vater, der Familienpatriarch, war am Abend friedlich gestorben, nachdem er seine Gebete gesprochen hatte.

»Das wird ziemlich hart«, meinte Omar, während wir auf dem Weg zur Totenwache waren. Obwohl uns der Taxifahrer neugierig beäugte, nahm er meine Hand. »Wird es gehen? Du brauchst keine Angst zu haben, wenn die

Frauen sehr emotional werden.« Er sah müde aus. Über dem Schwarz der Trauerkleidung wirkte sein Gesicht außergewöhnlich blass. Einen Moment lang schoss mir der Gedanke durch den Kopf, ob ich ihm in dieser schwierigen Situation wohl eine Bürde war.

»Es wird schon gehen«, sagte ich wenig überzeugend. Ich fand es merkwürdig, seine Familie in ihrer Trauer zu stören, aber es wäre als Beleidigung aufgefasst worden, wenn ich ihr mein Beileid nicht ausgedrückt hätte. Mit Trauer geht man in Ägypten anders um als bei uns. Ihr haftet nichts Peinliches an. Zu einer Beerdigung kann jeder kommen, der den Toten betrauern oder die Lebenden trösten will. In meinen Augen war Trauer bisher etwas zutiefst Privates gewesen. Da ich Angst hatte, ich könne etwas Falsches tun oder sagen, blieb ich ein wenig zurück, nachdem wir aus dem Taxi ausgestiegen waren.

Die Wohnung der Familie lag in einer Gasse – und zwar im klassisch arabischen Sinn dieses Wortes: eine enge Straße, in der das Leben pulsierte. Sie war bevölkert von Gemüsehändlern, Hausierern, einem »Doktor«, einem Bügeldienst und einem Schneider, die alle auf die ein oder andere Weise über- oder untereinander hausten. Bis vor kurzem war es nicht ungewöhnlich, wenn jemand sein Viertel von der Geburt bis zum Tod nicht verließ. Omars Großmutter hatte ihr gesamtes Leben als Ehefrau in dieser Gasse verbracht. Sohair und ihre sieben Geschwister waren in der Wohnung groß geworden, die wir gleich zu Gesicht bekommen würden: Die Jungen schliefen in einem Zimmer, die Mädchen im anderen. Gegessen wurde gemeinsam in dem Raum in der Mitte. Als ihre ersten Urenkel geboren wurden, hatte Omars Großmutter mit ihren über achtzig Jahren vier Generationen hier aus und ein gehen sehen.

Als wir die Gasse entlanggingen, wurde ich mir meiner

Hautfarbe bewusst. Viele der Menschen hier kamen aus Ostafrika. Sie waren groß, schlank und von bläulich schwarzer Hauttönung. Ich zog bewundernde Blicke auf mich, als käme ich aus einer anderen Welt. Ich fühlte mich auch so. An diesem Ort war das Rohmaterial des Lebens – Geburt, Überleben, Fortpflanzung, Tod – auf so engem Raum zusammengepresst, dass kaum Platz für andere Dinge blieb. Mein Leben war bisher in Bahnen verlaufen, die der Reichtum relativ breit gemacht hatte, so dass in dem entstandenen Raum Kunst, Bildung oder Ehrgeiz gedeihen konnten. Hier aber fühlte sich diese Seite des Lebens unnütz an.

Omar öffnete eine Tür und geleitete mich in einen von fluoreszierendem Licht erfüllten Raum mit hoher Decke. Er war voller Menschen: Männer mit Bärten, Frauen mit Kopftuch, jüngere Mädchen ohne, und Jungen, die sich zankten und ein Baby neckten. Viele Frauen weinten. Ich schüttelte Omars fünf Onkeln mütterlicherseits die Hand, die müde lächelten und meine Wange berührten. Onkel Sherif, der zweitjüngste, fragte mich, ob ich je seinen Vater kennengelernt hätte. Ich sagte ihm, ich wünschte, ich hätte die Gelegenheit gehabt.

»Es tut mir sehr leid«, sagte er in gepflegtem Englisch, »wirklich leid, dass Sie sich nie getroffen haben. Er hätte die *khateeba* seines ersten Enkels bestimmt gerne kennengelernt.«

»Ja, mir tut es auch leid«, wiederholte ich, weil ich nicht wusste, was ich sagen sollte. Im Hintergrund wurden im Radio Qur'an-Suren rezitiert. Eine männliche Stimme intonierte diese sehnsüchtig getragene Melodie, die mir mittlerweile so vertraut ist wie mein Gesicht. Ich sah ein Mädchen namens Saraa, das durch den Raum auf mich zukam. Wir hatten uns auf der Verlobungsfeier der Cousine kennengelernt. Mit ihren großen, dunklen Augen und dem ausdrucksvollen Mund gehörte sie zu den schönsten Frauen, die ich je gesehen hatte. Als ich sie kennenlernte, war sie glücklich und fröhlich gewesen. Jetzt war ihr Gesicht nass von Tränen. Ich ergriff ihre Hand. Sie nahm mich mit in einen Raum, in dem fünf oder sechs junge Frauen beisammensaßen. Mit gedämpfter Stimme stellten wir einander vor und kicherten ein bisschen, weil die Worte, auf die wir uns aufgrund meiner Sprachkenntnisse beschränken mussten, dem Anlass so wenig angemessen waren. Marwa, Onkel Ahmads Tochter, stimmte ein Gebet für die Seele ihres Großvaters an. Die anderen Mädchen wölbten die Hände vors Gesicht. Ich tat es ihnen nach. Es ist ein seltsames Gefühl, sozusagen in die eigenen Hände hinein zu beten, die Luft zwischen der Handfläche und dem Gesicht mit Gebeten zu füllen. Wir stellen uns die Gottheit gewöhnlich als unermesslich groß vor, doch sie lebt auch im unermesslich Kleinen – im Hauch des Atems, in den Rillen auf den Fingerkuppen, in der Wärme zwischen deiner Schulter und der deiner Nachbarin. Ich verbrachte Stunden mit den Frauen und Mädchen dort, deren Namen ich nicht behalten konnte und die doch bereits meine Familie waren. Sie erzählten Geschichten, die ich nicht verstand, lachten und weinten abwechselnd. Ich ging in die Küche, um Taschentücher oder Wasser zu holen, oder saß schweigend da in der Hoffnung, sie mochten doch verstehen, was ich noch nicht zu sagen wusste.

Nach diesem Tag nahm man mich auf Familienfeiern einfach beiseite und bezog mich fraglos mit in alles ein. Die anderen Mädchen kümmerten sich rührend um mich. Allmählich wuchs ich auch in ihre Sprache hinein, so dass ihr Geplauder auf einmal Sinn bekam. Ich fand sie sprachgewandt, witzig, offen und ausgesprochen informiert, was Nachrichten und Politik anging. Marwa erzählt heute noch von meiner Aufnahme in die Familie: »An einem Tag tanzte sie auf einer Hochzeit, am nächsten saß sie bei einer Trauerfeier, und am dritten gehörte sie zu uns.« Dabei lacht sie.

Genau so hatte ich das gefühlt.

Auf Formularen als Religion »Muslim« anzugeben fiel mir schwerer, als ich gedacht hatte. An sich war es ja keine große Sache, doch es war das erste Mal, dass ich öffentlich zu meinem Glauben stand. Und ich brauchte lange Zeit, um den Mut aufzubringen, diese sechs kleinen Buchstaben niederzuschreiben. Als ich mir bei der Ausfüllung meines Visumantrags endlich ein Herz gefasst hatte, kamen die Formulare zurück: Jemand hatte »christlich« darauf geschrieben. In Ägypten ist die Religion keine Privatsache. Wenn Sie einen christlichen Namen haben, behandelt die Verwaltung Sie als Christen, bevor Sie nicht die *shaheda* vor einem vom Staat anerkannten Scheich gesprochen haben. Ich musste lachen. Auf bizarre Weise sagte mir dieser Vorfall auch, dass ich mich selbst nicht so ernst nehmen sollte. Denn wie bedeutsam die Religion für den Gläubigen gewöhnlich auch sein mag, ans Licht der Öffentlichkeit gerückt, ist sie der Lächerlichkeit preisgegeben. Wenn ich als Muslimin in einem muslimischen Land leben wollte, musste ich wohl oder übel einen gewissen Sinn für das Absurde entwickeln.

Es gab keinen Ausweg: Ich musste zur Al-Azhar-Universität gehen, einer der angesehensten Bildungseinrichtungen des Sunnitentums, und dort um einen formellen, staatlich anerkannten Übertritt ersuchen. Doch ich hatte noch einen weiteren Grund für diesen bürokratischen Schritt. Omar und ich waren es leid, bei jeder abendlichen Polizeikontrolle immer alles Mögliche erklären zu müssen, und so hatten wir »das Zertifikat unterschrieben«. Dies ist in Ägypten der erste Schritt zu einer offiziellen Heirat.

Beim *katb el kiteb* wird ein Ehevertrag unterzeichnet, in dem die Höhe der Mitgift, die Scheidungsbedingungen und der Status des gemeinsamen Vermögens festgelegt werden. In gewisser Weise gleicht *katb el kiteb* mehr einer Ehevereinbarung als einem echten Vertrag, denn das Paar, das diese Verbindung eingeht, gilt zwar vor Gott als verheiratet, aber nicht vor den Augen der Gesellschaft. Und so erwartet man von den beiden auch, dass sie sexuell enthaltsam bleiben, bis die offizielle Hochzeitsfeier stattgefunden hat.

Die Zeit zwischen der Unterzeichnung und der Hochzeit ist für die jungen Leute meist recht verwirrend, sind sie doch vor Gott verheiratet, dürfen aber trotzdem nicht allzu viel Zeit ungestört miteinander verbringen. Diese Wartezeit ist nicht religiös motiviert. Im modernen Ägypten wurde sie zum Anlass, zwischen der Verlobungsfeier und der Hochzeit ein weiteres rauschendes Fest zu geben. Omar und ich aber hatten die Vereinbarung aus anderen Gründen unterzeichnet: Wir wollten gemeinsam reisen, was unmöglich war, wenn wir bei Militärkontrollen und in Hotels keinen *kiteb* vorzuweisen hatten. Wäre ich bei der Heirat mit Omar Christin gewesen, ich hätte als seine Frau sogar weniger Rechte gehabt. So aber mussten wir, wenn wir gemeinsam reisen wollten, nur eine Ehevereinbarung unterzeichnen. Doch bevor wir dies tun konnten, musste ich »offiziell« zum Islam übertreten. Eine unglaublich komplizierte Prozedur also, die nur ein islamischer Polizeistaat den Menschen abverlangen kann. Dazu gehörte letztlich auch ein neuer Name für mich.

»Nenn sie doch einfach Zeinab, die Schöne«, meinte Onkel Sherif, der mich mochte. Seine Mutter, Omars Großmutter, hatte auch so geheißen, und er hatte seine Tochter so getauft. Ein altmodischer Name nach der schönen und furchtlosen Tochter des Propheten, der in der Generation der Leilas und Jasmins nicht mehr üblich war.

»Als Zeinab ein Baby war, trug der Prophet Mohammed sie während des Gebetes auf dem Arm«, sagte Omar. »Er setzte sie auf den Boden, wenn er sich hinkniete, und wenn er aufstand, nahm er sie wieder auf.« Ibrahim stand neben uns und knuddelte einen neugeborenen Cousin. Die Szene war gut vorstellbar. Omar wollte helfen, doch die Geschichte mit meinem muslimischen Namen gefiel ihm nicht so recht.

»Der Name Willow ist nicht antiislamisch«, meinte er schließlich und warf mir einen fürsorglichen Blick zu. »Es ist ein Baum. Sie kann doch schließlich nicht auch noch ihren Namen aufgeben …« Das »auch« verriet ihn. Hätte er den Satz vervollständigen müssen, hätte er wohl so gelautet: »… wo sie doch schon so viel aufgeben musste, um hier zu leben. Man sollte dies nicht auch noch verlangen.« Nun, Omar hatte recht, da ich keine Ägypterin war, war ich nicht gezwungen, beim offiziellen Übertritt zum Islam einen neuen »gesetzlichen« Namen anzunehmen. Und wie die anderen muslimischen Ausländer, die ich kannte, würde alle Welt mich ohnehin bei meinem englischen Namen rufen. »Zeinab« würden mich wohl nur die nennen, die »Willow« nicht aussprechen konnten.

»Zeinab ist auch ein Baum!«, erklärte Onkel Sherif da amüsiert. »Ein kleiner, duftender Baum …«

»Ein Baum im Himmel«, erklärte Omar.

Obwohl ich mich über die Hilfe meiner künftigen Familie freute, war ich von der Idee eines offiziellen Religionsbeitrittes nicht wirklich begeistert. In gewisser Weise empfand ich es als Beleidigung: War denn die *shaheda,* die ich Tag für Tag im Antlitz Gottes rezitierte, nicht genug für die alten, vertrockneten Männer in ihren Turbanen, die über die Schnittpunkte zwischen Religion und Staat wachten. Ob man den muslimischen Namen nun offiziell benutzt oder nicht, der formelle Übertritt zum Islam jedenfalls erforderte es, dass ich mir einen muslimischen Namen wählte. Auf einer symbolischen Ebene fand ich das zwar schön, andererseits fühlte ich mich dadurch auch gespalten. Eigentlich hatte ich auch schon einen zweiten Namen, denn »Willow« war die jugendliche Koseform für »Gwendolyn«, den Namen, der in meinem Pass stand und den man für ein Kind als zu lang erachtet hatte. »Willow« jedenfalls war hängengeblieben. Noch einen Namen fand ich schlichtweg überflüssig.

»Ich habe zu viele Namen«, sagte ich zu Omar.

»Gott hat neunundneunzig«, antwortete er und drückte lächelnd meine Hand. »Du hast drei, das geht doch.«

Am nächsten Morgen bahnten Omar und ich uns also unseren Weg durch den weitläufigen Campus der Al-Azhar-Universität. Wir betraten verschiedene Gebäude, zogen die Schuhe aus, zogen sie wieder an, und suchten nach einem Ort, wo ich ein *Ish'har al Islam,* ein Bekenntnis zum Islam, ablegen konnte, das »El Aganeb« genannt wurde, »Fremde«. Wir waren beide genervt. Ich ärgerte mich über die ganze Prozedur, die mehr mit der ägyptischen Bürokratie zu tun hatte als mit dem Glauben selbst. Hätte ich gründlich nachgedacht, ich hätte es vielleicht als Privileg empfunden, mein Bekenntnis zum Islam an einem derartigen Ort ablegen zu dürfen. Die Al-Azhar-Universität wurde bereits 859 gegründet und ist immerhin eine der ältesten Koranschulen der Welt. Stattdessen fühlte ich mich verletzt. Als wir endlich das richtige Gebäude gefunden hatten, war ich der Panik nahe. Der Übertritt zu einer anderen Religion ist ein ganz persönlicher Schritt. Ihn derartig zu bürokratisieren empfand und empfinde ich als herzlos. Was in der Zeit zwischen meinem Eintreffen in Al-Azhar und dem Einschlafen an diesem Abend mit mir geschah, ist für mich immer noch schwer zu erklären.

Man führte mich in einen Raum, in dem ein Scheich saß, ein religiöser Würdenträger. Er schien fast leblos, wie er da auf seinem Sofa thronte und lächelte. Er hatte eine spirituelle Ausstrahlung wie eine kleine Sonne. Ich war zuvor noch nie einem Scheich begegnet. Er sprach gerade mit einer Amerikanerin, die ein Kopftuch trug und anscheinend irgendeine Veranstaltung organisierte. Die beiden beendeten ihr Gespräch, während ich den Papierkram ausfüllte. »Warum willst du zum Islam übertreten?«, stand da. Auf diese Frage gab es keine Antwort, die sich hätte in Worte fassen lassen, also kritzelte ich ein paar allgemeine Phrasen hin.

Dann wandte der Scheich sich mir zu.

»Hallo, Gwendolyn«, sagte er mit perfekt englischem Akzent.

Ich wünschte, ich könnte mich an unser Gespräch besser erinnern. Er stellte mir eine Reihe von Fragen und machte ein paar ermutigende Bemerkungen. Als ich aufstand, lächelte er immer noch. Ich erinnere mich nur an einen einzigen Satz: »Du bist auf der Welt, um Gutes zu tun. Erinnere dich jeden einzelnen Tag an diese Aufgabe.«

Er fragte weiter: »Hast du dir einen Namen gewählt?«

»Zeinab.«

»Schwester Zeinab, wenn du die *shaheda* wiederholst, wirst du wie ein kleines Baby. Stell dir das genauso vor!« Er lachte. »Du fängst wieder ganz von vorne an. Was du daraus machst, ist eine Sache zwischen dir und Gott allein.«

Danach bat man mich, meine Unterschrift in ein dickes Buch zu setzen, in dem die Namen anderer Konvertiten zusammen mit dem Datum standen, an dem sie ihr Bekenntnis zum Islam abgelegt hatten. Als ich die lange Liste von Namen sah – englische, deutsche, japanische, spanische, russische –, beruhigte ich mich wieder. Bis zu diesem

Augenblick war der Islam für mich eine reine Privatangelegenheit gewesen. Er definierte meine Beziehung zu Gott und zu Omar. Ich hatte mich nie als Anhängerin einer Weltreligion mit mehr als einer Milliarde von Gläubigen gefühlt. Die gesamte Zeit meiner inneren Bekehrung über hatte ich mir nicht einmal klargemacht, dass der Islam eben das ist. Und da stand ich nun und blickte auf die Namen all der Männer und Frauen, die nun *akh* und *ukht* für mich waren, meine Glaubensbrüder und -schwestern. Die Welt schien auf einmal zusammengerückt zu sein.

Jetzt, wo ich offiziell Muslimin war, konnten Omar und ich unseren *katb el kiteb* unterzeichnen, so dass wir endlich gemeinsam verreisen durften. Das hätte romantisch sein können, so ähnlich wie wenn junge Paare sich in den USA die »Unbedenklichkeitserklärung« holen, die ihnen erlaubt, die Ehe einzugehen. Doch da ich Ausländerin war, hatten wir wieder mit allerlei bürokratischen Hindernissen zu kämpfen. Zunächst einmal brauchte ich eine offizielle Erlaubnis der US-Botschaft, die man mir mit einer widerwilligen Gratulation überreichte. Vielleicht hielt man mich dort ja für eine naive Amerikanerin, die sich in eine Ehe hatte tricksen lassen, damit ihr Partner eine Aufenthaltsgenehmigung für die USA erhielt. Mit diesem Dokument und meiner von der Al-Azhar ausgestellten Übertrittsurkunde bewaffnet, schlugen Omar und ich uns durch den Kaninchenbau zahlloser Verwaltungsbüros, bevor wir endlich vor dem Notar unsere Ehevereinbarung unterzeichneten. So kam es, dass ich rasend war vor Zorn, als es endlich so weit war.

»Name?«, fragte der Mann kurz angebunden. Er sprach Arabisch, aber betont langsam, damit ich ihn verstehen konnte.

»Gwendolyn Wilson.«

»Geboren wo?«

»New Jersey, *Al Willayet Al Mutaheda Al Amrikaya.*«

»Juu Ess Ay.« Augenzwinkernd kürzte er mein sarkastisches »in den Vereinigten Staaten von Amerika« ab und fügte hinzu: »Brautgeld?«

»Ein ägyptisches Pfund.« Das reichte gerade, um Tamarindensaft zu kaufen, wenn alles vorbei wäre.

Er nickte und zeichnete eine Reihe von Papieren ab. »Ein ägyptisches Pfund jetzt, zwei werden fällig, wenn es – was Gott verhindern möge – zur Scheidung kommt.«

Omar nahm eine Einpfundnote aus der Tasche und reichte sie mir grinsend. *»Itfaddali«*, sagte er. »Bitte sehr.«

»Wie viel Bargeld hast du denn bei dir?«, fragte ich. »Ich hätte mehr verlangen sollen.«

Der Notar, der offensichtlich Englisch verstand, lachte laut auf.

Omar und ich unterschrieben die vier Ausfertigungen der Ehevereinbarung – eine für ihn, eine für mich, eine für die Regierung und eine für weiß Gott wen. Ein paar Stempel, und wir waren vor der Arabischen Republik Ägypten Mann und Frau. In dem Dokument waren die Grundvereinbarungen unserer Ehe festgehalten: Unter anderem standen mir einige Dinge zu, wenn Omar ein zweite Frau nehmen sollte. (Ägyptische Männer dürfen legal die vier Frauen ehelichen, die ihnen der Islam erlaubt.) Wenn die Ehe vor der Hochzeitsfeier wieder aufgelöst würde, müsste ich ihm das Brautgeld zurückzahlen und so weiter. Nun also war ich die Fast-Ehefrau eines Ägypters und hatte ein Anrecht auf ein Langzeitvisum oder gar die Staatsbürgerschaft. Plötzlich hatte ich in Ägypten Rechte. Ich war nicht mehr Angehörige der ausländischen Elite, sondern eine halbe Ägypterin.

Omar und ich verließen das Ministerium des Papierkrams und blieben unschlüssig auf der Straße stehen. Staub hing in der Luft, legte sich in Schichten auf die Gebäude und verschaffte ihnen eine rundere Silhouette. Omar nahm meine Hand und küsste sie. Das konnte er jetzt in aller Öffentlichkeit tun.

»Wir haben's geschafft, *ya meraati*«, sagte er, »oh, mein Weib.« Ich lachte. Somit waren Omar und ich offiziell verheiratet, noch bevor wir unsere Verlobung öffentlich verkündet hatten. Heute ist einer unserer liebsten Beziehungsscherze, dass wir *mitgowezeen awee* sind, wirklich »sehr verheiratet«. Wenn wir alle sozialen und gesetzlichen Hürden zusammenzählen, haben wir drei oder vier Mal geheiratet. Die Ehevereinbarung war die erste Hochzeit.

Verabredungen in der Wüste

Eliza entließ ihren Ehemann, sobald dies möglich war, in die Innenräume. Nun musste dringend von ihren Abenteuern berichtet werden. Ihre Feder wird … einzig von der Angst vor dem türkischen Zensor gehemmt und von dem Bemühen, ihre düsteren Vorahnungen vor ihren Freunden zu Hause zu verbergen.
E. M. FORSTER, *Eliza in Egypt*

Kurz darauf verließen Omar und ich die Stadt und unternahmen unsere erste gemeinsame Reise. Wir nahmen einen öffentlichen Bus, über dessen Lautsprecher in höchster Lautstärke Qur'an-Suren ertönten. Der Staub hüllte uns ein, während feierlich dreinblickende Männer ununterbrochen die Hülsen von Sonnenblumenkernen auf den Boden spuckten. Dieser Bus sollte uns in die etwa sechs Fahrstunden entfernte Oase Farafra in der Sahara bringen. Als wir dort ankamen, war es zwei Uhr morgens. Die Wüste rund um die Oase war ein einziges blauweißes Farbenspiel. Das Mondlicht verwandelte den Sand gleichsam in eine Eiswüste. Wilde Hunde beobachteten uns, während wir auf der Straße von der Bushaltestelle zum Hotel gingen. Die nach dem Lärm von Kairo ungewohnte Stille ließ den Ort noch unirdischer erscheinen.

Am nächsten Tag im hellen Sonnenlicht erschien Farafra schon eher von Menschenhand gemacht. Wir entdeckten staubige Straßen, gesäumt von ein-, höchstens zweistöckigen Gebäuden. Da und dort streckten von kühlen Brunnen bewässerte Dattelpalmen ihre Fächer in die Luft. Wir schlenderten zur Stadtmitte, wo wir Aufsehen erregten, da die meisten Touristen in ihren Hotels bleiben und sich erst gar nicht bis ins Zentrum wagen. Dann beschlossen wir, einen Wagen zu mieten, um tiefer in die Wüste vorzudringen. Wir hatten gehört, dass es zwanzig oder dreißig Kilometer weiter schöne Kalksteinformationen geben sollte, und wollten sie besichtigen. Diesen Teil der Sahara, die sogenannte Weiße Wüste, kann man recht gefahrlos durchqueren, auch wenn sie nicht bewohnbar ist. Uns erschien sie fast jungfräulich. Ein ortsbekannter Führer namens Saad organisierte einen Ausflug zu den Kalksteinformationen, und so schlossen wir uns ihm an. Auf dem Weg in die Wüste schlief sein Sohn, ein Junge von fünf oder sechs Jahren, zusammengekuschelt auf meinem Schoß. Die Stöße, die uns bei der Fahrt durch den Sand durchrüttelten, schien er gar nicht zu bemerken. Nach einer halben Stunde kamen wir – ordentlich durchgeschüttelt –, an.

Außerhalb der Oase war die Wüstenlandschaft eine andere. Der Sand schien cremefarben und war an manchen Stellen von schwarzen Streifen durchzogen. Die Dünen rollten in sanften Wellen davon, bis sie sich an den weißen Kalksteingebilden brachen. Berührte man sie, begannen sie augenblicklich fein zu zerrieseln, bis nur noch ein Haufen weißer Sand übrig blieb. Wie verzaubert ging ich um die Gebilde herum und stieß auch dort auf einen der dunkleren Streifen. Doch was von weitem wie schwarzer Sand ausgesehen hatte, waren in Wirklichkeit Überreste von Muschelfossilien, die hier seit der Zeit lagen, als die Sahara vor Millionen von Jahren ein flaches Meer gewesen war. Aus ihnen hatten sich auch die Kalksteinformationen herausgebildet. Nach dieser Entdeckung hatte ich jedes Mal, wenn ich den Blick hob, Visionen von lange ausgestorbenen Fischen oder riesigen paläolithischen Haien, die über meinem Kopf in Schwärmen dahinzogen.

Wir verbrachten den Nachmittag damit, über Sanddünen zu klettern, uns fallen zu lassen und dabei wie verrückt zu lachen. Abends trafen wir unseren Führer Saad im Camp. Man hatte ein Lagerfeuer angezündet, um das sich etwa ein Dutzend amerikanischer Touristen, eine Handvoll gebildeter Kairoer und ein paar Männer aus Saads Stamm versammelten. Die Bierdosen wanderten von Hand zu Hand. Jemand holte eine Handtrommel und eine Binsenflöte hervor und spielte. Die Beduinen und zwei der politisch angehauchten Kairoer stimmten palästinensische Befreiungslieder an. Die Touristen, die nicht wussten, worum es in diesen Liedern ging, klatschten fröhlich mit. Omar und ich sahen uns an und lächelten ironisch, aber ohne Bitterkeit. Wir hatten längst gelernt, dass es ebenso lustig wie tragisch sein konnte, wenn unsere Kulturen sich begegneten. Für uns hatte das Ganze etwas Komisches, denn wir waren in dieser Sache vollkommen machtlos. Und wenn man der Ohnmacht nicht eine komische Seite abgewinnen kann, wird sie zur Katastrophe. Omar ergriff meine Hand.

Wir ließen die anderen am Lagerfeuer zurück und kletterten auf eine der Kalksteinformationen, um die Sterne zu betrachten. Der helle Sandboden zu unseren Füßen warf das Licht zurück, so dass er beinahe bläulich erschien.

»Als ich noch ein Kind war«, sagte Omar, »habe ich mir immer vorgestellt, ich könnte mit dem Zimmer, in dem ich mich gerade aufhielt, durch den unermesslichen Raum reisen und mir die Sterne direkt durchs Fenster anschauen.«

Ich sah ihn an und fühlte mich zum ersten Mal nicht als Amerikanerin. Zum ersten Mal sah ich keinen Ägypter neben mir, sondern meinen Partner. Er war ein kleiner Junge gewesen. Heute war er erwachsen. Er hatte in Gedanken den Sternenhimmel bereist. Irgendwann würde er ein alter Mann sein. Und wenn ich viel Glück hatte und alles gutging, würde ich mit ihm alt werden. Dass ein anderer Mensch seine Geschichte mit uns teilt, ist doch mit das höchste – ja das wohl einzige – Privileg, das einem zuteil werden kann. Damals begriff ich die Worte, die Gott zu Amir Abdul Qadir gesprochen hatte, als der algerische Gelehrte des 19. Jahrhunderts im Exil war: »Heute mache ich deine Blutlinie zunichte und errichte meine.« Es gab einen Gott jenseits der Volks- oder Stammeszugehörigkeit, eine Wahrheit, die zwar verborgen war, aber von geographischen Differenzen nicht ausgelöscht wurde. Diese Wahrheit wollte erkannt und beschützt werden.

»Ich werde von jetzt an ein Kopftuch tragen«, sagte ich unvermittelt.

Omar blieb still. Wir hatten über den *hijab,* den Kopfschal, wie das Kopftuch auch genannt wird, nie gesprochen. Er hatte nie erwartet, dass ich es trage, und mich auch nicht dazu angehalten. Meine Bemerkung hatte ihn offensichtlich erschreckt. Er beugte sich zu mir herüber und küsste mich zwei Mal auf die Stirn. »Warum hast du dich dafür entschieden?«, fragte er.

»Ich möchte etwas tun, das klarstellt, wie einzigartig das hier ist«, antwortete ich. »Ich möchte dir etwas geben, das alles übersteigt, was ich bisher irgendjemandem sonst gegeben habe.« Der Impuls war eher ein spiritueller als ein religiöser. Den *hijab* zu tragen war mein eigener Wunsch, nicht der Omars. Ich hatte die Verse im Qur'an gelesen, die sich darauf bezogen, die Anweisungen dazu im Hadith und die Argumente bekannter Gelehrter. Ich bin nicht davon überzeugt, dass das Kopftuch *fard* ist, also verpflichtend, im Gegensatz zu *sunnah,* das heißt »zu empfehlen«. Ich hatte meine Entscheidung in diesem Moment aus freien Stücken getroffen, weil ich sagen wollte: Wenn jemand Omar nicht sehen konnte, wie er war, konnte er auch mich nicht sehen.

In den Jahren, die seitdem vergangen sind, hat sich meine Einstellung zum Kopftuch verändert, auch wenn ich es immer noch gern trage. Für mich ist es ein Mittel, Nähe auszudrücken. Außer Omar gibt es noch andere Männer, die mein Haar gesehen haben: vor allem seine und meine engen Freunde. Wenn ich in den USA bin, gehe ich unter gewissen Umständen immer noch ohne Kopfbedeckung aus. Anders ausgedrückt: Ich war noch nie eine perfekte *muhajeba,* aber in gewissem Sinne kann ich das Kopftuch gerade deshalb immer noch schätzen, auch wenn mir das Tragen in manchen Augenblicken – zugegeben – beschwerlich ist.

Omar schwieg wieder lange. »Woher kommst du nur?«, fragte er mich schließlich. »Und wie habe ich dich gefunden?«

»Ich weiß nicht, ich weiß nicht«, antwortete ich lachend.

Er nannte mich *aziza,* das ist die weibliche Form des Wortes für »teuer, kostbar«. Es hat im Arabischen nicht den ironischen Beigeschmack, den es in den westlichen Sprachen besitzt. Dieses Wort benutzt man, wenn ein lang ersehntes Kind geboren wird, wenn man einen guten Freund nach Jahren wiedertrifft oder eine Quelle in der Wüste findet.

Bald darauf erhielt ich eine E-Mail von Ben. Er schrieb, dass er in der nächsten Woche in Kairo sein würde. Er wolle noch besser Arabisch lernen, um in den USA einen Job beim Geheimdienst bekommen zu können. Omar und ich waren ein wenig nervös. Einerseits war Ben ein guter Freund – schließlich hatten wir uns durch ihn kennengelernt –, andererseits wussten wir, dass er zwar die kulturellen Differenzen respektierte, die Restriktionen persönlicher Freiheit in den arabischen Ländern jedoch als absurd empfand. Zumindest hatte er dies mir gegenüber mehrfach geäußert. Omar und ich machten uns Sorgen, dass Ben das, was zwischen uns war, vielleicht nicht begreifen könnte. Wir entschlossen uns, Ben zu schreiben, dass wir miteinander »gingen«, wie es so schön heißt. Er glaubte es zuerst nicht, denn Omar hatte sich nie mit einer Frau getroffen. Aber immerhin konnte er sich so an den Gedanken gewöhnen, dass er uns zusammen sehen würde. Außerdem beschloss ich, die Umsetzung meines Entschlusses, das Kopftuch zu tragen, noch ein paar Wochen aufzuschieben.

Wir holten Ben gemeinsam vom Flughafen ab. Er war nicht zu übersehen, trug er doch seine auffällige Schirmmütze und seine Nerd-Brille. Er sah aus wie Ernest Hemingway im kubanischen Busch. Wie ein »Ausländer« der ersten Stunde. Wie einer jener Menschen, die zwar die Herrenmentalität früherer Reisender ablehnten, aber immer irgendwie wirkten, als befänden sie sich auf Safari. Er begrüßte uns in Arabisch mit hartem amerikanischen Akzent.

»Schön, dich zu sehen«, meinte Omar und umarmte ihn.

Ben gab einen lauten Seufzer von sich und schüttelte den Kopf. »Ich kann kaum glauben, dass ich wieder in Kairo bin«, sagte er grinsend. »Was ist in der Zwischenzeit alles passiert?«

»Freust du dich denn, wieder hier zu sein?«, wollte ich wissen.

»Das sage ich dir, wenn ich ein paar Shishas geraucht habe«, antwortete er. »Hier, die sind für dich!« Mit diesen Worten reichte er mir ein paar Comics. Ich unterdrückte einen Aufschrei des Entzückens, bei dem Omar mich mit einem fragenden Seitenblick streifte. Er wusste noch nichts von meinem Comic-Laster.

»Hier lesen so etwas nur Kinder«, sagte er.

»Ja, aber nicht dort, wo wir herkommen«, gab Ben zurück. In diesem Augenblick hatte ich den Hauch einer

Vorahnung, wie die Begegnung verlaufen würde, und bekam Angst.

Omar war unangenehm berührt. Den Maßstäben des Nahen Ostens zufolge waren an diesem Punkt schon einige Grenzen überschritten worden. Bens Geschenk an mich, das er mir in aller Öffentlichkeit übergeben hatte, ließ unsere Beziehung in zweifelhaftem Licht erscheinen. War er vielleicht mein Bruder? Oder war Ben mein Verlobter und Omar ein Führer oder Chauffeur? Ben allerdings hatte keine Ahnung, dass, geschweige denn, wann eine Grenzüberschreitung stattgefunden hatte. Er bemerkte nur, dass etwas nicht stimmte, und schien sich unwohl zu fühlen. An diesem Punkt wusste keiner mehr weiter.

»Was ist denn los?«, fragte Ben.

»Nichts!«, versicherte ich ihm eilig.

»Wir sollten gehen«, meinte Omar.

»Was habe ich denn gemacht?«, hakte Ben nach.

»Nichts«, wiederholte Omar.

Ben sah mich mit einem Gesichtsausdruck an, der besagen sollte: »So weit ist es also schon!«

Auch Omar wirkte angespannt. Natürlich störte ihn nicht, dass ich etwas geschenkt bekommen hatte. Es war vielmehr die Tatsache, dass solch ein Szenario (Mann steigt aus Flugzeug, überreicht nicht verwandter Frau einen Stapel Comics) in der arabischen Welt nicht vorgesehen war. Es gab dafür keine Verhaltensregeln, und er wusste nicht, wie er reagieren sollte. Das machte ihn nervös. Ich hätte die beiden beruhigen sollen, doch ich stand nur da und fand keine Worte, weil ich sicher war, dass es noch schlimmer kommen würde.

Am nächsten Tag traf ich Ben zum Frühstück in einem der »Ausländer-Cafés« in Maadi. Danach wollte ich zur Al-Azhar, den Grund allerdings verschwieg ich Ben: Ich wollte die englische Übersetzung meiner offiziellen Übertrittsbestätigung abholen.

»Du bist also übergetreten«, sagte er, als wir in einer Marktbude Platz nahmen. Der Holzboden dort, die marktschreierischen Schilder, auf denen Hamburger und Pommes angeboten wurden, sowie Ben mit seiner Brille gaben mir das Gefühl, als hätten er und Amerika sich verschworen, mir bei diesem gemeinsamen Frühstück ins Gewissen zu reden.

»Ja«, sagte ich überrascht. »Woher weißt du das?«

Er seufzte. »Warum würdest du sonst zur Al-Azhar gehen? Außer in Sachen Islam spielt sich dort nicht viel ab.«

Einen Augenblick lang sagten wir beide nichts. »Und?«, fragte ich schließlich.

»Na, so eine Riesenüberraschung ist es jetzt auch wieder nicht«, antwortete er im selben Ton, in dem er mir irgendwann einmal gesagt hatte, dass ich zu viel trank. »Immerhin hast du dir damals dieses Tattoo stechen lassen.«

»Ben«, sagte ich, »mindestens die Hälfte der religiösen Texte, die ich besitze, stammt von dir. Als du während deines ersten Jahrs in Kairo über Weihnachten nach Hause gekommen bist, hast du mir sechs Qur'an-Ausgaben mitgebracht.«

»Ja, damals dachte ich ja auch noch, dass du Atheistin bist«, meinte Ben. »Ich hätte nicht gedacht, dass … Nun ja, ist ja auch egal. Jetzt bist du also Muslimin. Wieso?«

»Darauf finde ich fast jede Woche eine andere Antwort.«

»Dann such mir mal die beste heraus.«

»Mir gefällt der Islam.«

Er lächelte und schien wieder mehr er selbst. »Das ist gut. Das beruhigt mich. Ich hätte dir nicht geglaubt, wenn du etwas anderes gesagt hättest.«

Mein Tee kam, und ich nahm einen großen Schluck. Er war heiß und brannte mir in der Kehle.

»Also kein Alkohol und keine Unzucht mehr? Wird dir das nicht fehlen?«, fragte Ben und sah mich melancholisch an.

Eine Welle der Sympathie überrollte mich. Ben war es schließlich gewesen, der mir die Vorzüge der Kombination von Whisky und Tom Waits nahegebracht hatte, jene Kombination, die mich durch die Unbilden des Lebens begleitet hatte. »Natürlich wird mir das fehlen. Der Alkohol jedenfalls.«

»Nicht zu Unrecht«, meinte er. »Was wirst du allen zu Hause sagen?« Natürlich meinte er unsere Freunde am College, doch dass er das Wort »alle« benutzt hatte, irritierte mich. Plötzlich wurde daraus eine riesige Menge: Menschen, die ich bei Praktika kennengelernt hatte, andere, deren Untermieterin ich gewesen war. Eben einfach alle. Ich lehnte meinen Kopf an die Budenwand. »Ich weiß nicht. Davor fürchte ich mich.«

»Glaubst du, dass es so schlimm wird?« Sein Ton zeigte mir, dass er in dieser Hinsicht kaum optimistischer war als ich.

»Noch schlimmer! Du hast in einem muslimischen Land gelebt und bist auch nicht gerade begeistert, was also soll der Rest erst denken?«

Er sah verletzt aus. »Ich mache mir nur Sorgen um dich«, sagte er.

»Ich weiß. Glaub mir, ich würde mir solch eine hochnotpeinliche Befragung nicht gefallen lassen, wenn ich dir nicht das Recht einräumen würde, dich um mich zu sorgen.«

»Was glaubst du, werden die anderen sagen?«

»Sie werden sagen, dass ich eine Heuchlerin bin«, antwortete ich matt. »Weil in islamischen Ländern Homosexuelle gesteinigt und weil zur Strafe Glieder abgehackt werden, wie wir alle wissen. Sie werden sagen, dass ich eine Heuchlerin bin, und ich werde nichts, aber auch gar nichts tun können, um sie vom Gegenteil zu überzeugen.« Ich hatte das Gefühl, mich durch Zynismus schützen zu können. Als würden der Sarkasmus und das Misstrauen und die Erwartung des Allerschlimmsten mich irgendwie vor der Angst vor dem bewahren, was zweifelsohne kommen würde. Erst später begriff ich, dass eine andere Reaktion vorherrschte: dass nämlich meine Freunde – vielleicht sogar meine Familie – meinen Übertritt zum Islam als Kritik an ihrem Lebensstil und ihren Werten auffassten.

Jahre später traf ich in Kairo ein Mädchen, das ich während eines Wochenendes in New York kennengelernt hatte. Wir hatten uns glorreich betrunken und waren um Mitternacht durch den Innenhof des World Trade Centers gewandert. Nach dem 11. September gingen Bilder von diesem Innenhof mit seinen zerbrochenen Palmen, weiß von Asche, um die halbe Welt. »Es ist, als wären wir in einem anderen Leben dort gewesen«, sagte das Mädchen in Kairo zu mir. Sie hatte dunkle Augen und war ungeheuer schüchtern. Tatsächlich konnte sie außer dem »Kampf der Kulturen« keine andere Zukunft mehr sehen. Damals hatte ich kurzes, pink gefärbtes Haar gehabt und war recht trinkfest gewesen. Heute war ich praktizierende Muslimin. Sie wusste nicht – und ich gab mir keine Mühe, sie einzuweihen –, dass ich einen anderen Blickwinkel hatte, in der diese beiden Lebensgeschichten sich zur Perspektive von etwas Größerem vereinten. Diese Perspektive umfasste nicht nur meine »beiden« Leben, sondern auch diesen Abend, den Innenhof, die aschebedeckten Palmwedel und vor allem den sich immer deutlicher abzeichnenden Drang, die Dinge zu begreifen. Sie zog sich immer noch so an wie an jenem Abend in New York. Sie hatte den Innenhof hinter sich gelassen, ich aber war in gewisser Weise dort geblieben. Jeder Tag meines Lebens war von den Ereignissen des 11. September betroffen. Tag für Tag erhob ich mich morgens, um die Grenzen zwischen der Tragödie und meiner Religion auszuloten. Jeden einzelnen Tag.

Ben schwieg einen Augenblick, er schien nachzudenken. »Vielleicht«, sagte er, »ich weiß nicht. Du wirst überrascht sein, aber ich möchte dir helfen. Ich kann sozusagen den griechischen Chor spielen und den Leuten sagen, dass du noch bei Verstand bist. Dann werden sie sich weniger Sorgen machen.«

»Danke«, sagte ich, zu müde, um zornig zu werden. »Möchtest du mit zur Al-Azhar kommen?«

»Sicher«, meinte Ben.

Wir zahlten und nahmen ein Taxi. Ich aber merkte mir, was ich zu den Menschen sagen musste, die ich hinter mir ließ. Jetzt, nach dem ersten Mal, wusste ich, wie es ging.

Ankünfte und Bekenntnisse

Oh, ihr Menschen! Wir erschufen euch aus einem Mann und einer Frau und machten euch zu Völkern und Stämmen, damit ihr einander kennenlernt.
QUR'AN, 49, 13

Mehr Begeisterung oder Unterstützung angesichts meines Übertritts zum Islam durfte ich wohl kaum erwarten. Natürlich war es auf Dauer keine Lösung, das Ganze geheim zu halten. Da ich in einem muslimischen Land lebte, verursachte mir meine Strategie ohnehin Schuldgefühle. Omars Familie wusste Bescheid, aber meine Kollegen an der Schule hatte ich im Unklaren gelassen. Ich war nicht einmal sicher, ob mein Übertritt meine Anstellung nicht gefährden würde. Das war der Hauptgrund, weshalb ich es noch aufschob, das Kopftuch wirklich zu tragen.

Ich hatte vor der Reaktion meiner muslimischen Freunde ebenso viel Bammel wie vor der meiner nichtmuslimischen. Ich wollte nicht als Kuriosum herumlaufen, als Symbol für die Macht des Glaubens, andererseits wollte ich auch keine Ängste auslösen. Ich wollte einfach Muslimin sein, meinen Glauben leben und von anderen dafür weder gelobt noch getadelt werden. Das, was Omar und ich täglich leisten mussten, erschöpfte mich so sehr, dass ich nicht einmal bestärkt werden wollte. Ich wollte einfach nur normal sein dürfen.

Das Drama war unausweichlich, daher beschloss ich schließlich, es schnellstmöglich herbeizuführen. Ich bekannte sozusagen Farbe, indem ich den *hijab* anlegte. Der erste Schal, den ich je kaufte und trug, war rot wie ein Apfel, eine Farbe, die meine ultrakonservativen Kollegen ebenso schockierte wie meine nichtmuslimischen. Am ersten Tag, an dem ich »verhüllt«, wie Jo es nannte, zur Schule ging, blieb die Schuldirektorin, als sie mich erblickte, wie angewurzelt stehen. Sie starrte mich mit großen Augen an und fragte wie aus der Pistole geschossen: »Ist das ein Kopftuch, was ich da sehe?«

Einen Augenblick lang schienen mir die Worte im Hals stecken zu bleiben, dann aber sagte ich: »Nun, es ist sozusagen eine Dauerlösung nicht nur für Tage, an denen das Haar schlecht sitzt.«

Sie lachte. Der Augenblick der Spannung war vorüber. Diese Haltung bewahrte ich den ganzen Tag über. Wann immer Menschen, die mir begegneten, sich überrascht zeigten, war ich nur freundlich und so neutral wie möglich. Einige reagierten erstaunt, andere amüsiert, ein paar besorgt, andere angetan. Am Abend hatte ich geschafft, was ich mir vorgenommen hatte: keine philosophischen Diskussionen mit Nichtmuslimen, keine klischeehaften Gratulationen zur spirituellen Bekehrung von Muslimen.

Wenn ich heute zurückblicke, habe ich durch mein »Coming-out« vor allem eines gelernt: Zu allem, was man aus ehrlicher Absicht heraus tut, kann man mit Fug und Recht stehen. Ich habe nie in Wort oder Tat behauptet, im Besitz einer höheren, universellen Wahrheit zu sein. Meine Wahrheit war höchstpersönlich. Das war vermutlich einer der Hauptgründe, weshalb ich relativ »schmerzlos« zum Islam fand und dabei nicht die Fanfarenstöße einer Bilderbuchbekehrung brauchte. Ich habe nie versucht, irgendjemandes Maskottchen zu sein. Ich war ein Mensch mit all seinen Eigenheiten und Fehlern, und jetzt war ich Muslimin.

Meine gemäßigten muslimischen Kollegen und Freunde – wobei »gemäßigt« in diesem Zusammenhang eigentlich ein furchtbares Wort ist, denn die meisten leben ihren Glauben voller Leidenschaft – akzeptierten meinen neuen Status, ohne mit der Wimper zu zucken. Keiner verfiel in Ekstase ob des gottgegebenen Segens der Bekehrung oder prüfte meine Glaubenskenntnisse. Von nun an grüßten sie mich eben mit *As-salaamu alaykum* statt mit *Hi.* Und sie bezogen mich in die Blicke ein, die sie einander zuwarfen, wenn ihre westlichen Kollegen sich negativ über ihre Religion ausließen. Die Männer begannen, mich mit derselben ritterlichen Haltung zu behandeln, die sie anderen muslimischen Frauen zuteil werden ließen. Die Frauen, die mit der Androgynität westlicher Geschlechtsgenossinnen nichts hatten anfangen können, hörten auf, mich wie einen Mann zu behandeln. Die Veränderung ging sozusagen lautlos vonstatten, war aber nichtsdestotrotz umfassend.

Die ultrakonservativen Lehrer hingegen, von denen es auch an unserer Schule einige gab, begannen, sich sichtlich unwohl zu fühlen, als ich anfing, den *hijab* zu tragen. Gerade Konvertiten sind für Fundamentalisten leichte Beute. Häufig sind sie isoliert, verwirrt und suchen nach Bestätigung, welche ihnen radikale Muslime nur zu gerne geben. Mit mir aber wussten sie nichts anzufangen. Die Art, wie ich meinen Schal trug, und die Farbe, die ich mir ausgesucht hatte, machten mehr als deutlich, dass ich keinen Zuspruch brauchte. Der Islam im Allgemeinen ist viel zu abstrakt, aber auch viel zu alltagsverbunden, um den Gläubigen mit allerlei paradiesischen Segnungen zu erfreuen. Er fordert ruhigen, beständigen Glauben, gibt nur wenige eindeutige Antworten und verlangt von seinen Anhängern, sich eher auf die eigenen inneren Gaben zu verlassen, statt einer Brüderschaft auf Gedeih und Verderb angehören zu wollen. Für die Fundamentalisten musste es verstörend sein, dass jemand den Islam an sich attraktiver fand als ihre eng vernetzte Gemeinschaft der Gläubigen. Ohnehin ist dies das Totengeläut des radikalen Islam: Muslime, die ein eigenes Verständnis ihrer Religion entwickelt haben, erwecken schon durch ihre bloße Existenz Zweifel bei den Extremisten. Im Grunde ist das eine recht simple Angelegenheit, doch darin steckt genug Sprengkraft, um die Welt zu verändern.

Meinen Freunden und meiner Familie in den USA schrieb ich einen langen Brief. Schließlich konnte ich in ihren Augen nie etwas anderes sein als eine Konvertitin. Für den Durchschnittsamerikaner war der Islam nicht alltäglich, ja noch nicht einmal normal. Der Tag, an dem ich diesen Brief per E-Mail verschickte, hat sich mir für immer eingeprägt. Dies umso mehr, als ich ihn am liebsten vergessen würde. Beim Schreiben dieses Buches nahm ich meinen Brief noch einmal auseinander, behielt einzelne Sätze bei, verwarf andere. Es war die erste und ehrlichste Erklärung für meinen Glauben, die ich je abgegeben habe, und ich empfand sie als schmerzhaft. Ein befreundeter muslimischer Schriftsteller fragte mich, warum so etwas für uns so schwierig ist.

»Vermutlich weil ich finde, dass es gar nicht nötig sein sollte«, antwortete ich. Wir versuchten herauszufinden, warum es uns Depressionen verursacht, unser Bestes aus uns herauszuholen, statt uns Selbstvertrauen zu geben. »Es sollte nicht nötig sein, und die Tatsache, dass es so ist, heißt ja wohl, dass etwas absolut nicht stimmt.«

Das hört sich fast schon banal an, denn es ist doch so offensichtlich, dass etwas nicht stimmt. Um das festzustellen, muss man sich nur die Nachrichten ansehen. Aber ich meine nicht die todbringende Spirale von Krieg gegen den Terror und Jihad, sondern die emotionale Wirklichkeit, die sie geschaffen hat: Mittlerweile sprechen wir einander die Menschlichkeit ab. Und wer sich darauf einlässt, zu beweisen, dass er ein guter Mensch ist, verliert seine Würde. Wir bezahlen den Frieden mit unserer Würde. Die eigene Geschichte als Zeugen anzurufen, um irgendeinen unbedeutenden Unterschied zwischen Ost und West zu erklären oder einen Leser dazu zu bringen, Sympathie für jemanden zu empfinden, den er eigentlich für seinen Feind hielt, macht uns am Ende nicht glücklich, sondern vermittelt uns allerhöchstens das verschwindend geringe Gefühl, etwas Nützliches getan zu haben.

Doch damals hätte ich diese Bedenken noch nicht in Worte fassen können. Ich schrieb den Brief, um den Menschen zu Hause, den Menschen, die ich liebte, zu erklären, weshalb ich zum Islam übergetreten war. Die Fähigkeit, den damit verbundenen Schmerz in Worte zu fassen, kam erst später. Trotzdem fühlte ich ihn, er überwältigte mich wie ein intensives Schwindelgefühl. Ich konnte die Distanz, die ich damit zwischen mir und meiner Vergangenheit, zwischen mir und den Menschen aus meiner Vergangenheit schuf, beinahe sehen. Wie sollte ich ihnen erklären, dass ich nicht vom Weg abgekommen war, sondern dass ich mir und meinen Grundsätzen vielmehr treuer war als je zuvor? Ich tat mein Bestes, und doch musste dieser Brief auf jeden, der ihn zu lesen bekam, merkwürdig wirken. Ich jedenfalls habe ihn erst für dieses Buch wieder einmal ganz durchgelesen, nicht jedoch damals.

Die Antworten kamen spät und sehr vereinzelt. Ich malte mir Horrorszenarien aus. Noch schwieriger wurde das Ganze, weil ich mir selbst verbot, mit Omar über meine Ängste zu sprechen. Es sollte wenigstens einen Menschen geben, den mein ungewöhnlicher Lebensweg nicht verletzte. Natürlich war dies ein Trugschluss, aber ich hielt mich daran fest – und wartete.

Alles um mich herum schien seine Farbe verloren zu haben. Wenn ich Fragen beantwortete oder etwas zu erledigen hatte, brauchte ich ewig lange dazu. Mein Leben schien leer zu sein. Ich bin nicht der Mensch, der sich leicht von Menschen trennt, die er liebt oder geliebt hat. Daher konnte ich mir nicht vorstellen, wie ich ohne sie leben sollte.

Aber das musste ich auch gar nicht.

Denn schließlich reagierten meine Freunde und meine Familie fast schüchtern auf mein »Bekennerschreiben«. Meine Eltern unterstützten mich irgendwie, so als machten sie sich Vorwürfe, dass meine Entscheidung für etwas so Schreckliches letztlich nur heißen konnte, dass sie in ihrer Elternrolle versagt hatten. Natürlich sagten sie das nicht, aber zwischen den Zeilen waren ihnen die Schuldgefühle deutlich anzumerken. Diese Schuldgefühle und ihre Akzeptanz waren aber immer noch besser, als hätten sie mich verleugnet, und so begann ich ihnen monatelang immer wieder zu versichern, dass ich keine Gehirnwäsche hinter mir hätte und der Islam eine eintausendvierhundert Jahre alte spirituelle Tradition sei und meine Konversion nicht Ergebnis ihres Versagens als Eltern.

Einige meiner Freunde schrieben, mein Übertritt überrasche sie nicht, denn der Prozess habe ja eigentlich schon viel früher eingesetzt: Ich habe doch immer schon islamische Texte gesammelt, mich ohne Not fürs Arabische interessiert, nicht zu vergessen das berühmte Tattoo. Ein Junge, den ich an der Boston University kennengelernt hatte, meinte sogar: »Na, wer das nicht kommen sah, hat nicht hingeguckt.« Die meisten reagierten ähnlich. Erst später erfuhr ich von den Diskussionen, die mein Brief ausgelöst hatte, häufig durch puren Zufall. Die Menschen reagierten jedenfalls nicht mit der Mischung aus Angst und Ablehnung, die ich befürchtet hatte. Sie zeigten mir Verständnis – was ich nicht erwartet hatte. Sie wollten mir negative Erfahrungen ersparen und gaben sich Mühe, nett zu mir zu sein. Das fand ich – gerade in der Welt nach dem 11. September – wirklich bemerkenswert.

Ich hatte eine recht intime Art des Ausdrucks gewählt, um nicht in die Nähe von politischen oder fundamentalistisch-religiösen Erklärungen zu geraten. Mein Vokabular stellte die Beziehung, die ich zu den einzelnen Menschen hatte, in den Mittelpunkt. Denn sie waren mir wichtig, nicht etwa eine Ideologie, der wir anhingen. Ich bat sie nicht, den Islam zu verstehen, sondern mich. Meine Bitte konzentrierte sich auf die Beziehung, die bereits da war – auf gegenseitige Zuneigung und Verwundbarkeit –, so dass sie nicht ins Lächerliche gezogen werden konnte.

Einige Monate später aber begann ich, von dieser Haltung abzuweichen, weil mir die ständige Fehlinformation in den Medien auf die Nerven ging. Ich wollte den Leuten meine Religion erklären. Damit aber kam ich gar nicht gut an. »Wer ist das Salz der Erde?«, fragte ein Freund mich in einer E-Mail. »Danke, es geht uns gut, und wir lieben dich. Du kannst aufhören, dich für das, was wir denken, verantwortlich zu fühlen.«

Ich hatte die erste Hürde genommen. Die Last des Geheimnisses, die ich mit mir herumgeschleppt hatte, war von mir genommen. Das konnte ich geradezu körperlich spüren. Ich würde weder meine Heimat verlieren, noch die Menschen, die ich liebte. Aber da war natürlich noch meine bevorstehende Heirat, von der ich noch niemandem erzählt hatte. Als der Dezember näher rückte, kehrte die unterdrückte Spannung zurück. Meine Eltern wollten mit Meredith, meiner jüngeren Schwester, das Weihnachtsfest hier in Kairo verbringen. Und Omar und ich wollten ihnen während ihres Aufenthalts von unserer Verlobung erzählen.

»Und wenn sie mich nun nicht leiden können?«, fragte Omar ein ums andere Mal.

»Vielleicht solltest du das Kopftuch ablegen, solange deine Eltern hier sind«, schlug Sohair vor. In den Tagen vor ihrer Ankunft versuchten sie und ich, für meine Eltern alles so »normal« wie möglich zu gestalten. So wollten wir sie beispielsweise von den kreischenden fundamentalistischen Imamen fernhalten, die am Freitag zum Gebet riefen, und sie nur in möglichst saubere, ordentliche Viertel von Kairo führen, in denen sie nicht belästigt wurden. Erstaunt registrierte ich, dass sowohl Sohair als auch Omar sich dessen bewusst waren, wie erschreckend ihre Stadt auf Menschen aus dem Westen wirken konnte – mit all dem Lärm, dem Dreck, den Frauen »ohne Gesicht« und den Soldaten mit den halbautomatischen Waffen. Offensichtlich hatten sie sich damit abgefunden. Sie wussten, dass sie bestenfalls als exotisch, schlimmstenfalls als barbarisch galten. Wären sie darüber traurig gewesen, hätte ich sie trösten können, doch diese Art der Resignation musste ich wohl hinnehmen.

»Welche Themen sollen wir besser nicht anschneiden?«, fragte Sohair.

»Israel«, antwortete ich wie aus der Pistole geschossen. Das war zumindest ein greifbares Problem. »Und überhaupt alles, was mit dem Zweiten Weltkrieg zu tun hat.« Omar hatte sich über Churchill seine höchst eigene Meinung gebildet.

»Glaubst du wirklich, dass das Gespräch auf den Zweiten Weltkrieg kommen könnte?«, fragte Sohair zweifelnd.

»Na ja, wenn etwas nicht sein soll, dann kommt's doch erst recht.«

Schließlich trafen meine Eltern und meine Schwester ein. Auch der Vater meiner Mitbewohnerin Jo war mit von der Partie. Wir teilten sie auf die einzelnen Wohnungen auf.

Meine Familie wohnte in Bens Wohnung, der in dieser Zeit außerhalb von Kairo Ferien machte.

Omar und ich wollten die Neuigkeiten so lange wie möglich für uns behalten, also planten wir erst einmal eine Reise nach Luxor für die Zeit nach den Feiertagen. Dort konnten sie die alten Pharaonentempel bewundern. Bis dahin wanderten wir durch die Straßen Kairos, auf den Spuren Omars, der mir damals die Stadt gezeigt hatte.

»Ich bin erstaunt, wie sicher man sich hier fühlt«, sagte mein Vater nach ein paar Tagen. »Keine Gewalt, keine Diebstähle auf offener Straße.«

Mir war das nie aufgefallen. Tatsächlich hatte ich mich in Kairo immer sicher gefühlt. Der Druck des islamischen Moralkodex und die strenge Regierungspolitik in Bezug auf Kriminalität hatten dazu geführt, dass es kaum Straßenkriminalität gab. Ägypten hat sich an der Schwelle zum 21. Jahrhundert massiv verändert, was jeder Einzelne an seinem Besitzstand merkt. Die Eliten werden immer reicher, während der Durchschnittsbürger immer weniger in der Tasche hat. Die Frustration über diese Entwicklung entlädt sich in letzter Zeit immer öfter in Gewalt. Doch im Jahr 2003 konnte man noch von einem Ende Kairos zum anderen wandern, ohne Diebstahl oder Straßenraub befürchten zu müssen. Damals war Kairo der sicherste Ort, an dem ich je gelebt hatte.

Ein paar Tage bevor wir nach Luxor abreisen wollten, lud Sohair uns alle zusammen zum Abendessen ein. Bei ihr mussten Omar und ich meine Familie wohl oder übel einweihen, denn spätestens wenn wir in Oberägypten ankamen und wir beide unser *katb el kiteb* vorzeigen mussten, würden sie ohnehin dahinterkommen. Mir war gar nicht wohl dabei. Hysterische Ausbrüche hätte ich ja noch hingenommen, aber was ich mehr als alles andere fürchtete, war zähneknirschende Toleranz. Ich wusste damals nicht, wie ich reagieren würde, wenn meine Familie Omar zurückweisen würde oder er sie.

Am Abend der Dinnerparty brachten Jo und ich unsere Angehörigen zu Sohairs Wohnung. Als wir die Tür öffneten, bot sich uns ein überwältigender Anblick: Ein Fünfgängemahl stand auf den Tischen bereit. Ibrahim hatte sich eine Krawatte umgebunden und war kurz zuvor offensichtlich beim Friseur gewesen, und Omar stand in der Tür – frisch rasiert und mit seiner Laute in der Hand. Omars Familie war sich ihrer selbst recht sicher. Sie kannte ihren Wert. Vermutlich waren sie sich durchaus bewusst, dass es unangemessen war, was sie auf sich nehmen mussten, nur weil sie da diese Amerikanerin in ihrer Mitte aufgenommen hatten. Alle Mitglieder der Familie waren gebildet, intelligent und sprachgewandt. Es war nicht richtig, dass sie solche Anstrengungen unternehmen mussten, um als »zivilisiert« zu gelten. Die Tatsache, dass sie sich trotzdem so sehr bemühten, machte mich sprachlos. Ich fragte mich, was ich ihnen wohl geben konnte, das diesem Geschenk auch nur annähernd gleichkäme. Ich schüttelte kurz den Kopf, um den Gedanken zu vertreiben, dann begann ich mit dem Vorstellungsritual.

Das Abendessen übertraf all meine Erwartungen. Der gute Wille auf beiden Seiten war so greifbar, dass die Menschen sich gegenseitig sofort als Person wahrnahmen und nicht als Vertreter der ein oder anderen Idee. Ich sagte nicht viel. Ich sah zu, wie meine Mutter mit Omars Mutter über ihre Arbeit und die Reise sprach, hörte Ibrahims begeisterten Monolog über Elektrogitarren – den mein Vater mit stillschweigendem Lächeln quittierte –, und freute mich über die ermutigenden Blicke, die Jo Omar zuwarf, wann immer er das Wort ergriff. Die Hoffnung wuchs. Vielleicht gab es doch genügend Liebe und Güte zwischen uns, damit wir auch die nächste Hürde nehmen konnten.

Nach dem Abendessen brachten Omar und ich meine Eltern zurück zu Bens Wohnung.

»Ist alles in Ordnung?«, fragte Omar mich auf Arabisch, als wir die Stufen hinaufstiegen.

»Warten wir's ab«, sagte ich.

Als wir uns im Wohnzimmer niederließen, plauderten Omar und ich ein bisschen, doch für mich klang das alles viel zu nervös. Ich beobachtete meine Eltern in dieser fremden Umgebung, und das Herz sank mir in die Hose. Mein Vater lächelte mich aus seinem Professorenbart heraus an, der immer noch mehr schwarz als grau war. Er hatte keine Ahnung, was gleich auf ihn zukommen würde. Obwohl er jeden Morgen Sunblocker mit hohem Lichtschutzfaktor auftrug, hatte er sich im Nacken einen Sonnenbrand eingefangen.

»Und?«, fragte ich. »Mochtest du Sohair und Ibrahim?«

»Sehr«, sagte meine Mutter. »Das sind wirklich nette Leute.« Sie saß mit gekreuzten Beinen auf dem Stuhl. So saß sie immer an dem langen Tisch in unserem Bauernhaus in Colorado, wenn sie die Zeitung las. So lange hatte ich mich nach Normalität gesehnt, schien sie doch aus meinem Leben regelrecht verschwunden, jetzt aber irritierte sie mich. Ich wollte nette Menschen nicht für andere Menschen verständlich machen, ich wollte sie nicht voreinander schützen, und doch hatte ich immer wieder das Gefühl, genau das tun zu müssen. An diesem Punkt wurde ich erwachsen: Ich begriff, dass niemand sonst dies für mich tun konnte.

»Was würdest du sagen, wenn du plötzlich mit ihnen verwandt wärst?«, fragte ich.

Schweigen. Ich hielt den Atem an.

»Ich würde mich geehrt fühlen«, sagte meine Mutter vorsichtig.

»Gut«, sagte ich mit einem Seufzen. »Gut.«

Danach mühten wir uns alle, uns gegenseitig unserer besten Absichten zu versichern. Meine Eltern wollten wissen, ob das ägyptische Eherecht mich auch nicht meiner Menschenrechte beraube. Wir versicherten ihnen, dass dem nicht so war. Sie wiederum versicherten uns, dass sie Omar wunderbar fanden und Ägypten natürlich auch und auch den Islam. So sprudelte es aus ihnen heraus, und es war nur zu offensichtlich, dass sie es auch so meinten. Sie wollten uns vertrauen und beschützen. Ich spürte, wie mir das Blut zu Kopf strömte, und registrierte nur am Rande, dass Omar meine Hand genommen hatte und sie nicht mehr losließ.

Danach gingen wir in meine Wohnung zurück, um Jo und ihrem Vater die wunderbare Neuigkeit zu erzählen. Ich klang wohl etwas verwirrt, aber Jo erriet trotzdem, dass wohl alles gutgegangen war. Sie umarmte mich.

»Juhu, wir feiern Hochzeit!«, rief sie fröhlich aus.

Jos Vater klopfte Omar auf den Rücken. »Willkommen in der Familie«, sagte er. Omar lachte. Er freute sich so. Ich hatte ihm schon erzählt, dass in Amerika »Familie« den ganzen Clan meinte und natürlich auch die engsten Freunde.

»Siehst du«, sagte ich später zu ihm, »wir haben auch Kultur in Amerika.«

»Das habe ich doch nie bezweifelt«, antwortete er.

Danach ging alles recht schnell. Als wir aus Luxor zurückkamen, läutete in einem fort das Telefon, weil andere Verwandte Omars unbedingt meine Familie kennenlernen wollten. Wir beschlossen, eine kleine Verlobungsfeier zu geben. Jo, meine Mutter und ich taten unser Bestes. Die Möbel schoben wir alle in den Flur, damit wir mehr Platz hatten. Mein Vater trug zur Party eine Galibayya, die er in

Luxor gekauft hatte. Um den Kopf hatte er mit erstaunlicher Geschicklichkeit einen Turban gewickelt. Amu Fakhry seinerseits trug einen Anzug. Er konnte gar nicht aufhören zu lachen, als er meinen Vater sah.

»Er ist ein Saidi«, rief er ein ums andere Mal aus, »einer aus Oberägypten. Dein Vater ist ein echter Saidi!«

Diese Begebenheit bestimmte die Atmosphäre bei dem Fest. Niemand war hier Amerikaner oder Ägypter. Alle sprachen nicht ihre Muttersprache, sondern eine Fremdsprache. Das Datum der Hochzeit wurde auf den folgenden November festgelegt.

Alles, was ich danach unternahm, geschah in vollkommener Ehrfurcht vor dem, was in diesem Dezember geschehen war. So tapfer, so zerbrechlich, so kaum in Worte zu fassen ... Meine Familie und Omars Familie öffneten sich füreinander, einzig, weil wir sie darum gebeten hatten. Und das war das Allerwichtigste und würde es auch bleiben. Von diesem Moment an war es mir egal, welche Regeln ich befolgte, ob sie nun arabisch oder amerikanisch, östlich oder westlich waren. Diese Worte verloren für mich zusehends an Bedeutung. Ich hatte an etwas gerührt, das jenseits aller Längen- und Breitengrade lag, und ich hatte andere dasselbe tun sehen. Der Autor Alan Moore nennt dies »unsere letzten Zentimeter«, den Ort der Integrität in uns. Jenseits aller kulturellen Identität leben zu können, im Namen eines Friedens, den es noch nicht gibt, der aber möglich ist – das ist ebenso aufregend wie nötig und machbar.

Die Schmetterlingsmoschee

Die Höchste Moschee ist nicht aus Erde, Wasser oder Stein geschaffen, sondern aus rechten Absichten, wahrer Einsicht und aufrichtigem Gefühl.
RUMI

Im darauffolgenden Winter und Frühling wurde ich von Omars Familie etwas weniger behütet als sonst, damit ich mich jener amerikanischen Unabhängigkeit erfreuen konnte, an die ich gewöhnt war. Ich werde mich an dieses Jahr immer als meine »arabische Kindheit« erinnern, da man mir eine Unmenge sozialer, praktischer und religiöser Fehler erlaubte, wie man es bei einem Kind eben tut. Danach gestand man mir zwar immer noch gewisse Freiheiten zu, doch erwartete man auch, dass ich dieselbe Verantwortung trug wie jede verheiratete arabische Frau auch.

Nachdem unsere Verlobung bekanntgegeben worden war, ließ Omars Onkel Ahmad verlauten, dass niemand meine Integrität anzweifeln dürfe – das, was man gewöhnlich Ehre nennt –, ohne sein Missfallen zu erregen, und jeder mir ein Höchstmaß an Geduld und Verständnis entgegenbringen solle.

Ich wollte mir dieses Vertrauen verdienen. Also musste ich mich immer wieder korrigieren, wenn ich unabsichtlich Verhaltensregeln verletzte, was in den ersten Monaten recht häufig passierte: Ich platzte in eine Versammlung von Familienoberhäuptern (wo man mich amüsiert aufnahm und mir Kaffee anbot, bis jemand mich abholen kam), vergaß, Tanten und Cousinen mit Stühlen, Tellern und Essen zu helfen, und ließ mich auf politische Diskussionen mit älteren Familienmitgliedern ein, denen ich eigentlich hätte Respekt entgegenbringen sollen.

Was mir an Haltung mangelte, versuchte ich, durch Hingabe wettzumachen. Ich saß in nahezu vollkommener Stille fünf Stunden lang bei einer Totenwache, tanzte auf einer Hochzeit, bis meine Füße schmerzten, und hörte unermüdlich den Geschichten meiner Schwiegergroßmutter zu, obwohl ich nur jedes dritte Wort verstand. Die Freude, die ich meiner bald angeheirateten Familie damit bereitete, machte es mir leicht, mich an das Leben in einer ägyptischen Mittelstandsfamilie zu gewöhnen. Ein Tantchen umarmt mich heute noch und zieht mich auf ihren Schoß, wo ich mich zusammenkuschle wie ein Baby, nur um sie sagen zu hören, dass ich ihr Allerliebstes sei. In diesen Augenblicken vergesse ich, wie viel Kraft mich all das kostet. Dann denke ich, dass ich für die Menschen, die mich geliebt und verteidigt haben, einfach alles tun würde – in Ägypten und zu Hause.

Denn die folgenden Monate machten deutlich, wie sehr ich sie brauchte. Anfangs schien der Durchbruch, den wir im Dezember erzielt hatten, so vollständig, dass nichts weiter zu tun blieb. Doch der gute Wille allein genügt nicht. Zwischen meiner Kultur und der Omars tat sich ein wahres Mienenfeld auf: Armut, Terrorismus, Zermürbungskrieg, Rassismus, Kolonialismus und schlichte Bosheit. Die Ägypter erzürnte es, dass die Amerikaner im Irak Demokratie mit der Waffe predigten, andererseits aber zuließen, dass Ägypter, die für die Demokratie eingetreten waren, in Mubaraks Gefängnissen verfaulten. Das Gefühl, vom Westen getäuscht und gedemütigt worden zu sein, war überall greifbar und wurde auch im Verhalten der Ägypter gegenüber »Westlern« deutlich. Immer wieder begegnete ich Amerikanern, die – wie sie dachten – voller Offenheit und Toleranz in den Nahen Osten gekommen waren, um dort in Schulen oder Nichtregierungsorganisationen zu arbeiten und in aller Blauäugigkeit die Kluft zwischen den Kulturen beseitigen zu helfen. Am Ende wurden sie jedoch von jenen, die sie unterstützen wollten, abgelehnt und kehrten gedemütigt zurück, bereit, die Reihen der antiarabischen Zyniker in der Heimat zu verstärken.

Sie verkennen die Tatsache, dass man von Menschen, die beim »Kampf der Kulturen« ihre Zukunftsperspektive und auch ihre Würde verloren haben, nicht erwarten kann, Friedensapostel willkommen zu heißen, die ihrerseits nicht auf das Geringste haben verzichten müssen. Die daraus resultierende Wut muss sich notgedrungen gegen etwas richten. Und gerade die allenthalben privilegierten ausländischen Arbeitskräfte in Ägypten werden gerne zum Ziel derartiger Ressentiments. Hätte ich keinen guten Grund zum Bleiben gehabt, wäre ich vermutlich ebenfalls verbittert wieder abgereist. Omars Familie nahm mich in ihre Mitte auf, meine Kollegen akzeptierten mich – doch der Rest Ägyptens zeigte weit weniger Wohlwollen.

Bald nach dem Besuch unserer Eltern zogen Jo und ich aus unserer teuren Wohnung in Maadi in eine weit billigere Behausung in Tura um. Damit schlug ich zwei Fliegen mit einer Klappe: Omar und ich lebten näher beisammen, und Jo und ich sparten Geld. Wenn man Tura beschreiben will, muss man zuallererst wissen, dass das Viertel für die meisten seiner Bewohner eine reale Verbesserung darstellt. Die echten Slums von Kairo sind viel schlimmer. Omars Familie lebte dort, als er noch ein kleiner Junge war. Er erzählte manchmal, dass er auf dem Schulweg Bäche von Abwässern überqueren musste. Immer wieder fielen Wasser und Strom aus, weil die schlecht gewartete – und häufig missbräuchlich benutzte – Infrastruktur regelmäßig zusammenbrach. Seine Familie bekam erst einen Telefonanschluss, als Omar schon zehn Jahre alt war.

Verglichen damit war Tura ein frischer Lufthauch: geplante, gepflasterte Straßen, ebenmäßige und stabile Gebäude, eine verlässliche Versorgung mit fließendem Wasser und Strom. Sohair setzte ihre ganze Energie darein, die Wohnung zu kaufen, in der sie mit ihren Söhnen lebte. Ich fürchte, so viel Mut werde ich nie aufbringen. Obwohl wir so verschieden sind, bewundere ich die Zähigkeit der Bewohner Turas. Die meisten von ihnen haben eine ähnliche Geschichte wie Sohair: Sie haben sich durch harte Arbeit aus der Armut befreit.

Seitdem ich dort lebe, hat sich die Lebensqualität in dem Stadtviertel stark verbessert. Heute ist der Komplex von Militärwohnungen, in den wir einzogen, von Gärten umgeben. In einigen Gebäuden wurde das Treppenhaus gefliest, andere haben sogar einen Aufzug, der regelmäßig gewartet wird. Als Jo und ich nach Tura zogen, sah das allerdings noch ganz anders aus. Von außen gesehen wirkte die Umgebung jedenfalls verwahrloster als jedes Elendsviertel, das ich in Amerika je zu Gesicht bekommen hatte. Der Müll türmte sich am Rande der schlaglochübersäten Parkplätze zu hohen Stapeln auf. Die Genossenschaftswohnungen waren dunkel und verdreckt, die Treppenhäuser aus kaltem Beton, die Aufgänge voller Katzendreck und Knöchelchen, welche die Tiere aus den Müllbeuteln im Hausflur gestohlen hatten. Die Luft war mit Industrieabgasen geschwängert, die in kürzester Zeit dafür sorgten, dass mir die Lymphknoten unter Kinn, Achseln und Ohr schmerzhaft anschwollen. Tura liegt eingezwängt zwischen drei »Sehenswürdigkeiten« – einem bekannten politischen Gefängnis, einer Zementfabrik und dem Nil. Bis das Viertel in Alaa Al Aswanis Roman *Der Jakubijan-Bau* verewigt wurde, war es hauptsächlich für seine Nähe zur Zementfabrik bekannt, so dass man es sogar Tura El-Esment nannte, »Zement-Tura«.

Ich erinnere mich daran als einen schrecklichen, sonnenlosen Ort. Wann immer ich diesen Namen laut vor mich hin sage, formt sich in meinem Kopf ein ganz bestimmtes Bild: Ich marschiere mit einer Plastiktüte voller Obst und Gemüse durch den klebrigen Staub vor dem Gefängnis. Mein Blick wandert die graubraunen Wände hinauf bis zum Stacheldrahtzaun, und mir ist schmerzhaft bewusst, wie viele Journalisten, Reformer und Dissidenten dort eingesperrt sind. Dann erblicke ich dahinter die kleine Moschee wie ein Juwel vor dem düsteren Himmel. Die Moschee ist weit älter als das Gefängnis. Ihr gesimsverziertes Minarett steigt über den Gefängnismauern auf wie ein Hilfeschrei. Die Moschee sitzt dort genauso fest wie die Gefängnisinsassen: Sie war einfach im Weg, und das Gefängnis wurde schließlich darum herum gebaut. Ich habe nie herausgefunden, wie sie heißt. In Kairo gibt es eine Moschee an jeder Straßenecke, nur die größten und ältesten haben einen Namen. Der Rest wird meist nach der Straße genannt, an der sie liegen. Omar und seine Familie lebten schon seit Jahren in der Nähe und erfuhren doch nie, wie die Moschee hinter Gefängnismauern hieß. Nach meinen ersten Wochen in Tura begann ich, sie die Schmetterlingsmoschee zu nennen, weil sie mich an einen Schmetterling in einem Glas erinnerte. Ich stellte mir immer vor, wie ich sie freiließ und an ihre Stelle die moderne, hässliche und laute Moschee setzte, in der sich das religiöse Leben in Tura abspielte. Passenderweise konnten Jo und ich sie vom Fenster unseres Badezimmers aus sehen.

Diese moderne Moschee fingen wir bald an zu hassen. Der Muezzin rief fünf Mal täglich mit schrillen Schreien die Gläubigen zum Gebet. Sein Geplärr wurde von einer Reihe von Lautsprechern übertragen, die auf obszöne Weise teuer und gepflegt erschienen – in einer Umgebung, die so viel Armut ausstrahlte. Diese Institution fundamentalistisch zu nennen wäre fast ein Euphemismus. Auf jeden Fall war sie höllisch konservativ. Läge sie in einer weniger armen Gegend, säßen ihre Führer jetzt vermutlich längst im Gefängnis nebenan. Tura war ein begehrtes Pflaster für Extremisten, und so wurden wir prompt jeden Morgen um vier Uhr von dem Geschrei des Muezzins geweckt, das in einem Umkreis von vielen Metern die Fensterscheiben erzittern und die Hunde schmerzvoll aufheulen ließ. Doch natürlich beschwerte sich niemand. Die Menschen hatten viel zu viel Angst vor den Extremisten, um zu protestieren. Und die, die keine Angst hatten, waren vom Überlebenskampf in Anspruch genommen. Denn das tägliche Leben in Tura war brutal. Jedes andere Wort wäre unzutreffend.

Tura forderte seinen Bewohnern ein gewisses Maß an Willen zur Assimilation und Kapitulation ab. Es genügte nicht, einfach nett oder aufmerksam oder Muslim zu sein. Um dort akzeptiert zu werden, musste man die Sprache des Kairoer Mittelstandes sprechen, einer relativ ungebildeten und puritanischen Schicht. Die südlich von Tura beheimateten Fundamentalisten besaßen zumindest noch eine gewisse Hoffnung, die konservative Einstellung unserer Nachbarn aber war Ausdruck purer Verzweiflung. Sie lebten in einer Welt des Misstrauens und der Gier, deren umfassendes Regelwerk das Produkt eines allgegenwärtigen Schreckgespenstes war, das ständig präsent war: Jeder wusste, dass die Armut nur einen Schritt entfernt war. Niemand fühlte sich also je sicher im Erreichten, und Jo und ich mit unserer papierweißen Haut, unserer seltsamen Kleidung und unseren merkwürdigen Gewohnheiten wurden sofort als Bedrohung wahrgenommen.

Als Omar uns warnte, dass Tura ein sehr viel konservativeres Viertel sei als das, in dem wir bisher gelebt hatten, als er uns bat, »doch achtzugeben«, nickten wir nur allzu bereitwillig, doch letztlich hatten wir keine Ahnung, worauf wir denn achtgeben sollten. »Sehr viel konservativer«, das hieß für uns, dass wir tunlichst beide zu Hause sein sollten, wenn männlicher Besuch kam, oder dass wir keine enganliegenden T-Shirts und Hosen tragen sollten. In Wirklichkeit aber hatten zwei Frauen gefälligst nicht allein zu leben, und wenn sie es schon tun mussten, durften sie zumindest keinen männlichen Besuch empfangen. Das war uns nicht klar. Außerdem sollten »solche« Frauen sich nicht auffällig verhalten und schon gar nicht nachts außer Haus gehen.

Omar war sich dessen wohl ebenso wenig bewusst wie wir. Der Nahe Osten ist für Männer ein anderer Ort als für Frauen. Die durchgehende Ablehnung, die das Viertel seinen bleichsten Bewohnerinnen entgegenbrachte, traf auch ihn unvorbereitet. Es dauerte Monate, bis ich begriff, welche Ängste wir bei unseren Nachbarn auslösten: Würden wir sie hereinlegen, ihre Söhne verführen oder den Zorn der amerikanischen Botschaft auf sie herabrufen und sie ruinieren? Rund um uns schlug die Panik hohe Wellen, und so hasste man uns.

Ich versuchte schon aus Prinzip, die Grundregeln der Höflichkeit zu wahren. Eines Freitagnachmittags kaufte ich Obst bei einem nahen Händler, staubige Orangen, die, wenn sie geschält waren, einen intensiven Duft verbreiteten, der sich auf seltsame Weise mit dem der Industrieabgase um uns herum vermischte. Die letzte Gebetssitzung in der fundamentalistischen Moschee war gerade zu Ende, und eine Reihe von Männern trat ins dunstige Abendlicht hinaus. Ich hatte die Augen niedergeschlagen und versuchte, ihnen aus dem Weg zu gehen, doch irgendwann stand ich zwischen einem Mann und seinem kleinen Sohn, der sich von seinem Vater etwa einen Meter entfernt hatte.

»As-salaamu alaykum«, sagte ich zu dem Mann, weil ich

dachte, es sei noch unhöflicher, gar nichts zu sagen. Einen Augenblick lang starrte er mich an, dann schlang er wortlos seinen Arm um das Kind und zog es weg. Ich lief rot an und sah mich um in der Hoffnung, dass niemand Zeuge dieser Szene geworden war. Den traditionellen Gruß nicht zurückzugeben ist eine der schwersten Beleidigungen, die man einem Muslim zufügen kann. Ich eilte nach Hause.

Als ich Omar erzählte, was passiert war, konnte er es nicht fassen.

»Vielleicht wusste er nur nicht, wie er reagieren sollte«, sagte er. »Er hat vermutlich nicht erwartet, dass eine Ausländerin ihn mit *As-salaamu alaykum* begrüßt.«

»Aber ich trug doch das Kopftuch.«

»Vielleicht dachte er, du tust das aus kulturellen Gründen.«

»Omar, er sah mir geradewegs in die Augen.«

Omar streckte die Hand aus und spielte mit dem Saum meines Ärmels. »Ich mache mir solche Sorgen um dich«, meinte er. »Wenn ich das gewusst hätte … es ist einfach nicht normal, dass jemand sich so benimmt. Untereinander tun sie es ja auch nicht.«

Das war richtig. Sohairs Nachbarn beispielsweise, die über mich Bescheid wussten, waren sehr nett zu mir. Auch meine Nachbarn waren freundlich zueinander. Aber das war mir nur ein schwacher Trost.

Ein paar Tage nach unserem Einzug wachte ich auf, weil jemand an der Tür schellte. Es war so spät, dass man es schon fast früh nennen konnte. Also blieb ich liegen und hüllte mich noch enger in meinen blauen Umhang, der so gut zum Blau meiner fleckigen Matratze passte. Nach einer kurzen Pause läutete es wieder. Jo hatte einen festen Schlaf, und so hatte sie das Zimmer, das direkt auf die laute Uferstraße hinausging. Dass sie nicht aufwachte, erstaunte mich nicht. Ich tastete im Dunkeln nach einem Umhang, zog ihn über und ging an die Tür. Durch den Türspion sah ich einen Wachmann und einen von Kairos »Unberührbaren«, einen *zabelleen*, die damit beschäftigt waren, die Abfälle der Stadt aufzusammeln und zu sortieren. Ich zögerte. Nach ägyptischem Recht war ich nicht verpflichtet zu öffnen: Ich war eine Frau allein, vor der Tür standen zwei Männer, und es war mitten in der Nacht. Andererseits würden sie vielleicht stehen bleiben, auch wenn ich nicht öffnete. Da einer der beiden Männer ein Wachmann war, konnte es wichtig sein. Es war durchaus möglich, dass die Lokalverwaltung einen Wachmann schickte, um die Leute beispielsweise vor einem Feuer zu warnen. Also öffnete ich die Tür einen Spaltbreit.

»Aiwa?«, fragte ich kalt.

»Mise' al'khayr hadritik«, antwortete der Wachmann in der Höflichkeitsform. Der *zabell* stand da und hatte den Blick anstandshalber zu Boden gesenkt. Die beiden Männer sahen nicht gerade bedrohlich aus, also beschloss ich, mir anzuhören, was sie wollten. Nach allerlei gestotterten Erklärungen kam heraus, dass der *zabell* einen kaputten Staubsauger kaufen wollte, den wir hier im Bad vorgefunden und auf den Treppenabsatz gestellt hatten. Ich starrte ihn ungläubig an.

»Nehmen Sie ihn einfach«, sagte ich verblüfft.

»Wirklich?«, fragte der Wachmann.

»Ja, um Himmels willen. Gute Nacht.«

Er entschuldigte sich, ich schloss die Tür und ging wieder schlafen.

Am nächsten Morgen traf ich Omar im Lehrerzimmer unserer Schule und erzählte ihm die ganze Geschichte.

»Stell dir vor, was mir heute Nacht passiert ist«, fing ich an. Ich wusste nicht recht, ob ich die Tatsache besorgniserregend oder belustigend finden sollte, und entschied mich für die witzige Variante. »Heute um zwei Uhr morgens kam ein Wachmann mit einem der *zabelleen* an die Tür und versuchte, uns den alten Staubsauger abzukaufen, den wir gefunden haben.«

Omar beugte sich vor. »Was?«, sagte er mit allen Anzeichen des Ärgers in der Stimme. Ich fühlte mich unbehaglich und versuchte, es zu verbergen.

»Ja, sie standen da, als wäre es heller Tag und …«

»Er kam *mitten in der Nacht* an *deine* Tür und in Begleitung eines *anderen Mannes?*«

Mittlerweile begriff ich, dass da etwas nicht stimmte.

»Ja.«

Omar erhob sich abrupt. »Ich muss mal schnell telefonieren«, sagte er und nahm sein Handy heraus.

»War das schlimm?«, fragte ich und kam mir dumm vor.

»Das war ein Test«, sagte er kurz angebunden und verließ den Raum.

Als wir im Bus nach Hause fuhren, bat ich ihn, mir doch zu erklären, was vorgefallen war, aber er wich meinen Fragen zunächst aus. Schließlich erfuhr ich, dass die Militärs, die in unserem Häuserblock für Ordnung sorgten, auf Bewohner, die sie als schwach einschätzten, gern Druck ausübten. Natürlich durfte dies nicht in offenkundige Straftaten wie Diebstahl oder Vergewaltigung ausarten, man griff vielmehr zu psychologischen Mitteln. Da der Westen sie auf internationaler Ebene gängelte, konnten sie die Gelegenheit, zwei westliche Frauen zu belästigen, nicht ungenutzt verstreichen lassen. Und was noch besser war: Eine dieser Frauen würde bald einen Ägypter heiraten, was weitere Möglichkeiten eröffnete.

Außerhalb der Luxuswelt, in der Ausländer und die prowestliche ägyptische Elite leben, funktioniert die ägyptische Familie wie ein Schutzschild, um so ungreifbare (und für den Westen meist nicht nachvollziehbare) Werte wie Ehre oder Status zu wahren – dabei geht es letztlich um den Einfluss in der gesellschaftlichen Nische, in der diese Familie sich ihren Platz erkämpft hat. Die Wachen hatten mich als schwächstes Glied meiner neuen Familie ausgemacht. Und so versuchten sie herauszufinden, wie weit sie gehen konnten – bei mir und natürlich bei Omar.

Wie sich herausstellte, hatten sie bei Omar keinerlei Erfolg. Er ging zur Stadtverwaltung, die für unseren Bezirk zuständig war. In der Folge wurde der fragliche Wachmann zu acht Tagen Gefängnis verurteilt. Omar teilte uns dies mit, um Jo und mich zu beruhigen.

»Gefängnis?« Jo sah mich ratlos an.

Ich biss mir auf die Lippen. Natürlich hatte auch ich die Situation klären wollen, doch die Vorstellung, dass jemand meinetwegen hinter dieser Mauer mit der Stacheldrahtkrone schmoren musste, war mir unerträglich.

»Ich weiß nicht, ob deswegen wirklich jemand ins Gefängnis sollte«, warf ich unsicher ein. »Vermutlich wollte der Idiot einfach nur sehen, wie weit er gehen kann, und wollte uns gar nichts Böses.«

»Diese Lektion wird er sich merken«, murmelte Omar, aber ich merkte, dass auch er unsicher geworden war. Später ging er noch einmal los und sprach mit dem Vorgesetzten des Mannes, so dass die Strafe auf Lohnabzug reduziert wurde.

Obwohl Jo und ich uns wünschten, den Kerl loszuwerden, wurde er nicht in ein anderes Gebäude versetzt. Er saß Tag für Tag im schmutzigen Eingangsbereich unseres Hauses wie ein zweibeiniger Zerberus, rezitierte den Qur'an und starrte uns voller Feindseligkeit an, wenn wir vorübergingen. Nur am Morgen, wenn er unter seiner

Decke schlief, mussten wir uns nicht seinen bösen Blicken aussetzen. Wenn wir um sieben Uhr morgens zur Schule gingen, schlichen wir auf Zehenspitzen an ihm vorbei, um ihn nicht zu wecken.

Nach dem Ärger mit dem Wachmann lernten Jo und ich, uns mehr und mehr auf das Wohlwollen der Ladenbesitzer um die Ecke zu verlassen. Da es – möglicherweise aufgrund des fundamentalistischen Einflusses – im Viertel kein Kaffeehaus gab, war der Laden die soziale Schaltstelle. Alle Welt ging dort aus und ein, kaufte Eier, Oliven, Käse, Brot, Öl zum Braten, Zündhölzer und andere wichtige Dinge für den Haushalt. Aus irgendeinem Grund – den ich nicht kenne, für den ich aber immer noch dankbar bin – zeigte die Familie des Ladenbesitzers Mitleid mit uns, was unseren Aufenthalt in Tura erträglicher machte.

Anfangs war ich im Laden eher gehemmt. Meiner Erfahrung nach war dies immer noch besser, als allzu freundlich zu erscheinen, vor allem, wenn man einem Mann nicht offiziell vorgestellt worden war. In den ersten Wochen schlich ich durch den Laden und sammelte alles ein, was ich brauchte, ohne je auch nur ein Wort zu fragen und ohne jemanden anzusehen. Das war nicht immer einfach. Ich hatte im College modernes Standardarabisch gelernt, also das, was man gewöhnlich in der Zeitung liest. Die gesprochene Sprache auf den Straßen Ägyptens unterschied sich davon massiv. Um beispielsweise die Aufschrift auf einem Päckchen Bohnen zu entziffern, musste ich es mehrere Minuten lang anstarren. Das gab anderen Leuten im Laden wiederum die Gelegenheit, mich anzustarren. Eines Tages, als ich die Aufschriften auf dem Gewürzregal studierte, hörte ich, wie jemand hinter mir etwas sagte.

»Erfa«, erklang es da, während eine Hand auf eines der Gläser zeigte. Erschrocken blickte ich auf. Es war einer der Ladenbesitzer. Er war um die dreißig und hatte einen

großen Schnurrbart, unter dem sich jetzt ein wohlwollendes Lächeln abzeichnete. *»Isama erfa«*, wiederholte er.

»Shokran«, murmelte ich. »Danke.«

»Afwan«, antwortete der Mann freundlich, »aber gerne. *»W'da camoon. Camoon.«*

»Camoon«, wiederholte ich, »Kümmel.« *Erfa* hieß, wenn ich mich recht erinnerte, Zimt.

Er nickte. *»Sah, hadritik«*, meinte er. »Ganz recht, gnädige Frau.«

Dieses Muster prägte unsere weiteren Beziehungen, denn von einer Freundschaft im »westlichen« Sinn des Wortes konnte man kaum sprechen. Jo und ich kauften bei Mohammad und Namir ein, und diese brachten uns gesprochenes Arabisch bei. Wir traten ein, ob allein oder gemeinsam, und kaum hatten sie uns guten Morgen, guten Abend oder gute »So spät kann es auch nur in Kairo sein« gewünscht, fragten Mohammad und Namir uns aus.

»Was ist das?«, sagte Mohammad und hielt ein Ei hoch.

»Das ist ein Ei«, sagte ich dann.

»Rot oder weiß?«

»Rot.«

»Und das da?«

»Das ist Käse.«

»Was für ein Käse?«

»Falamank? So genau weiß ich das nicht.«

»Ja, es ist Falamank, und er ist frisch. Kosten Sie ein bisschen davon.«

Sie waren immer höflich und freundlich. Indem sie uns vor aller Augen so behandelten, trugen sie dazu bei, das Misstrauen zu reduzieren, das unsere Nachbarn uns gegenüber hegten. Mohammad und Namir schützten unsere Ehre, indem sie uns in ihrem Laden behandelten wie arabische Frauen, also mit Respekt. Zum ersten Mal wurde mir dies bewusst, als ich eines Nachmittags Brot kaufte.

Ich stand zwischen den Regalen, als ein rundgesichtiger Mann mittleren Alters näher trat und mich, ohne sich vorzustellen, fragte: »Entschuldigen Sie, aber sind Sie Amerikanerin?«

Diese Frage wäre in den USA völlig unverfänglich, in Tura aber war sie schon recht unverschämt. Einen Sekundenbruchteil lang fragte ich mich, was ich antworten sollte. In diesem Augenblick sah ich Namir und Mohammad innehalten und den Mann mit kritischen Blicken mustern. So gaben sie ihm wortlos zu verstehen: »Lass das. Tritt einen Schritt zurück und sprich sie auf gesittete Weise an.« Der Mann verstand, machte einen Schritt zurück und neigte den Kopf, so dass er mich nun von unten her ansah, eine symbolische Geste der Ehrerbietung.

»Es tut mir leid, meine Dame«, sagte er auf Arabisch.

»Ist schon in Ordnung«, gab ich zurück. Mohammad und Namir hatten sich wieder entspannt, passten aber immer noch auf.

»Ich frage nur, weil meine Frau ebenfalls Amerikanerin ist«, sagte der Mann auf Englisch zu mir. »Ich habe mich gefragt, ob Sie ihr vielleicht einen Besuch abstatten würden. Sie freut sich, wenn sie ein Gesicht aus der Heimat sieht. Im Moment ist sie noch in den USA, aber sie wird in einem Monat wieder zurück sein.« Er nannte mir die Adresse und verbeugte sich kurz.

»Aber gerne«, antwortete ich, erfreut und verwirrt zugleich. »Danke sehr.« Ich konnte mir gar nicht vorstellen, dass es außer uns weitere Amerikaner in Tura geben sollte.

»Keine Ursache«, sagte der Mann mit einer erneuten Verbeugung. Schon war er draußen.

Als die Tür sich hinter ihm schloss, ging ein Aufatmen durch den Raum. Die beiden Ladenbesitzer machten sich wieder an ihre Arbeit.

»*Kulu tamem?*«, fragte Namir. »Alles in Ordnung?«

»Ja«, sagte ich. »Alles in bester Ordnung.«

Er sah aus, als wolle er etwas sagen, habe es sich aber im letzten Moment verkniffen. Stattdessen legte er noch ein Brot oben auf meine Einkäufe, eine Geste der Freundschaft, die ich nie ganz verstanden habe. In den folgenden Wochen achtete ich auf die Frauen in Tura, um vielleicht die geheimnisvolle Amerikanerin zu entdecken – ohne Erfolg. Vielleicht gehörte sie ja zu den voll verschleierten Frauen und wollte auf diese Weise ihre Identität verbergen. Vielleicht ließ ich mich aber auch täuschen, obwohl ich mich in Tura mittlerweile schon ganz gut auskannte.

Dieser Ort hat in mir Spuren hinterlassen, innerlich und äußerlich. Ich fing mir so viele Darmparasiten ein, dass ich lernte, anhand meiner Schmerzen zwischen bakteriellem Durchfall und Amöbenruhr zu unterscheiden. Eine Nierenentzündung wurde so schlimm, dass ich beinahe im Krankenhaus landete. Und dann die Insekten: Schwärme von Moskitos, die auf unseren Armen dicke Quaddeln hinterließen, Maden und Raupen im Essen, Spinnen, deren Bisse sich, wenn sie nicht behandelt wurden, zuerst in taube Stellen, dann in offene Wunden verwandelten. Beide entwickelten wir etwas, was ich scherzhaft *Anorexia bacteriosa* nannte, eine unüberwindliche Abneigung gegen Essen in der Folge verschiedener schlechter Erfahrungen mit Nahrungsmitteln aller Art. Wir aßen immer weniger und weniger, bis wir nur noch dann etwas zu uns nahmen, wenn wir vor Schwäche beinahe umkippten. Noch lange Zeit danach war mir das Gefühl eines vollen Magens so unangenehm, dass ich nur etwas aß, wenn mich der Hunger dazu zwang. Sobald ich auch nur einen Bissen mehr zu mir nahm, hatte ich die Zwangsvorstellung, dass ich innerlich verfaulte und verweste. Fotos, die zu jener Zeit von mir und Jo gemacht wurden, zeigen zwei Frauen, die kaum noch als solche zu erkennen sind: düster, aschfahl und mit dicken, dunklen Ringen unter den Augen.

All dies hätten wir uns ersparen können: Jede Ägypterin lernt schon als Kind, wie man zwischen einer guten Tomate und einer von Würmern befallenen unterscheidet. Die Nachbarinnen hätten ihr geholfen, einen guten Metzger zu finden. Jo und ich dagegen, die kein solches Netzwerk hatten, verzichteten schließlich ganz auf Fleisch. Ihre Mutter hätte ihr gezeigt, wie sie einmal pro Woche ihre Teppiche in die Sonne hängen sollte, um so Keime und Insekteneier abzutöten. Sie hätte ihre Türschwelle mit Kerosin bestrichen, um Ameisen und Wanzen fernzuhalten, und ihr Brot in den Kühlschrank gelegt, damit es über Nacht nicht schimmlig wurde.

Auch ich habe diese Dinge gelernt, doch leider viel zu spät. Omar half uns, so gut er konnte, doch vieles war auch ihm nicht bewusst. Für ihn war das Leben in Tura Alltag. Er konnte sich gar nicht vorstellen, dass man darin nicht zurechtkam. Jo und ich aber waren zu stolz, Sohair um Hilfe zu bitten. Und Sohair respektierte unseren Wunsch nach Unabhängigkeit. Jahre später, als ich ihr erzählte, wie wir damals gelebt hatten, sah man ihr die Schuldgefühle förmlich an. Daraufhin versuchte ich, das Thema zu vermeiden, weil ich mittlerweile begriffen hatte, was sich damals abgespielt hatte. Wenn sie einen geschlachteten Büffel im Schaufenster sah, war das für sie Fleisch, für mich aber hatte diese rote Masse nichts Essbares an sich. Liegen die Instinkte aber so weit auseinander, lässt sich das durch Worte kaum überbrücken. Sie konnte sich nicht einmal ansatzweise vorstellen, wie hilflos wir damals waren.

Ich aber verinnerlichte damals eine Lektion, die ebenso wichtig wie kräftezehrend war: Alle Bildung der Welt, erworben an den besten Universitäten und unter den besten

Lehrkräften, hilft einem nicht, einen Kosmos zu begreifen, den man selbst nicht erlebt hat. Das sogenannte »Expertenwissen« ist nichts weiter als ein Mythos. Nahost-Experten, die nie ohne Hilfe im Nahen Osten gelebt haben, sind keine. Wer tatsächlich versucht, das Verhalten von wirklichen Menschen unter Stress vorherzusagen, reagiert bestenfalls kurzsichtig. So wurde für mich in dieser Betonschachtel in Tura mein intellektuelles Wissen immer nutzloser, die Lebenserfahrung eines normalen Ägypters hingegen immer begehrenswerter. Fundiertes Verständnis safawidischer Kunst? Ein Gefühl für die Schönheiten der arabischen Grammatik? Damals hätte ich meine gesamte Bildung für eine insektenfreie Bleibe und drei hygienisch einwandfreie Mahlzeiten am Tag gegeben!

Die rein räumliche Nähe zu den Fundamentalisten, die uns verabscheuten, und zu den normalen Ägyptern, denen wir anscheinend Angst einjagten, bewirkte zumindest eines: Ich verstand endlich, welche Form einer antiwestlichen Haltung in Gewalt mündet und welche nicht. In den Jahren nach dem 11. September führten viele sogenannte Experten den islamistischen Terrorismus auf die Armut vieler muslimischer Länder zurück. Und das, obwohl die Männer, die die Anschläge verübten, aus der Oberschicht kamen; obwohl die Terroristen, die am 7. Juli 2005 die Anschläge auf die Londoner U-Bahn verübten, ihre Wurzeln in der Mittelschicht hatten; und obwohl die Aktivitäten *mittelloser* Terroristen sich gewöhnlich auf Anschläge auf andere Muslime (oder Juden) bei nationalistischen Ausschreitungen in Israel, Palästina, Pakistan sowie im Nachkriegs-Afghanistan und -Irak beschränken. Natürlich könnte man argumentieren, dass es schlicht mehr Geld erfordert, eine Boeing 747 in ein Hochhaus zu fliegen, als eine selbstgebastelte Bombe in einem Gemüselaster zu verstecken. Was bedeuten würde, dass nur reiche Terroristen sich internationale Terrorakte leisten können, während arme Terroristen sich eben mit Sprengstoffanschlägen in der unmittelbaren Umgebung begnügen müssen. Doch es bleibt eine Tatsache, dass gewaltbereite Extremisten aus allen nur erdenklichen ökonomischen Verhältnissen stammen.

Offenkundig sind wirtschaftliche Unterschiede also nicht der entscheidende Faktor. Unsere Nachbarn in Tura verabscheuten uns ja nicht aus religiösen Gründen, sondern weil sie in uns eine Bedrohung ihrer Sicherheit und Lebensart sahen. Ihre antiwestliche Einstellung mochte in ökonomischen Faktoren wurzeln, doch sie wuchs sich nicht zu Jihad-Phantastereien aus. Ich glaube heute noch, dass unsere Nachbarn uns geholfen hätten, wären wir je tatsächlich an Leib oder Leben bedroht worden. Unsere Nachbarn wollten vor allem eines: Ärger mit ausländischen Regierungen vermeiden.

Ich glaube, dass diese Erfahrung sich auch auf einen größeren Maßstab übertragen lässt: Die Menschen aus dem Nahen Osten, die in meiner Gegenwart je eine negative Einstellung dem Westen (und hier vor allem den USA) gegenüber äußerten, taten dies vor allem, weil sie den Westen als militärischen und wirtschaftlichen Moloch sahen, der ganze Länder in Schutt und Asche bombt, die lokale Industrie ihrer Absatzmöglichkeiten beraubt (obwohl hier der Weltmeistertitel allmählich an China übergeht) und trotzdem unendlich erfolgreich ist, während der Nahe Osten einfach nicht auf die Beine kommt. Religion hat mit diesem antiwestlichen Gefühl in den meisten Fällen nichts zu tun.

Die Fundamentalisten hingegen, die wir von unserem Badezimmerfenster aus beobachten konnten, hassten uns aus stark religiös motivierten Gründen. Im Schatten dieses Minaretts wurde mir eines deutlich: Der Zorn der Extremisten hier hatte wenig mit dem amerikanischen Militär zu tun. Die Situation im Irak lieferte den Extremisten nur einen Vorwand für ihren Hass und half ihnen, auch bei gemäßigten Muslimen Gehör zu finden. Doch der Irak war nicht die *Ursache* ihres Zorns. Die Fundamentalisten hassten vielmehr die amerikanische Kultur. Allein die Vorstellung, dass man in den USA Ratschläge zur Lebenshilfe auf Tonband kaufen kann und es keine scharf umrissenen Grenzen zwischen »richtig« und »falsch« gibt, entsetzte sie. Sie wollten nicht ins Kino gehen und dort Sympathie für ehebrecherische Paare empfinden. Der Materialismus, der sich allmählich in Ägypten und in der gesamten Golfregion breitmachte und ganze Städte wie Dubai oder Jeddah zu Shoppingmeilen verkommen ließ, rief ihre Ablehnung hervor. Und für eben diesen Materialismus machten sie den Westen verantwortlich.

Ich bemühte mich, meinen ägyptischen Freunden (denn diese Sorge beschränkte sich keineswegs nur auf extremistische Kreise) zu erklären, dass die Konsumkultur im Westen auf eine überraschend komplexe und fein abgestimmte Weise funktioniert. Sie mag ihre ungesunden Seiten haben, aber sie ist in gewisser Weise auch austariert. Sie hat Subkulturen und soziale Informationssysteme hervorgebracht, die eine ganz neue Symbolwelt geschaffen haben. Der Materialismus, wie wir ihn heute kennen, hat seinen Ursprung tatsächlich im Westen. Er ist dort zu Hause, ein Retrovirus, der sich in der genetischen Matrix unserer Zivilisation eingenistet hat, ohne noch großartig Schaden anzurichten. Die Menschen im Nahen Osten aber haben jahrhundertelang dafür gekämpft, ihre Kultur von allem Symbolischen, Ikonenhaften und Überflüssigen frei zu halten. Daher kann sich der Materialismus in diesem Umfeld geradezu seuchenartig verbreiten und führt zu künstlerischer Sterilität und deutlichen Auswüchsen.

Den Fundamentalisten schien am meisten Sorge zu bereiten, dass in der westlichen Kultur alles so leicht erreichbar war. Was immer man sich wünschte, ob Konsumgüter, emotionale Höhenflüge, Sex oder Spiritualität, stand auf Knopfdruck für jedermann zur Verfügung. Nichts war noch verborgen oder erforderte gar eine wie auch immer geartete Anstrengung. Im Westen erregt hingegen alles Verborgene Verdacht. Verfügbarkeit und Ehrlichkeit sind dort eng miteinander verknüpft. Das stellt einen großen Gegensatz zur islamischen Kultur des Nahen Ostens dar, in dem alles, was kostbar, vollkommen und heilig ist, verborgen liegt: die Kaaba, die Gesichter von Engeln und Propheten, der Körper der Frau, die Himmel. Entsprechend beklagten die Fundamentalisten den Verlust der Werte und ihrer sich selbst rechtfertigenden Schönheit. Sie wussten, dass der traditionell arabische Islam – in dem man sich der Wahrheit und der Liebe, ja Gottes selbst erst würdig erweisen muss – gegen die Verlockungen des westlichen Lebensstils nicht bestehen konnte. Daher dämonisierten sie die Verlockung als solche.

Ich lernte viel über den Extremismus, wenn ich den Imamen in unserer Nachbarschaft bei der Freitagspredigt lauschte. Ich stand in der Türöffnung unseres Badezimmers und sah auf das Minarett hinaus, das sich wie ein knochiger Finger über die Nachbarschaft erhob. Dahinter war der Nil sichtbar, der sich zwischen Binsen in eine Böschung schmiegte. Ich bekam immer nur einen kleinen Teil der *khutba,* der Freitagspredigt, mit. Omar und Ibrahim erzählten mir dann später, was noch gesagt worden war. Eine typische *khutba* des »Hammers der Ungläubigen«, wie meine Mutter den Imam taufte, beschränkte sich auf das Alltagsleben: korrektes Verhalten beim öffentlichen Gebet, die Länge der Kleidungsstücke, oder den Fuß, mit dem man als Erstes das Badezimmer betreten sollte. Doch alle paar Wochen überkam den Imam ein religiöser Eifer, vermutlich, weil er sich über die Laschheit derjenigen ärgerte, die nur zum Freitagsgebet kamen, weil die Scharia sie dazu verpflichtete. (Frauen haben hier die freie Wahl.) Dann stieß er mörderische Flüche gegen die gottlosen amerikanischen Soldaten im Irak aus, verdammte die moralischen Verfehlungen der Muslime, die sich nicht an den wahhabitischen Kodex hielten, und erging sich in wüsten Monologen über die Gefahren und Sünden der materiellen Welt. Natürlich achtete er darauf, nie Kritik am Mubarak-Regime zu äußern oder gar offen zur Gewalt aufzurufen. Irgendwie schaffte er es immer, Ärger mit den Sicherheitskräften der Regierung zu vermeiden.

Ich denke oft darüber nach, ob ich in Ägypten geblieben wäre, wenn es Omar nicht gegeben hätte. Denn in diesem ersten Jahr fühlte ich mich ständig erschöpft, krank und isoliert. Obwohl Omars Familie alles tat, um mir zu helfen, konnten sie nur bedingt etwas tun. Sie waren ja hier aufgewachsen, sie konnten nicht verstehen, weshalb ich mich hier nicht eingewöhnte und warum das Leben in Tura mich so sehr belastete. Daher wollte ich auf keinen Fall nach Hause reisen, bevor ich nicht ein Jahr in Ägypten verbracht hatte – und das, obwohl ich Omar liebte, ich quasi mit ihm verheiratet war und seine Familie mich geradezu verwöhnte. Außer Jo erzählte ich niemandem davon, aber ich hatte Angst, dass ich nicht mehr die Kraft aufbringen würde, nach Ägypten zurückzukommen, wenn ich zwischendurch nach Hause fuhr. Natürlich tat ich mein Möglichstes, um meine Zweifel nicht sichtbar werden zu lassen, aber einige Mitglieder von Omars Familie spürten es wohl trotzdem. Onkel Sherif, der mir meinen muslimischen Namen gegeben hatte, sah mich des Öfteren mit besorgtem Mitgefühl an, als versuche er im Stillen, sich ein

Bild zu machen. Unter seinen Blicken fühlte ich mich wie eine verkümmernde Blume, bei der er entscheiden musste, ob sie mehr oder weniger Sonne, mehr oder weniger Wasser brauchte, um in diesem ungewohnten Klima zu überleben. Doch ich sagte weder ihm noch jemand anderem aus meiner Adoptivfamilie, was ich tatsächlich gebraucht hätte. Da sie es mir nicht hätten geben können, hätten sie sich nur Sorgen gemacht. Ich aber wünschte mir: durch die Straßen gehen zu können, ohne belästigt zu werden, ganz allein in einem Café sitzen zu können, eiweißreiche Nahrung und Bücher. Ich konnte einfach nicht akzeptieren, dass mein Pass mich zwar zu diesen Dingen berechtigte, es für Ägypter jedoch unmöglich war, und so konnte auch ich mich nicht guten Gewissens wie die anderen Ausländer durch Kairo bewegen. Ich steckte fest zwischen zwei wortlosen Welten: dem Schweigen, das mich davon abhielt, den mich liebenden Menschen zu sagen, was ich brauchte, und dem Schweigen, das mich hinderte, die Gesellschaft anderer Menschen aus dem Westen zu suchen.

Dieses Schweigen machte mich jedoch zu einer wahren Gläubigen: Ich hatte Einblick in etwas erhalten, das weit größer war als jede Kultur, und ich glaubte leidenschaftlich daran. Und weder Wut noch Widerspruch konnten mich daran hindern, zu glauben. Für mich ist der Glaube an das Potenzial des Menschen unauflöslich verknüpft mit dem Glauben an Gott. Omar und ich richteten uns in dieser Zeit – und mit uns auch unsere Familien – in unserer dritten Kultur ein, die über Monate und Jahre ihre eigenen Wahrheiten, ja fast eine eigene Sprache entwickelte: Arabisch und Englisch gaben zusammen genommen ein Gemisch, in dem sich unsere Vorstellungen und Ideen ausdrücken ließen. In der Öffentlichkeit lebten wir getrennt. Doch diese private Welt ließ in uns eine neue Hoffnung aufkeimen: Ich begann allmählich zu glauben, dass sich so etwas auch im öffentlichen Raum verwirklichen ließe. Seit ich erstmals dieses gemeinsame Band zwischen unseren Kulturen gespürt hatte, war es für mich existent, und ich zweifelte nicht einmal in meinen schlimmsten Augenblicken an der Existenz, Augenblicken, in denen ich mich so sehr nach etwas Vertrautem sehnte, dass ich an meiner Entschlossenheit zweifelte, weitermachen zu können.

Zum ersten Mal in meinem Leben war ich mit größerer Leidenschaft bei dem, was ich tat, als bei dem, was ich mir wünschte. Ob dieser Eifer nun aus dem Islam kam oder aus dem Wunsch, für Omar zu kämpfen, oder aus der Tatsache, dass ich etwas entdeckt hatte, das tiefer ging als die beiden Kulturen, zwischen denen ich mich bewegte, weiß ich bis heute nicht. Im Leben eines Menschen gibt es unendlich viel Raum. Ich musste nur dafür sorgen, dass ich in Ägypten leben konnte, und darum bemühte ich mich mit einer Kraft, die mich selbst überraschte – und die gelegentlich unerwartete Früchte trug.

Eines Tages war ich im Frauenabteil der U-Bahn unterwegs, als die Türen sich schlossen und ich ein Mädchen schreien hörte, als würde es angegriffen. »Was ist denn da los?«, fragte ich eine Frau in mittleren Jahren, die neben mir stand. Sie wandte sich an eine andere Frau. In der Zwischenzeit hatten sich alle möglichen Frauen um das Kind geschart, gaben ihm Wasser, Taschentücher und Bonbons. »Ihre Hand wurde in der Tür eingeklemmt«, erzählte mir die Frau. »Aber sie hat sie herausbekommen. Jetzt geht es ihr gut.«

Ich merkte, dass ich unwillkürlich aufgestanden war und mich auf das Mädchen zubewegt hatte. Hätte es tatsächlich ein Problem gegeben – einen Dieb beispielsweise oder einen Mann mit einem Messer –, wäre ich sofort eingeschritten. Einen Augenblick lang fühlte ich mich schwindlig. Ich musste an einen ähnlichen Vorfall in der

U-Bahn in Boston denken. Während der Rushhour hatte ein Mädchen plötzlich zu schreien begonnen. Das Mädchen damals war nur zwischen zwei Passagieren eingekeilt worden, doch als es schrie, hatte ich mich unwillkürlich in meinen Sitz geduckt. Offensichtlich hatte sich in der Zwischenzeit etwas verändert. Obwohl ich nach meiner Ankunft in Ägypten so viele Verhaltensweisen hatte ablegen oder ändern müssen, war ich keineswegs weniger ich selbst. Ich war vielmehr meinem besseren Selbst nähergekommen. Überrascht stellte ich fest, dass ich tatsächlich aufgestanden wäre und geholfen hätte, selbst wenn es einen Kampf gegeben hätte. Als die U-Bahn weiterrauschte, hatte ich zum ersten Mal seit Jahren das Gefühl, dass womöglich doch alles gut werden würde. Ich hatte so viel mehr bekommen, als ich verloren hatte.

Dieses Erlebnis erinnerte mich an eine andere Erfahrung, die ich in Kairo gemacht hatte: den Tag, als Mohammad und Namir mich beschützt hatten, nur weil sie es für richtig hielten. Nun verstand ich, was dies letztlich bedeutete: Um das Richtige zu tun, musste man mitunter Menschen verteidigen, die man nicht verstand, bei denen man, ohne es zu wollen, Angst oder Zorn auslöste. Es gibt Zeiten, in denen man nur den Glauben hat und das Vertrauen in das grundlegend Gute der menschlichen Natur, selbst wenn es gerade nicht sichtbar ist. Letztendlich zählte doch nicht, ob manche Ägypter vielleicht Angst vor mir hatten, weil ich Amerikanerin war, oder dass einige Amerikaner mich fürchteten, weil ich Muslimin war. Wichtig war vielmehr: dass die Menschen ihren Partner liebten, lachten, um ihre Toten trauerten und sich bemühten, für ihre Kinder das Beste zu tun. Dies war das gemeinsame Fundament, auf dem wir aufbauen konnten, und es war ein tragfähiges Fundament.

Auch wenn die jüngsten Ereignisse in meinem Leben

unerwartet gewesen waren, so zog sich ein roter Faden durch mein Leben, der die Berge von Colorado mit dem World Trade Center, den zarten Seifenduft auf Omars Händen mit der Schmetterlingsmoschee und dem Erlebnis in der Kairoer U-Bahn verband. Wenn wir solche Dinge nicht achten können, wenn wir nicht für sie eintreten, dann haben wir versagt, und zwar weit schmählicher als beim Kampf der Kulturen. Mein Ringen um den Islam, den ich liebte, war nicht anders als mein Ringen um den Westen, den ich ebenso liebte. Und in diesem Ringen lösten sich die Gegensätze der Kulturen auf.

Zawaj Figaro

Ich suche ein Gut,
das ich nicht habe.
Ich weiß nicht, wer es hat.
Ich weiß nicht, was es ist.
CHERUBINO in *Die Hochzeit des Figaro*

Bald nachdem Jo und ich nach Tura gezogen waren, gab ich meinen Job an der Sprachenschule auf, um mich ganz dem Schreiben zu widmen. Einige meiner Artikel waren in den USA erschienen, und in Kairo war gerade eine neue Zeitschrift in englischer Sprache gegründet worden: das *Cairo Magazine.* Ich ging ohne große Erwartungen zum ersten Treffen mit den Leuten der Zeitschrift und brachte ein paar Artikel mit, die im Bostoner *Weekly Dig* erschienen waren. Die Zeitschrift hatte Räume in einem relativ heruntergekommenen In-Viertel angemietet, in dem in den Tagen vor der Revolution für König Farouk sogar Paläste gebaut worden waren. Viele der Gebäude dort stammten aus der Zeit des Zweiten Weltkriegs und muteten nahezu europäisch an. Von den Stuckfassaden an den staubigen Straßen blätterte der Putz ab. Ich erklomm die Stufen und kam an eine Tür, die nur angelehnt war. Dahinter vernahm ich mehrere Stimmen, die Englisch sprachen, wenn auch in äußerst unterschiedlicher Färbung.

»Ich habe dir doch ausdrücklich gesagt, dass ich kein Hochglanzpapier mag.«

»Das ist doch nur ein Muster. Die zweite Ausgabe wird …«

»Das sieht doch nach Revolverblatt aus.«

»Ja, ich weiß. Ich bin ja auch deiner Meinung. Die zweite Ausgabe wird dann auf mattem Papier gedruckt. Da ist jemand an der …«

Die Tür wurde geöffnet, und eine Frau in meinem Alter erschien. Ich sah sofort, dass sie Amerikanerin war. Wir trugen fast identische Pullover mit U-Boot-Ausschnitt und Blusen mit Button-down-Kragen. Ich gab mir einen Ruck und versuchte auszusehen, wie meiner Ansicht nach eine amerikanische College-Absolventin auszusehen hatte. Offensichtlich hatte ich damit Erfolg.

»Sind Sie hier für das Meeting? Treten Sie ein.« Die Frau lächelte und schob die Tür noch ein Stück auf. In dem Raum saßen etwa ein Dutzend Leute mit Laptops und Papier bewaffnet hinter dichten Schwaden von Zigarettenrauch. Das Büro war eher eine Flucht von Räumen, die in Puderfarben gestrichen waren und von nackten Glühbirnen erhellt wurden. Die großen, altmodischen Fenster gingen auf eine der dunklen Gassen hinaus, über die Nagib Machfus geschrieben hatte, Gassen, in denen sich Hunderte staubbedeckter Geschichten abspielten. Das Whiteboard im größten Raum war vollgekritzelt mit dringenden Terminen und Vorschlägen für Storys. Im Halbkreis davor saßen acht bis zehn Leute, die im Durchschnitt alle unter fünfunddreißig waren, ihr Notebook auf dem Schoß.

»Wir fangen gerade an«, sagte die Frau, die mich hereingelassen hatte. Ihr Name war Faye, sie war die Chefin vom Dienst. »Setzen Sie sich.«

»Danke.« Ich ließ mich auf einen Stuhl am Rand sinken, und Faye eröffnete das Meeting. Wir stellten uns alle vor. Der Kulturredakteur war Richard Woffenden, ein silberhaariger Mann mit fröhlichem Lachen, dessen Gesicht unter den Ausländern in Kairo nicht unbekannt war. Der Rest war eine Mischung aus jungen ausländischen und ägyptischen Journalisten. Dazu kamen noch zwei Praktikanten von der Fakultät für Journalismus an der Universität Kairo, die vielleicht gerade mal zwanzig waren. Schon bei diesem ersten Meeting spürte ich, dass es hier um mehr ging als um Sensationsstorys. Die Redaktion wollte junge ägyptische Journalisten fördern, damit diese aus eigener Sicht über das Geschehen vor Ort berichteten. Eine derartig solidarische Haltung hat gerade unter Journalisten, die stets um öffentliche Aufmerksamkeit und Publikationsmöglichkeiten kämpfen, Seltenheitswert.

Mein erster Auftrag allerdings war eher langweilig: *Die Hochzeit des Figaro* sollte an der Oper von Kairo in Arabisch aufgeführt werden. Die Zeitschrift brauchte jemanden, der einerseits genug Arabisch, andererseits genug von Opern verstand, um einen Artikel darüber schreiben zu können. Und so fand ich mich eines Nachmittags in einem Probensaal wieder und hörte im gedämpften Licht eine junge Sopranistin namens Reem den Part des Cherubino singen und dachte über die merkwürdigen Wechselfälle des Lebens nach. Kurz nachdem ich krank geworden war, hatte ich im College eine Studentenaufführung des *Figaro* gesehen. Damals hatte ich noch keine Routine darin, Tag für Tag gegen meine Krankheit anzukämpfen. Ich ging nicht mehr auf Partys, mein Fortkommen am College war gefährdet, Schmerzen und Schlaflosigkeit setzten mir zu. Ich konnte kaum längere Zeit still sitzen und fühlte mich nur wohl, wenn ich mich bewegte oder im Bett lag. Während des zweiten Aktes wurde mir schwindlig. Doch als ich mich zusammenriss und mich konzentrierte, stellte ich fest, dass diese komische Oper recht lustig war.

»Wie finden Sie's?«, fragte die Sopranistin mich und ließ sich neben mir auf einen Stuhl fallen. Sie strahlte und war ein bisschen außer Atem. Hinter uns klagte die Gräfin über ihren untreuen Gemahl. Dieser wiederum saß mit seiner Zweitbesetzung in einer Ecke und dozierte über die

Qualitäten von türkischem Kaffee. (»Er ist schlecht für deine Stimme!«, behauptete der Graf.) Durch das sternförmige Muster des Gitterwerks vor dem Fenster sah man den Himmel. Der übliche von Staub und Schmutz überlagerte Grauton war einem tiefen Blau gewichen.

»Ich finde es wunderschön«, sagte ich zu der Frau. »Auf Arabisch hört sich die Oper lustiger an als auf Italienisch. Das klassische Arabisch ist so ungeheuer ernst. Alles auf subkoranischer Ebene wirkt ohnehin fast hysterisch. Wenn es dann noch Repliken sind wie »Wer klopft an meine Tür?« und »Will er tanzen, der Herr Gräflein«, fällt man vor Lachen fast vom Stuhl.« »Subkoranisch!« Reem lachte. »Das Wort habe ich noch nie gehört.«

»Das habe ich mir ausgedacht. Es soll so viel bedeuten wie ›alles unterhalb der Stilebene des Qur'an‹.« Ich klappte mein Notebook auf. »Obwohl Sie den Figaro auf Arabisch aufführen, haben Sie die ursprünglich italienischen Kostüme beibehalten. Glauben Sie, dass es so etwas wie eine universelle Kunst gibt? Kunst, die jeder mag, ganz egal, woher er stammt?«

»Glauben Sie das denn?«, fragte Reem zurück.

»Nein«, sagte ich. »Das tue ich nicht. Ich glaube, dass es zwar universelle Ideen gibt, aber keine universelle Kunstform, die sie auszudrücken vermag.«

»Vielleicht haben Sie recht«, meinte Reem höflich. Sie wirkte nachdenklich.

»Sie sind anderer Ansicht?« Ich fragte mich, ob sie mich überhaupt verstanden hatte.

Sie neigte den Kopf zur Seite. »Ich glaube, jeder Mensch weiß, was eine Geschichte ist«, antwortete sie. »Das jedenfalls ist universell.«

Ihre Worte gingen mir noch lange Zeit im Kopf herum. Wie so häufig, wenn man im Gespräch die Muttersprache und die damit ererbten Blickwinkel hinter sich lässt, fragte ich mich, ob wir uns nun besonders gut verstanden oder aneinander vorbeigeredet hatten.

Dieselbe Frage stellte sich mir in Bezug auf unsere Situation in Tura. Jo und ich blieben dort fremd. Wir hätten uns auch nicht einleben können, wenn wir Jahrzehnte dort geblieben wären. Mit der Zeit war die offene Feindseligkeit unserer Nachbarn einer mürrischen Duldung gewichen. Mitunter vergaßen sie sich sogar und waren nett zu uns. Immerhin waren sie ja zueinander freundlich, und die abrupte Kälte, mit der sie uns begegneten (oder aus dem Weg gingen), zeigte einmal mehr, wie viel Angst wir ihnen offenkundig machten. Wenn ich eventuellen amerikanischen Bekanntschaften die merkwürdige Beziehung beschrieb, die wir zu unserer Umwelt hatten, bat ich sie, sich doch vorzustellen, zwei nicht verheiratete, sarigewandete Bengalinnen eröffneten einen Laden in einer Kleinstadt in Oklahoma. Möglicherweise lässt sich eine derartige Situation nie harmonisch lösen, doch das heißt nicht, dass sie deshalb zum Scheitern verurteilt ist. Es gibt immer Hoffnung auf Verständigung, solange wir den Anspruch haben, alle Menschen gleich zu behandeln. Wir alle sehnen uns nach Freundlichkeit. Und wir sind vor allem zu denen grausam, die uns daran erinnern, dass wir selbst grausam sein können. Genau das war es, was Jos und meine Beziehung zu unseren Nachbarn so schwierig machte: Sie mochten nicht, was in unserer Gegenwart aus ihnen wurde.

Doch auch das Gegenteil kommt vor: Ich habe erlebt, wie Menschen aus dem Westen mit einem durch und durch liberalen Background sich als völlig unfähig erweisen, in einer konservativen Gesellschaft mit ihren geringen Freiräumen zu leben. Dann greifen sie unwillkürlich auf genau die Herrenrassen-Mentalität zurück, die sie selbst so sehr hassen. Und prompt hassen sie die Ägypter dafür, dass sie sich unter diesen Umständen selbst nicht mehr leiden können.

Genau darum geht es beim Kampf der Kulturen: nicht darum, dass man den anderen hasst, sondern darum, dass man sich um des anderen willen selbst hasst. Dann breitet sich der Hass umso leichter aus, was es besonders schwierig macht, ihm entgegenzutreten, selbst wenn man von der Notwendigkeit überzeugt ist.

Obwohl unsere Beziehungen zur Nachbarschaft sich allmählich verbesserten, blieb der Alltag in Tura weitgehend vom Zufall bestimmt, als habe der Ort es sich zur Aufgabe gemacht, uns zur Zwiespältigkeit zu erziehen. Am einen Tag überreichte uns der Obsthändler mit einem Lächeln die erste Mandarine der Saison und weigerte sich, dafür Geld anzunehmen, am nächsten blies ein Khamaseen-Sandsturm geschliffene Staubkörner durch die kleinsten Ritzen unserer Behausung, so dass wir tagelang schwarzen Schleim spuckten. Einmal schickte der »Hammer der Ungläubigen«, wie von göttlicher Gnade ergriffen, seinem Ruf zum Gebet eine Rezitation von Qur'an-Versen voraus, die so schön war, dass ich den Atem anhielt, dann wieder sandte er sein wutentbranntes Geheul hinterher, so dass ich mich unwillkürlich fragte, was er damit wohl erreichen wolle.

Der Dauerwiderspruch, in dem wir lebten, löste sich jedoch eines Tages auf unerwartete Weise auf. Ich hatte Omar von meinem schwarzen Kätzchen erzählt, das ich als Kind besessen hatte, und er brachte mir eine Siamkatze als Geschenk. Sie war trächtig. Jo und ich sahen zu, wie das schlanke Geschöpf sich in eine Art Fußball verwandelte, und verbrachten unsere Nächte damit, uns per Modem und Telefon ins Internet einzuloggen, um über Geburt und Aufzucht junger Kätzchen zu recherchieren. An dem Tag, als die Jungen kommen sollten, legte sich die Katze zu meinen Füßen nieder und sah mich hilflos an: Das erste Kätzchen steckte im Geburtskanal fest.

»Was sollen wir bloß tun?«, fragte ich Jo, die genauso entsetzt dreinsah wie ich.

»Im Film machen sie immer Wasser heiß und legen ein Laken aus«, sagte sie. Eine weitere Minute lang saßen wir auf dem Sofa. »Ich rufe Sumaya an«, sagte Jo schließlich. Sumaya war eine unserer Bekannten. »Ihre Katze hat erst vor ein paar Monaten Junge bekommen.« Sie stand auf und eilte aus dem Raum. Ich streichelte den schmalen cremefarbenen Kopf mit den braunen Abzeichen, der sich gegen meinen Knöchel presste.

»Sumaya sagt, wir müssen die Kätzchen herausholen«, meinte Jo, als sie mit dem Telefon in der Hand zurückkam. »Sie sagt, dass es vielleicht schon tot ist. Wenn wir es nicht herausholen, sterben die anderen auch.«

Ich starrte Jo an, mir wurde übel »Okay«, sagte ich. »Ich … gut. Wie geht das?«

Jo blickte die Katze an, die unterdrückte Schmerzenslaute ausstieß. »Sieht so aus, als müsste einer die Katze halten und der andere die Kleinen herausziehen. Ich halte die Katze«, sagte sie, bevor ich die Chance hatte, etwas einzuwerfen. Wir wuschen uns die Hände und legten die Katze auf einen alten, sauberen Kissenbezug. Ich kniff ein Auge zu (mit dieser Technik war ich schon durch so manchen Horrorfilm gekommen) und zog das halbgeborene Körperchen aus dem Leib seiner Mutter. Sumaya hatte recht: Es war tot. Mund und Nase waren weiß. Sechs andere Kätzchen folgten. Vier waren schwarz oder schwarzgrau, zwei waren grau-braun gefleckt wie kleine rauchfarbene Leoparden. Scheinbar war der Vater ein Ägyptisch Mau gewesen, deren Vorfahren die Tempel der Pharaonen gehütet hatten. Heute strolchten sie durch die Straßen Kairos und ernährten sich vom Müll, eine unerwünschte Plage.

Die Kätzchen starben eines nach dem anderen. Am

nächsten Morgen fand Jo die verstümmelten Reste der beiden Kleinsten. Die Mutterkatze hatte sie gefressen. Ein anderes Kätzchen war missgebildet und zu schwach, um sich an den Zitzen der Mutter zu nähren. Es überlebte nur ein paar Stunden. Als wir zwei Tage später noch ein totes Kätzchen fanden, brach Jo in Tränen aus.

»Ich habe es satt, kleine tote Körper zu entsorgen«, schluchzte sie und presste die Hände vor die Augen.

Ich legte meinen Arm um sie. Auch mir war nicht wohl. In der Luft lag der süßliche Geruch des Todes. Plötzlich kam mir das Absurde dieser Umgebung zu Bewusstsein. Der schmierige Dreck, der sich über alles in der Wohnung gelegt hatte, war nie ganz abgegangen, wie eifrig wir auch geschrubbt hatten. Schmutz, Fett und die verhängnisvollen Ausdünstungen der Zementfabrik, die nur einen Block entfernt war, hatten ganze Arbeit geleistet. Sogar der trügerisch heitere Nil trug allerlei Müll und Tierkadaver mit sich. Kein Wunder, dass die Kätzchen uns unter den Händen wegstarben. An diesem Ort starben fast drei Prozent aller Säuglinge, bevor sie das erste Lebensjahr erreichten. Wie sollte hier etwas überleben?

Nur die beiden gefleckten Katzenbabys überlebten die erste Woche. Ich behielt sie im Auge und suchte ständig nach Anzeichen von Krankheit oder Schwäche. Doch zu meiner Überraschung gediehen sie prächtig. Beide fraßen, was sie konnten. Innerhalb weniger Wochen wurden aus ihnen kugelrunde Pelzknäuel. Sie waren kaum größer als Teetassen und begannen bald, auf ihren wackligen Beinchen die Wohnung zu erkunden. Jo und ich hoben sie hoch, damit wir nicht auf sie traten, und hielten sie ans Gesicht, um ihren warmen, milchigen Geruch einzuatmen. Allmählich änderte sich meine Sicht der kleinen Tragödie, die wir erlebt hatten. Wenn Jo und ich nicht gewesen wären, wären schließlich alle Tiere sofort tot gewesen. So aber war die Katze wohlauf und ihre beiden Kleinen ebenfalls. Wieder eine Tura-Erfahrung, die sich nicht leicht einordnen ließ. Was war geschehen? War es nun wunderbar oder schrecklich? Sollte ich »Danke« oder »Auf Wiedersehen« sagen?

Ich verabschiedete mich von meiner Neigung, alles in »gut« oder »schlecht« einzuteilen. In Tura – und die Versuchung ist groß, diese Erkenntnis auch auf den Rest der Welt auszuweiten – geschehen wunderschöne Dinge vor dem Hintergrund unglaublichen Elends. Der Grund, weshalb Omar, seine Familie und unsere Nachbarn in solch einer gefährlichen Umgebung hatten überleben können, war, dass sie vom Leben nicht erwarteten, dass es sauber und ordentlich verlief. Sie machten ihr Glück nicht von solchen Kategorien abhängig. Im gesprochenen Ägyptisch gibt es kein Wort für einen »guten« Tag. Genauso wenig gibt es eines für einen »schlechten« Tag. Tage konnten schön sein, dunkel, tiefschwarz oder gesegnet. Sie konnten beschrieben, aber nicht kategorisiert werden. Das war das Geheimnis des Lebens im Nildelta. *Kun:* »Sei!« Gut und Böse, Chaos und Ordnung, Freude und Leid – alles entstand aus einem einzigen Wort. *Kun, fa yakun:* »Sei! Und es ist.«

Ich war seit sechs Monaten Muslimin, und trotzdem war ich nie zum Freitagsgebet gegangen. Nach all den Monaten, in denen ich die Predigten des Hammers unfreiwillig mit angehört hatte, schlich sich bei mir der Verdacht ein, dass die Freitagspredigten meinem Glauben wohl mehr schaden als nutzen würden. In meiner Vorstellung war der Islam einerseits durch die aktuelle, ebenso platte wie aggressive Auslegung geprägt, die der Hammer vertrat, und andererseits durch seine ätherische, unerreichbare Vergangenheit, für die die Schmetterlingsmoschee stand. Zwischen den beiden war der Qur'an einzuordnen, der mitunter mit beiden Auslegungen so gar nichts gemein zu haben schien. In seinen Worten schien die Ewigkeit aufzublitzen, schien sich der Vorhang zwischen der geringeren und höheren Form der Wahrheit ein für alle Mal zu lichten. Etwas so Schwerfälliges wie die organisierte Religion konnte ihm meiner Ansicht nach nicht gerecht werden.

Über dieses Problem hatte ich mich bereits mit Anhängern anderer Glaubensrichtungen unterhalten: über die ganz eigene Musik der heiligen Bücher, die sich in der Kleinlichkeit des Alltagsglaubens kaum je widerspiegelte. Eine christliche Freundin aus Colorado las mir einmal ihre Lieblingsstelle im Buch Hiob vor: »Und nachdem diese meine Haut zerschlagen ist, werde ich ohne mein Fleisch Gott schauen.« Sie schwieg einen Augenblick lang, dann sagte sie: »Dorthin werden wir nie kommen.« Als ich ein halbes Jahr lang in Ägypten gelebt hatte, wusste ich, was sie gemeint hatte. Ich hatte genug gesehen von der Bürokratie bei einem Glaubensübertritt und von völlig unfähigen Scheichs, um mich zu fragen, ob der moderne Muslim je »dorthin kommen« konnte. Als ich mich also bereit machte, zum ersten Mal zum Freitagsgebet in eine Moschee zu gehen, wappnete ich mich innerlich gegen die drohende Enttäuschung.

Ich hätte Omar vertrauen sollen, dessen Glauben an das Gute gewöhnlich vom Schicksal belohnt wird. Omar entdeckt überall einen Hauch von Poesie. Er nahm mich zum Gebet in die Sultan-Hassan-Moschee mit, ein riesiges mittelalterliches Bauwerk in der Altstadt, unterhalb der Zitadelle, die Saladin im 12. Jahrhundert hatte errichten lassen. Unter der Woche steht sie bis zum Sonnenuntergangsgebet auch Touristen offen, am Freitag aber ist sie nur für die Gläubigen da. Wir stellten den Wagen ein paar Straßen weiter ab und gingen zu Fuß, zusammen mit vermutlich mehr als tausend anderen Muslimen. Der Eingang der Moschee ragte turmhoch vor uns auf. Wir zogen unsere Schuhe aus. Ein breiter Korridor aus Stein führte zum zentralen Innenhof. Wie so viele Moscheen in den von Trockenheit geplagten muslimischen Ländern öffnete sich auch diese zum Himmel. Man muss sich das vorstellen wie eine Kathedrale ohne Dach. Der quadratische Innenhof mit seinen farbigen Keramikplatten ist mit vier Iwanen angelegt, offenen, reichgeschmückten Gewölben. Jeder dieser Iwane steht für eine der vier sunnitischen Rechtsschulen. Die Seite, die dem Imam direkt gegenüber liegt, ist für die Frauen reserviert. Die Männer beten im offenen Hof. Da das Gewölbe Schatten spendet und die Steinplattform, auf der die Frauen beten, ein wenig erhöht ist, ist die Sultan-Hassan-Moschee eine der wenigen, in denen der Gebetsraum der Frauen besser ausgestattet ist als der der Männer. Als Omar und ich ankamen, reihten Männer und Frauen sich schon für das Gebet auf. Die Mittagssonne brannte auf die Kacheln im Innenhof herunter. Sie fühlten sich warm an unter meinen nackten Füßen. Schwalben wirbelten durch die Gewölbe und fingen Insekten, die sich in den Schatten geflüchtet hatten. Omar ließ meine Hand los.

»Ich bleibe hier bei den Männern«, meinte er. »Am Ende des Gebetes treffen wir uns am Rand der Plattform.«

Ängstlich sah ich zu ihm auf. »Hoffentlich mache ich nichts falsch«, sagte ich.

Omar lächelte. »Wenn doch, dann werden sie sich um dich kümmern.«

»Wen meinst du damit?«

»Deine Schwestern.« Damit drehte er sich um und winkte Onkel Sherif zu, der in weißer Robe bei den anderen Männern stand. Als er mich sah, lächelte Onkel Sherif und legte eine Hand aufs Herz. Ich stellte die Schuhe unterhalb der Plattform ab und kam oben neben einer Frau zu stehen, die ein bisschen jünger aussah als ich. Sie trug ein hauchdünnes, leuchtend pinkfarbenes Kopftuch, das ihr lang über den Rücken hing. Eine andere Frau, deren dichter Wimpernkranz Augen von einem umwerfenden Grün umrahmten, stellte sich neben mich. Die Duftwolken der beiden trafen sich genau unter meiner Nase: Die eine trug Lotusöl, die andere ein Parfüm, das nach Chanel roch, aber da täuschte ich mich möglicherweise. Diese beiden Düfte, die sich über den metallisch-kupfrigen Geruch des Staubs legten, sind für mich untrennbar verbunden mit meinen ersten Eindrücken von einem Freitagsgebet.

Der Ruf zum Gebet stieg über dem Innenhof auf in den Himmel. Wortlos zog die Frau zu meiner Rechten mich näher an sich, damit ich Schulter an Schulter mit ihr stand. Die Frau zu meiner Linken zupfte ein wenig an meinem Kopftuch, das einen Streifen Haut über dem Schlüsselbein sehen ließ. Darin lag keine Verachtung oder Irritation. Ich glaube, sie waren sich dieser kleinen Gesten nicht einmal bewusst. Sie schlossen einfach nur die Reihen und erwarteten von mir, das Gleiche zu tun, sollte ihr Kopftuch verrutschen oder sie geistesabwesend zu weit von der Nachbarin entfernt stehen. Diese Körperlichkeit machte aus dem Gebet für mich etwas ganz Besonderes. Ich verbeugte mich, kniete nieder und stand wieder auf, während ich spürte, wie sich Schulter gegen Schulter, Knie gegen Knie, Handrücken gegen Handrücken drückte.

Die Reihe macht alle gleich. Kein Muslim ist davon ausgenommen. Ein Heiliger hat Schulter an Schulter mit einem Mörder zu stehen, wenn dieser sich zufällig beim Freitagsgebet zu seiner Rechten befindet.

An jedem normalen Tag weigerten sich die Menschen neben mir, sich für irgendetwas anzustellen. Wer in Kairo Brot oder Busfahrscheine brauchte, musste sich durch die

Menge wühlen. Hier in der Moschee aber reihten sich alle mit selbstverständlicher Präzision auf und achteten darauf, nicht etwa einen halben Schritt vor ihrem Nachbarn zu stehen. Die Stimme des Imam erfüllte den Hof, und doch konnte ich die Frau neben mir atmen hören. Unter uns im Hof, wo die Männer beteten, fanden sich die Al-Azhar-Studenten aus Ost- und Zentralasien neben den Obsthändlern und Bügelmännern, die sich normalerweise heftig beschwerten, dass die Ausländer nie ordentlich Trinkgeld gaben. Die Sufi-Anhänger aus dem Westen mit ihren roten und blonden Haaren standen in einem Moment der Eintracht neben ihren geschworenen Feinden, den Fundamentalisten in ihren kurzen Roben. Ich begann allmählich zu begreifen, was den leeren Raum zwischen der fundamentalistischen und der Schmetterlingsmoschee füllte: eine lebendige Tradition, die dynamisch war, sich entwickeln konnte und die in kurzen, aber kostbaren Augenblicken greifbar wurde – in den Worten, die ich so liebte. In dieser Tradition gab es vieles, was sich zu bewahren lohnte.

Den Scheich, der an diesem Tag die Predigt hielt, hatte ich vor einigen Wochen bei einer Hochzeit in der Familie kennengelernt. An diesem Abend war ich recht selbstsicher gewesen: Ich trug eine rote, gestickte Tunika und ein modisch geschlungenes Kopftuch. Außerdem hatte ich mir die Namen aller Anwesenden eingeprägt und hoffte deshalb, nicht ganz so fehl am Platze zu sein, wie ich mich üblicherweise bei solchen Festen fühlte. Ich ging zwischen den Tischen hin und her, überwacht von drei oder vier von Omars Cousinen, lebhaften, kichernden Mädchen, die sich zu meinen Wächterinnen aufgeschwungen hatten. Als das Bankett vorüber war, strebten alle der Tanzfläche zu. Plötzlich veränderte sich das Verhalten der Mädchen: Sie hielten flüsternd inne und zogen mich dann am Ärmel. Ich brauchte eine Weile, um zu begreifen, was vorging. Offensichtlich war eine hochgestellte Persönlichkeit angekommen, und wir standen im Weg. Die anderen um uns her machten Platz, so dass sich eine Gasse zur Tür formte. Die Mädchen versuchten, mich wegzuziehen, aber ich stolperte über den Saum meiner Tunika und brauchte eine Minute, um meinen Fuß zu befreien. Mittendrin wurde mir bewusst, dass ich im Begriff war, auf eine außergewöhnlich gut geschneiderte Galibayya zu treten. Entsetzt sah ich auf.

Es war Ali Gomaa, der Großmufti von Ägypten, der mich ebenso entsetzt ansah wie ich ihn.

Er war erst ein oder zwei Wochen vorher ernannt worden und war folglich von seinem Lehrstuhl an der Al-Azhar-Universität in eine der einflussreichsten Positionen der muslimischen Welt aufgestiegen. Er hatte einige von Omars Onkeln im Islam unterwiesen, was seine Anwesenheit bei der Hochzeit erklärte. Seine Ernennung war eine Quelle der Hoffnung für alle gemäßigten Sunniten, die seit Jahren gegen die fundamentalistische Welle ankämpfen, die aus den Golfstaaten nach Ägypten herüberschwappte. Als Großmufti von Ägypten würde Dr. Ali, wie er in Kairo liebevoll genannt wurde, eine enorme Macht ausüben. Der Großmufti ist ein islamischer Rechtsgelehrter. Ali Gomaa bekleidete damit das höchste religiöse Amt der Sunniten in der bevölkerungsreichsten arabischen Nation der Welt.

Meine kurze, aber hektische Begegnung mit Dr. Ali speicherte ich unter »gute Geschichte«, um sie dann schnellstmöglich zu vergessen. Aber eine Woche nach meinem ersten Freitagsgebet verkündete Omar, dass Onkel Ahmad etwas für mich arrangiert hatte. »Du hast nächsten Sonntag ein Interview mit dem Mufti«, sagte er.

Ich sah ihn ungläubig an: »Was?!«

»Ein Interview. Mit dem Mufti.« Omar grinste. »Freust du dich?«

Ich brauchte eine ganze Woche, um die richtigen Fragen zu finden. »Solch eine Gelegenheit habe ich vielleicht nie wieder«, dachte ich. Daher wollte ich das Beste daraus machen. Kurz zuvor hatte ich Irshad Manjis Buch *Der Aufbruch. Plädoyer für einen aufgeklärten Islam* gelesen, in dem die kanadische Journalistin und Muslimin Kritik an ihrer Religion übt. Mir gefiel das Buch eigentlich nicht. Für mich war Manji die Kehrseite des fundamentalistischen Imam in Tura: Beide warfen sich zu selbsternannten Experten auf, die den Islam aushöhlten, um ihn für eigene Zwecke zu missbrauchen. Doch Manjis Buch rührte auch an echte Probleme, und ich wollte wissen, was das sunnitische »Establishment« zu ihren Ideen sagte.

Meine erste Frage fiel noch recht simpel aus: Im Westen gibt es keine fest verwurzelte Hierarchie ausgebildeter muslimischer Geistlicher. Hatten dort gewöhnliche Muslime das Recht, *ijtihad* auszuüben, also »Recht zu sprechen«?

Der Begriff *ijtihad* hat dieselbe Wurzel wie *jihad*. Diese bedeutet ursprünglich: »sich mühen«. *Jihad* meint die körperliche und psychologische Anstrengung, *ijtihad* bezieht sich auf die Mühe um die richtige Interpretation des göttlichen Willens, wie er sich im Qur'an, in der Sunnah und im Hadith offenbart. Der *ijtihad* lag jahrhundertelang in den Händen der Scheichs, die in islamischer Rechtsprechung ausgebildet waren. Solch ein Scheich wurde *mujtahid* genannt. Gewöhnlich musste man Schüler eines Seminars gewesen sein, um diese Funktion ausüben zu können. An eben diesem Punkt haken die neuen Muslime des Westens ein. Viele Aktivisten in Europa und Nordamerika finden, dass alle Muslime das Recht haben sollten, *ijtihad* auszuüben. Der Islam, so argumentierten sie, habe den fruchtbaren Halbmond, wie man seine Ursprungsländer nennt, längst hinter sich gelassen. Was zählte in Los Angeles noch die Meinung einiger alter Männer in Medina? Diese Vorstellung war sozusagen der rote Faden von Manjis Buch. »Der Aufbruch« hieß es. Und ihre Worte wurden zum Schlachtruf all jener, die fanden, dass jeder Muslim den Islam nach seinem Verständnis frei interpretieren können sollte.

Meine zweite Frage bezog sich auf den Zusammenhang zwischen Religion und Kultur. Da in Frankreich und in vielen anderen Ländern gerade die Debatte über die Kleidungsvorschriften für Muslime entbrannt war, wollte ich wissen, wie viel Spielraum der Islam in den Augen des Mufti ließ, wenn es um Kleidung und soziale Verhältnisse ging. Wie sollte sich ein Muslim in einem nichtmuslimischen Land verhalten, um den Islam mit den dort geltenden kulturellen Normen in Einklang zu bringen?

Die dritte Frage war die abstrakteste von allen und sicher auch die ungewöhnlichste. Ich hatte sie so formuliert: Im Islam gilt der Wille Gottes als absolut. Der Qur'an besagt, dass nichts ohne seinen Willen geschieht. Dieser Vers wurde von homosexuellen Muslimen häufig angeführt, die damit ihre Sexualität als gottgegeben erklärten. Da Homosexualität in den Augen der Konservativen als »gegen den Willen Gottes« abgestempelt wird, wollte ich wissen, was der Mufti zu diesem Problem zu sagen hatte.

Am Tag meines Interviews kamen Omar und ich kurz vor *maghrib,* dem Sonnenuntergangsgebet, in der Al-Azhar-Moschee an. Wir zogen unsere Schuhe aus und gingen barfuß über den warmen Marmorboden zum ältesten noch erhaltenen Teil des Gebäudes, das im 10. Jahrhundert errichtet worden war. Onkel Ahmad wartete auf uns. Wir befanden uns in einer Flucht von Klassenzimmern, die im 13. und 14. Jahrhundert angefügt worden waren, je ein Raum für jeden damals bekannten arabischen, persischen oder türkischen Dialekt, den die mittelalterlichen Studenten der Universität sprachen. Heute werden diese Klassenzimmer als Büroräume genutzt.

»*Habibi!* Ich liebe dich!« Ein Scheich in langer Robe kam durch den Raum auf uns zu und küsste Onkel Ahmad auf beide Wangen. Nachdem wir einander vorgestellt worden waren, führte er uns in das Büro, aus dem er eben getreten war.

»*Itfaddali*«, sagte er zu mir, »bitte sehr!« und wies auf einen Stuhl. Ich sah mich um und zupfte an meinem Kopftuch, das ich anlässlich des Interviews auf sehr konservative Weise gebunden hatte, was ich als ungewohnt empfand. Das Büro war geräumig, die hohen Wände weiß gekalkt. Das kleine Vorzimmer diente offensichtlich als Warteraum. An einer Wand hing eine hervorragende Kalligraphie mit verschiedenen Namen. Omar sagte mir später, dass dies die religiöse Traditionslinie des Muftis war: sein Scheich, dessen Scheich und so weiter und so fort bis zum Propheten, der den Sufiorden des Muftis gegründet haben soll.

»Möchten Sie etwas trinken?«, fragte der Scheich mich auf Arabisch und öffnete einen kleinen Kühlschrank.

»Danke, gerne«, antwortete ich. Er gab mir eine Pepsi-Cola, die ich zu schlürfen begann. Wieder einmal fühlte ich mich fehl am Platz. Ich hatte keine Ahnung, wann der Mufti erscheinen würde und was ich tun sollte, wenn er den Raum betrat. Das Sonnenuntergangsgebet rettete mich, da wir uns zum Gebet trennten. Danach führte Omar mich durch die Menschenmenge wieder zurück ins Büro. Der freundliche Scheich, der – wie ich richtig erraten hatte – der Pressesprecher des Mufti war, öffnete die Tür gerade mal einen Spalt, damit wir hindurchschlüpfen konnten. Der Mufti saß am anderen Ende des Raumes hinter einem Tisch und blätterte in einem Stapel Papiere. Auf dem Kaffeetischchen vor ihm stand meine Coladose und wirkte völlig fehl am Platz. Der Scheich bat Omar und mich, uns zu setzen. Dann verließ er den Raum.

Der Mufti legte seine Papiere weg und sah uns an: *»Salaam alaykum.«* Höflich vermied er es, mir in die Augen zu sehen.

»Ich übersetze für dich«, murmelte Omar. Er wandte sich an den Mufti und stellte ihm meine erste Frage. Obwohl ich sehr bezweifelte, dass die Institution des *ijtihad* der Reform des Islam zum Durchbruch verhelfen würde – schließlich gab es ebenso viele Spinner wie Visionäre, deren individuelle Auffassung dann zum Maßstab würde –, fand ich die Vorstellung doch aufregend, dass ich vielleicht zum »Aufstand«, der auch mit »Öffnen der Tore« übersetzt wird, beitragen könnte. Ich beglückwünschte mich schon zu meinem revolutionären Elan, als mir auffiel, dass ich damit vielleicht ein wenig früh dran war. Ich hatte dem Mufti nämlich ein bequemes Schlupfloch gelassen.

»Es ist völlig unnötig, dass westliche Muslime selbst *ijtihad* ausüben, es gibt nämlich ein paar ausgezeichnete *mujtahid* im Westen«, sagte der Mufti Omar zufolge. »Gerade in den USA.« Dann schrieb er deren Namen auf ein Stück Papier. Darunter war auch der Name von Hamza Yusuf, einem jungen amerikanischen Scheich, der ob seiner Überlegungen zur Aussöhnung zwischen dem Islam und dem Westen des Öfteren in der Presse in Erscheinung getreten war. »Nicht jeder ist qualifiziert genug, um die Entscheidungen zu treffen, die einem *mujtahid* obliegen«, fuhr der Mufti fort. »Ein solcher muss viel wissen über Geschichte, Sprache, den Qur'an und die Auslegung des

Hadith. Das ist ein richtiges Studium. Wenn jeder sich ein Stückchen des Gesetzes herauspicken und es nach eigenem Gutdünken auslegen würde, käme dabei nur Chaos heraus.«

»Weißt du«, erklärte Omar mir später, »im Westen sieht man die Institution des *ijtihad* als Möglichkeit, den Islam offener und vielfältiger zu gestalten. Hier bei uns gilt sie vielmehr als Einfallstor für fundamentalistische Bestrebungen. Sie wird von den Fundamentalisten gerne als Vorwand benutzt.«

Omar ging zu meiner zweiten Frage über, nämlich wie man die sozialen Gepflogenheiten des Islam mit nichtislamischen Kulturen vereinbaren könne. Dabei nannte er als Beispiel die Verschleierung und die Ängste, die diese in vielen westlichen Ländern auslöste.

Der Mufti dachte nach. Offensichtlich beschäftigte ihn die Frage. »In einer nichtislamischen Kultur sind Sie Botschafter des Islam«, sagte er schließlich. »Unsere Religion lehrt uns, dass es nicht gut ist, sich von der Gemeinschaft, von den Menschen um uns herum, abzusondern. Oder uns auszugrenzen. Es ist wichtig, den Islam auf positive Weise zu leben, die andere Menschen verstehen können. Der Islam ist größer als Kopftuch oder Schleier. Der Schleier ist wichtig, doch der Islam beschränkt sich nicht auf den Schleier. Wenn das Tragen des Schleiers in einem nichtmuslimischen Land zu Feindseligkeiten führt, sollten Sie den Schleier dort nicht tragen.«

Ich war überrascht. Dies war nicht einfach so dahingesagt. Ein Mufti redete nicht einfach irgendwas daher. Dies war eine Fatwa – eine persönliche Fatwa, also eine Empfehlung für mich, aber nichtsdestotrotz drückte sich darin auch eine allgemeingültige Strategie aus. Auch Omar war beeindruckt. In Ägypten und dem Großteil der arabischen Welt war das Kopftuch – dem im islamischen Recht keine besondere Bedeutung zugemessen wird – zum Symbol des Islam geworden. Seine Bedeutung wurde maßlos übertrieben, so dass jeder Kompromiss mittlerweile als Verrat am Glauben gilt. Es erforderte großen Mut, als religiöser Führer in so hoher Stellung dieses Urteil auszusprechen.

»Noch etwas?«, fragte der Mufti. Die Menschen im Vorzimmer wurden allmählich ungeduldig. Omar stellte meine dritte Frage und versuchte dabei, sie weniger unverschämt klingen zu lassen, als ich sie formuliert hatte.

Der Mufti seufzte und warf mir einen Blick zu: »Natürlich ist Gottes Wille allmächtig. Aber zwischen dem, was Gott will und was er von uns verlangt, ist ein Unterschied. Ob wir ihm gehorchen und tun, was er von uns verlangt, liegt ausschließlich in unserer Hand. Tun wir es nicht, stehen wir nicht außerhalb von Gottes Willen. Wir sind nur einfach ungehorsam.«

Und somit hatte der Mufti erklärt, was Schicksal mit freiem Willen zu tun hat. Er lächelte Omar an und überreichte mir mit höflichem Nicken die Liste mit den amerikanischen *mujtahid.* Wir nahmen dies als Anlass, uns zu erheben. Beide dankten wir ihm – Omar etwas wortreicher als ich – und verließen das Büro durch das übervölkerte Vorzimmer.

Auf dem Heimweg im Taxi fragte Omar mich, wie ich das Ganze gefunden hätte. Ich zögerte ein wenig mit meiner Antwort. »In gewisser Weise hatte ich einen visionären Führer erwartet, der ein mitreißendes Programm hat. Das ist er zwar nicht, doch ich finde das gar nicht so schlecht. Ich glaube, er kann von der Mitte aus mehr bewegen. Wenn er eine Veränderung herbeiführen will, muss er vor allem ein kluger Politiker sein. Und klug ist er mit Sicherheit.«

»Außerdem hat er dich nicht wiedererkannt.«

»Gott sei's gedankt!«

Arabischlektionen

Al quit cat'u, al far rat'u, al nahr river'u.
(Al quit – Katze, *al far* – Ratte, *al nahr* – Fluss.)
Lehrgedicht Arabisch-Englisch
vom Beginn des 20. Jahrhunderts

Allmählich wuchs mein Selbstvertrauen. Ich traute mich schon, nach Dingen zu fragen, die ich brauchte, und nach Wegen zu suchen, so dass ich weniger abhängig war. Das Wichtigste dabei war, Arabisch sprechen zu lernen. Erste Lektionen hatte ich ja bereits von Mohammad und Namir erhalten. Und so nahm ich fortan zwei Mal wöchentlich Stunden bei einem Lehrer namens Sameh in einem Sprachenzentrum in Maaḍi. Ironischer- und passenderweise war einer der Menschen, die mir am meisten halfen, in Ägypten zurechtzukommen, nicht nur ein Mann, sondern zudem ein Christ.

Sameh brachte mir fast zwei Jahre lang gesprochenes Arabisch bei. Da auch er in Ägypten einer Minderheit angehörte, verstand er die dort vorherrschenden Mechanismen, wie es nur ein Außenseiter tut. Doch das schien seiner Begeisterung für sein Land keinen Abbruch zu tun. Sameh hatte wie Omar und viele Mitglieder seiner Familie, die ich bewunderte, immer den Blick auf den Horizont gerichtet, als könne er ihn willentlich näher rücken lassen. Diese Art von Idealismus habe ich nur in jenem Teil der Welt erlebt, wo Reformen regelrecht herbeigesehnt werden, weil jeder weiß, dass dies die letzte Chance ist, eine niedergehende Kultur vor dem Untergang zu bewahren. Omar und Sameh waren – jeder auf seine Weise – Baumeister eines Nahen Ostens, der noch nicht Wirklichkeit geworden ist, in dem aber Menschen, die dazu willens sind, durchaus schon leben können. Niemand, der ein Teil davon sein möchte, würde dort fremd sein, und so bestand Sameh darauf, dass ich aufhörte, wie eine Fremde zu reden. Am ersten Nachmittag, als ich sein Klassenzimmer betrat, wollte ich wohl angeben, denn ich plauderte ein wenig mit dem Schüler, der vor mir Unterricht gehabt hatte, und kritzelte dabei einen Satz in Arabisch an die Tafel. Als Sameh hereinkam, hielt er einen Augenblick inne und las ihn.

»Hast du das geschrieben?«, wollte er wissen. Ich bejahte. Wortlos löschte er die diakritischen Zeichen, die ich falsch gesetzt hatte, und schrieb die richtigen darüber. Dann lächelte er in einer Weise, die deutlich machte, dass er für den Augenblick Nachsicht walten ließ, sich diese Art Altklugheiten aber in Zukunft verbat. Damit waren die Verhältnisse zwischen uns ein für alle Mal geklärt.

Eines Abends stellte er mir eine merkwürdige Frage: »Warum bist du nach Ägypten gekommen?«

Überrascht sah ich ihn an. Er hatte den Kopf auf die Hand gestützt. Auf der Innenseite seines Handgelenks war ein tätowiertes blaues Kreuz sichtbar, das ihn als Kopten auswies. Die Tischplatte trennte uns wie immer voneinander. Wir saßen oder standen niemals Seite an Seite und haben uns nicht ein einziges Mal berührt, nicht einmal, um uns die Hand zu geben. Die Gartentür stand offen, obwohl es Winter war. All dies geschah, um keinen Zweifel aufkommen zu lassen, dass unsere Unterrichtsstunden durch und durch ehrbar waren. Für einen Mann und eine Frau, die nicht verheiratet sind, ist es ein Verstoß gegen die Scharia, wenn sie allein zusammen sind. Diese Regel gilt verschärft, wenn der Mann als Christ ein soziales Stigma trägt und die Frau Muslimin ist. Indem wir die Tür offen ließen, machten wir aus dem Klassenzimmer einen öffentlichen Raum – technisch gesehen zumindest, denn das Sprachenzentrum war zwar öffentlich zugänglich, doch die meiste Zeit waren wir die Einzigen in den Unterrichtsräumen. Aus gutem Grund sprachen wir selten über persönliche Dinge. Daher kam seine Frage umso überraschender.

»Ich bin hierhergekommen, weil ich wissen wollte, wie es ist, in einem muslimischen Land zu leben«, antwortete ich. Zu spät fiel mir ein, dass er ja auch Ägypter, aber kein Muslim war.

Er war nicht beleidigt. »Versuch's mal auf Arabisch«, sagte er.

»Ich bin nach Ägypten gekommen, weil ich unter den Hingebenden leben wollte«, antwortete ich, auf die wörtliche Bedeutung des Begriffes »Muslim« zurückgreifend.

»Ist es ein gutes/nettes/schönes Land?« Auch er bediente sich jetzt des Arabischen und benutzte ein Adjektiv, das viele Bedeutungen hatte. Er wollte sich vorsichtig erkundigen, ob ich hier glücklich war.

»Ägypter sind die besten Menschen«, antwortete ich, indem ich auf ein bekanntes Sprichwort zurückgriff.

Sameh lachte: *»Beged«,* sagte er. »Aber jetzt mal im Ernst.«

Ich dachte einen Augenblick lang nach. »Ägypten ist ein gutes/nettes/schönes Land«, sagte ich. »Natürlich ist die Luft nicht gut, und es leben zu viele Menschen hier, aber sie sind …« Hier fehlten mir plötzlich die Worte, daher legte ich die Hand aufs Herz. Diese Geste kann in Ägypten vielerlei bedeuten: »Danke.« »Nein danke.« Oder: »Ich bin tief gerührt.«

»Güte/Mitgefühl?«, sagte Sameh. »Oder Freundlichkeit?«

»Ja«, antwortete ich. Da wurde mir zum ersten Mal klar, dass die Ägypter – obwohl das Leben in Ägypten beschwerlich ist, obwohl es teilweise von Chaos und Argwohn geprägt ist – sich Relikte einer besseren Zeit bewahren konnten. Sie waren gastfreundlich. Ich hatte das erst vor ein paar Tagen erlebt, als ich im »Verkehr« stecken blieb zwischen all den Fußgängern in der Stadt. Ich wollte unbedingt einen Bus erwischen, kam aber einfach nicht an ein paar extrem dicken Ägypterinnen vorbei. Unwillkürlich dachte ich: »Wer will hier schon leben?« In all dem Schmutz, dem Chaos und der Isolation. Als ich an den Frauen vorüber war, fing ich zu rennen an, denn der Bus entfernte sich gerade von der Bordsteinkante, wo er bis eben noch im Leerlauf gestanden hatte. Ägyptische Frauen laufen prinzipiell nie. Wenn es tatsächlich nötig sein sollte, sich schneller zu bewegen, schlurfen sie elegant dahin. Mir aber war der Bus wichtiger als der Knigge, und so sprintete ich durch den Müll, der wie üblich über den Gehsteig verstreut war.

Da fuhr ein Wagen heran, in dem ein Paar saß. »Springen Sie rein!«, rief eine Frau vom Beifahrersitz aus und öffnete die hintere Tür. Ich krabbelte hinein und wünschte brav *Salaam alaykum,* als der Mann auf dem Fahrersitz mich breit anlächelte. Dann stieg er aufs Gas, um den Bus noch zu erwischen. Dabei hupte er wie verrückt. Der Busfahrer verbiss sich seinen Ärger, als er begriff, was der Mann wollte, und hielt an. Ich legte die Hand aufs Herz und dankte dem Paar, als ich aus dem Wagen stieg. »Schnell, schnell!«, rief die Frau mir lachend zu. Ich hatte diese beiden Menschen noch nie gesehen und sollte sie auch nie wiedersehen.

Im Bus war kein Sitzplatz frei, also lehnte ich mich an eine Stange im Mittelgang. Die anderen Passagiere sahen mich amüsiert an, während ich rot anlief. Eine Frau beugte sich zu mir herüber und zog am Saum meines T-Shirts, das während des Laufens nach oben gerutscht war und einen

Streifen nackter Haut frei ließ. »Nächstes Mal ziehen Sie besser einen Mantel an«, sagte sie, und ich dachte: »Wer würde nicht hier leben wollen?«

»Ja, das stimmt«, meinte Sameh auf Englisch. »Ich frage mich auch manchmal, ob ich nicht besser weggehe. Aber dann stellt sich die Frage, ob ich wirklich glücklich wäre, wenn ich woanders leben würde, wo es weniger Chaos und weniger schmerzvolle Erfahrungen gibt.«

»Und mehr Sauberkeit«, sagte ich wehmütig.

»Auch mehr Sauberkeit. Es ist schwierig, hier gute Voraussetzungen fürs Leben zu haben, aber …« Seine Stimme erstarb, er sah nachdenklich aus.

»Jemand muss ja schließlich hierbleiben«, sagte ich. Diesen Satz hörte ich von meinen gebildeten ägyptischen Freunden immer und immer wieder. Sie hätten sicher auch im Ausland Arbeit gefunden und ihr Talent gewinnbringend einsetzen können, doch sie hatten sich entschieden, hierzubleiben. Ob Christen oder Muslime, sie alle waren tiefreligiöse, romantische Seelen und belesen. Sie hatten sich mit der Frage auseinandergesetzt, was Ägypten eigentlich ausmacht, und waren letztlich zu dem Ergebnis gekommen, dass es am Ende auf sie selbst ankam. Mittlerweile verstand ich das. Jeder von uns sieht sich mit Fragen konfrontiert, auf die es keine einfache Antwort gibt. Aber es stand einfach zu viel Gutes auf dem Spiel, als dass es sich nicht gelohnt hätte, um eine Antwort zu ringen.

»Ja«, meinte Sameh. »Irgendjemand muss ja hierbleiben.«

Ich wusste, dass auch Omar so dachte. Ganz egal, wie viele Prüfungen wir zu bestehen hatten, wie laut die Fundamentalisten in der Morgendämmerung heulten, Omar liebte sein Land und dessen Kultur und beschäftigte sich fortwährend damit. Ob wir nun einkaufen oder spazieren gingen, ich erhielt Unterricht in Geschichte und islamischem Denken sowie die ein oder andere Lektion über den Beitrag Arabiens zur Mathematik und Astronomie. Hätte jemand anderer mir ständig Vorträge gehalten, hätte ich mir das vermutlich verbeten, doch Liebe macht vielleicht nicht blind, aber taub auf jeden Fall. Omar war von der Begeisterung des Autodidakten beseelt, und diese wirkte ansteckend. Auf meinen Spaziergängen mit Omar lernte ich mehr als in den vier Jahren auf dem College.

»Es gibt da eine Sage«, begann er beispielsweise, als wir an den gelblichen Wänden der Zitadelle vorbeikamen, »dass Murad Bey el Alfi einst seinen Häschern entkam, indem er …«

»… aus einem Fenster sprang, unter dem sein Pferd auf ihn wartete.«

»Habe ich dir diese Geschichte schon erzählt?«

»Ja, mehrmals.«

»Oh, das tut mir leid!« Dann lachte er, und ich tröstete ihn. Dabei lehnte ich meine Stirn gegen seine Schulter, worauf die Passanten uns anstarrten.

Es dauerte nicht lange, bis ich Omars Begeisterung für die Stadtlandschaft übernommen hatte. Kairo ist so voller wunderbarer Bauwerke, die – wie die Schmetterlingsmoschee – vergessen und achselzuckend zugemauert wurden. In den östlichen Ausläufern der Stadt, an der Straße nach Suez, stand ein namenloser Wachturm, für den ich große Begeisterung entwickelte. Eine niedrige Betonmauer schirmte ihn von der Straße ab. Auf einem Schild stand, dies sei Militärgelände und jedes Betreten strengstens verboten. Ich versuchte, seine Geschichte zu erraten, während wir im Auto vorüberfuhren.

»Saladin«, sagte ich beispielsweise. »Bestimmt hat er hier einen Wachposten errichtet, um das Land vor den Kreuzfahrern zu schützen.«

»Oder Napoleon«, meinte Omar. »Zum Schutz vor den Briten. Oder die Briten … zum Schutz vor allen Nichtbriten.«

Ich schüttelte den Kopf. »Nein, da ist ja kaum noch Mörtel zwischen den Steinen. Es dauert viel länger, bis etwas so baufällig wird.«

»Er könnte von den Mameluken stammen.«

»Nein, es war sicher Saladin«, sagte ich kokett.

Omar grinste. »Na gut.«

Wir fanden es nie heraus. Ein Wachturm hinter einer Mauer, eine Moschee hinter einer Mauer. Den meisten Menschen in Kairo kam es irgendwie merkwürdig vor, wenn man sich für solche Dinge interessierte. Schließlich werden Mauern nicht ohne Grund errichtet, vor allem in einer Diktatur. Omar war einer der wenigen Menschen, der seiner Seele auch in einer Stadt Flügel verleihen konnte, die die meisten erdrückend fanden. Von ihm lernte ich, mich von Mauern nicht stören zu lassen: sie als Teil der Landschaft zu akzeptieren, statt dagegen anzurennen – oder so zu tun, als sei sie nicht da. Omar hatte eine außerordentliche Begabung, sich in einem Land voller Mauern seine Freiheit zu bewahren. So sehr ich dies bewunderte, so häufig fragte ich mich doch, was dies für mich bedeutete. Amerika hatte Omar nichts zu bieten, was er nicht schon besaß. In gewissen Momenten der Leere begann ich mich zu fragen, ob ich je wieder in meinem Land würde leben können.

Iran

Oh, komm nach Shiraz, wo der Nordwind weht!
Dort wohnt der Friede des Engels Gabriel
Bei ihm, der Herr von Shiraz' Schätzen ist. Der Ruhm
der Süßigkeiten Ägyptens aber wird vergehen.
HAFIS

An diesem Punkt wurde mir klar, dass ich mir ernsthaft überlegen musste, ob ich ganz im Nahen Osten bleiben wollte. Diese Frage war nach wie vor offen, in jedem Fall aber war mein Leben eng mit dieser Region verknüpft. Daher wollte ich mehr sehen und weiter in diesen Osten vordringen. Vielleicht würde ich ja ein Land entdecken, das so ungewöhnlich war, dass – verglichen damit – Ägypten seine Fremdheit einbüßen würde. Der Iran, in dem viele Perser und Schiiten lebten, schien ein guter Ausgangspunkt zu sein. Ich hatte mich ausführlicher mit der iranischen Revolution befasst. Ich kannte Namen, Daten und Fakten, doch welche menschlichen Schicksale dahintersteckten, wusste ich nicht. Ich kannte die Entwicklungsgeschichte des schiitischen Islam, doch wenn ich die Fotos von Ashura-Prozessionen oder schiitischen Passionsfeierlichkeiten ansah, verstand ich vieles nicht.

»Aber wer versteht schon die Schia?«, fragte Omar mich nachdenklich, als ich auf das Thema zu sprechen kam. Wir saßen mit seinem Freund Mohammad, einem blinden Musiker, in einem Café.

»Die Schiiten, nehme ich an«, entgegnete Mohammad. »Sonst bräuchten wir es ja gar nicht erst zu versuchen.« Mohammad hatte während der ersten sechs Monate unserer Bekanntschaft nur Arabisch oder Französisch mit mir gesprochen. Doch da ich nicht aus Ägypten geflohen war und seinen Freund auch nicht zum »Westler« gemacht hatte, hatte ich sein Herz gewonnen. Nun sprach er sein perfektes Englisch mit mir, wenn es um komplexere Themen ging.

»Ich glaube, die Schia ist eher eine politische Bewegung als eine eigene Glaubensrichtung«, meinte Omar. »Wenn du überlegst, was nach Kerbela geschehen ist …«

»Nein, nein, nein«, meinte Mohammad. »Die Schiiten denken nicht so. Die Schia ist eine vollkommen andere spirituelle Richtung.«

»Aber in den wichtigen religiösen Fragen stimmen sie doch mit uns überein«, gab Omar zurück. »Sie fasten, und sie beten.«

»Sie beten das Jumagebet am Freitag nicht. Und sie warten auf die Ankunft des Mahdi«, also des kommenden Erlösers in der islamischen Tradition.

»Was? Das kann doch nicht sein.«

»Nun, eigentlich ist es eine Frage. Du musst für uns herausfinden, Willow, ob die Iraner am Freitag beten.«

Als ich nach Wegen suchte, in den Iran zu gelangen, war ich vor allem erstaunt darüber, wie wenig Kontakt das Land mit anderen arabischen Ländern hatte. Die Ägypter betrachteten den Iran und seine religiöse Entwicklung mit mindestens genauso viel Misstrauen wie die Amerikaner. In den anderen arabischen Ländern gab es Hunderte von Fernsehkanälen über Satellit – ein gutes Dutzend kam sogar aus dem Irak –, doch aus dem Iran gelangten nur Aufnahmen der Passionsfeierlichkeiten in die Medien.

Omar war gar nicht begeistert von meiner Idee, in den Iran zu reisen. Anfangs setzte er dem Plan einigen Widerstand entgegen, doch am Ende siegte meine Sturheit. Und so lernte er Farsi, damit er den richtigen Leuten drohen konnte, falls ich in Schwierigkeiten geraten sollte.

Ich leitete also den komplizierten Antragsprozess für das Visum ein. Etwa zwei Monate lang nahm ich einmal wöchentlich die U-Bahn und fuhr ins Stadtzentrum, ins iranische Konsulat, das in einem altehrwürdigen viktorianischen Gebäude im Stadtteil Dokki untergebracht war. Die Konsulatsangestellten kannten mich alle schon mit Namen. Wir spielten ein höfliches Spiel, in dem ich so tat, als hätte ich keine Ahnung, was sich im Iran politisch abspielte, und sie taten, als ob sie mir glaubten. Stattdessen redeten wir über safawidische Kunst. Dass ich Muslimin und darüber hinaus so kooperationswillig war, schien sie zu beruhigen. Am Ende erhielt ich ein einmonatiges Touristenvisum und hatte – trotz des enormen Zeitaufwands beim Antrag – deutlich weniger Hürden zu nehmen als die meisten Amerikaner.

Während ich also auf mein Visum wartete, rief Sohair mich eines Nachmittags an und stellte mir eine interessante Frage.

»Hallo, Liebes, ich brauche deine Hilfe bei einem Satz.«

»Natürlich«, sagte ich. »Worum geht es denn?«

Ich hörte Papier rascheln. »Ich übersetze gerade die letzte Botschaft von Al Qaida«, antwortete sie.

Ich brauchte einen Moment, um das zu verdauen. »Die letzte Botschaft von Al Qaida?«, wiederholte ich fragend.

»Ja, sie wurde erst vor wenigen Tagen an einige Nachrichtenagenturen verschickt. Es geht natürlich um den Irak und die Anschläge in Madrid. Da ist ein Satz … ›Schande über die Heuchler!‹ Kann ich das in deiner Sprache schreiben?«

Ich lachte. »Und wie. Genau das erwartet der Westen von Al Qaida. Hört sich an wie verballhornter Shakespeare.«

Sie lachte. »Na, das passt ja. Die haben immer ein so

blumiges, klassisches Arabisch. Es sollte in der Übersetzung auch ein wenig altertümlich klingen. Aber da ist noch ein Wort, mit dem ich nicht klarkomme: *ghazwa.* Kennst du das?«

»Nein, habe ich noch nie gehört.«

»Es bezieht sich auf die Kämpfe des Propheten gegen die Heiden. Normalerweise benutzt man es für den Sieg von Muslimen über Nichtmuslime. Ich habe dafür folgende Wörter gefunden: Schlacht, Belagerung, Einfall, Angriff, Überfall ... Was soll ich deiner Ansicht nach nehmen?«

Ich biss mir auf die Lippen. Wir haben im Englischen nur wenige Worte, die eine so vielschichtige Bedeutung haben. Gewöhnlich fügen wir dem Nomen ein Adjektiv hinzu, wenn wir etwas differenzierter ausdrücken wollen.

»Versuch's doch mit zwei Worten. ›Heilige Schlacht‹ zum Beispiel oder ›heiliger Angriff‹.« Mir war durchaus klar, dass der Satz davon nicht schöner wurde.

»Hmm, so ganz trifft es das aber nicht.«

»Es ist nicht so stark wie *jihad?*«

»Nein, ganz und gar nicht. *Jihad* ist viel abstrakter. Es bezeichnet eher einen Kampf als einen einzelnen Angriff, der hier gemeint ist.«

Da fiel mir etwas ein: »Und wie wär's mit *Kreuzzug?*«

Sohair schien erstaunt. *»Kreuzzug?* Meinst du wirklich?«

»Im Ernst. Das ist das einzige Wort, das Nuancen wie *heilig* und *Angriff* zugleich umfasst.«

»Das kann ich auch nicht nehmen, denn *Kreuzzug* bedeutet für Muslime etwas ganz Bestimmtes. Gerade dieser Begriff hat in der Vergangenheit immer wieder zu Problemen geführt. Als George Bush es nach dem 11. September gebraucht hat, hat das in der arabischen Welt viel Aufregung verursacht.«

»Aber darum geht es doch«, sagte ich, mehr zu mir als zu Sohair. »Ein Kampf aus religiösen Gründen, dessen Endziel es ist, eine andere Glaubensrichtung ihrer Macht zu berauben. Al Qaida befindet sich auf einem Kreuzzug.«

Sohair hatte eine Engelsgeduld, wenn es um meine mitunter unpopulären Meinungen ging, ob es nun um die Natur des Kreuzzugs oder um die Tatsache ging, dass israelische Kinder schließlich nichts dafür können, dass sie in Israel zur Welt gekommen sind. »Das kann schon sein«, sagte sie jetzt, »aber wenn ich den Begriff *Kreuzzug* benutze, kommt das sicher falsch rüber. Für einen Araber kann ein *Kreuzzug* nur eine kriegerische Handlung des Westens sein, die sich gegen Muslime richtet.«

»Dann gibt es eben zwei Kreuzzüge«, sagte ich. »Kreuzzug gegen Kreuzzug. Ich frage mich, ob es dafür ein Wort gibt.«

»Ich glaube, das nennt man *Krieg*«, meinte Sohair.

Kurz bevor ich die Reise in den Iran antrat, kam der Krieg zu mir. Aus der Rückschau betrachtet, hatte es wohl so kommen müssen. Ben, der gerade seine Arabischstudien beendet hatte, war in die USA zurückgekehrt. Weniger als vierundzwanzig Stunden, nachdem Jo, Omar und ich ihn zum Flughafen gebracht hatten, klingelte in unserer Wohnung das Telefon. Ben war dran.

»Willow?«

»Ben? Geht es dir gut? Was ist los?« Einen Augenblick dachte ich, er habe etwas Wichtiges in Kairo vergessen.

»Ich bin gerade eineinhalb Stunden lang vom FBI verhört worden.«

Mein Herz schlug schneller. »Was? Wieso?« Ich hörte ein Klicken. Das Gespräch wurde überwacht, was meist nicht besonders subtil abläuft.

»Sie wussten, wo ich letzten Sonntag in Kairo beim Essen war.«

»Hier?«

»Sie sagen, sie können mir die Staatsbürgerschaft entziehen … aufgrund des Patriot Act …«

»Was?«

»Willow, sie haben mich nach dir gefragt. Nach dir und nach Mehdi.« Mehdi war ein gemeinsamer Freund von uns. Wir kannten ihn vom College. Er hatte das Pech, Perser zu sein. Nach allem, was ich bis dato von ihm wusste, war er ein simpler Computerfreak.

»Nach mir und … Aber warum? Was sollen wir denn getan haben?« Sobald ich die Frage ausgesprochen hatte, wusste ich, dass die Antwort auf der Hand lag.

»Sie wollten wissen, warum ich so oft nach Ägypten und zurück geflogen bin. Woher ich das Geld dafür hatte. Ich habe ihnen zwar gesagt, dass meine Eltern das bezahlt haben, aber … sie glauben, wir sind Terroristen, Willow. Sie glauben tatsächlich, dass wir, verdammt noch mal, Terroristen sind.«

»Aber wir sind doch die Guten«, sagte ich matt. Das war das einzig Vernünftige, was ich zu dieser Konversation beisteuern konnte.

»Es ist ein einziges Kuddelmuddel. Sie haben nach Ireland gefragt. Mit ihr wollen sie, glaube ich, auch sprechen …« Ireland war Bens frühere Freundin, Tochter zweier erzkonservativer Lobbyisten in Washington. »Und Gott weiß, wer da noch alles hineingezogen wird. Ich habe dich angerufen, sobald ich zu Hause war.«

»Was soll ich denn bloß tun?«, fragte ich.

»Ich weiß es nicht. Ich dachte nur, ich sollte dir sagen, was hier vorgeht. Aber mehr weiß ich auch nicht.«

»Aber ich reise in zwei Wochen in den Iran.«

»Bist du irre?«

»Ich habe die Fahrkarte schon«, sagte ich. Da fiel mir etwas ein, was mir eine Freundin einmal erzählt hatte. Sie arbeitete in einer Beratungsstelle für Asylbewerber. Eine der Fragen, die man den Menschen stellt, um über ihre Asylberechtigung zu entscheiden, lautet: »Haben Sie Angst, in Ihr Heimatland zurückzukehren?« Ich hatte Angst. In diesem Augenblick und noch lange Zeit danach hatte ich Angst, in mein Heimatland zurückzukehren. Dieses Gefühl war mir vollkommen fremd. Ich wurde nicht recht damit fertig. Ich war in Amerika immer Teil einer Mehrheit – gebildete Mittelschicht, weiß, ohne extreme politische Ansichten – gewesen, der anzugehören etwas Beruhigendes hatte. Ich hätte es mir vermutlich nie eingestanden, aber ich hatte immer das Gefühl, dass das Gesetz mich mehr als andere schützen würde.

Ein paar Tage später erhielt ich von Ireland noch mehr schlechte Nachrichten: Das FBI war auch bei ihr gewesen, und sie war zutiefst verstört über das, was passiert war.

»Okay, zunächst einmal: Sie können dir die Staatsbürgerschaft nicht aberkennen. Das ist Müll. Der Patriot Act gibt ihnen nicht das Recht dazu«, schrieb sie. »Sie haben nur versucht, Ben einzuschüchtern. Zweitens kannst du ablehnen, ohne Anwalt mit ihnen zu reden. Bestell am besten gleich einen zum Flughafen, wenn du im Sommer nach Hause kommst. Alles klar?«

»Alles klar«, schrieb ich und war entsetzt. Zum ersten Mal in meinem Leben war ich froh, eine Republikanerin zu kennen. Ich würde es noch zu schätzen wissen, wie leidenschaftlich die Konservativen gegen die weniger verfassungskompatiblen Aspekte des Patriot Act gekämpft hatten. Weit mehr jedenfalls als ihre liberalen Kollegen.

»Und bitte fahr nicht in den Iran, okay? Bitte.«

»Aber was würde das schon beweisen?«, schrieb ich zurück. »Ich tue schließlich nichts Falsches. Ich will ja niemandem schaden. Wenn ich meine Pläne jetzt ändere, denken sie nur, ich hätte etwas zu verbergen gehabt. Und das stimmt nun mal nicht.«

»Willow, denk doch mal nach! Warum überwachen sie dich so streng? Also fahr bitte nicht!«

»Theoretisch bin ich freie Bürgerin eines freien Landes«, antwortete ich selbstsicherer, als ich mich fühlte. »Und genauso werde ich auch handeln, solange ich nicht eingesperrt werde und feststelle, dass dem nicht so ist.« Dahinter ein Smiley.

Ich schrieb Mehdi, um herauszufinden, ob er wisse, was da genau vorging. Seine Antwort klang niedergeschlagen.

»Was mich aufregt«, antwortete er, »ist, dass sie mich observieren und ihnen dafür vermutlich ein echter Terrorist durch die Lappen geht. Das ist deprimierend. Außerdem werden deine E-Mails mitgelesen. Mein Chiffrierprogramm beißt sich daran die Zähne aus.«

Ich hatte Amerika als selbstverständliche Konstante betrachtet. In meinem Hinterkopf war es der sichere Hafen gewesen, der mich immer und stets erwartete. Es war meine Heimat. Es war der Ort, an den ich mich flüchten konnte, wenn alles schiefging. Ich hatte mich im Nahen Osten nie wirklich unsicher gefühlt, doch merkte ich jetzt schnell, dass ich stets darauf gezählt hatte, dass man mich schon herausholen, retten und verteidigen würde, wenn es zu gravierenden Problemen kam. Jetzt, wo meine Privilegien als Amerikanerin bedroht waren, erkannte ich, wie teuer sie mir waren, ja mehr noch, wie sehr ich mich unbewusst auf sie verlassen hatte.

Ich bekam Alpträume. Ich träumte, erschossen zu werden und zu verbluten, mich im Flughafen zu verlaufen oder aus anderen Gründen nicht nach Hause zu können. Einmal träumte mir, Omar und ich seien ohne Pass in einem imaginären Niemandsland zwischen Ägypten, den

USA und Israel gelandet. Der Grenzübergang zu jedem der Länder war mit denselben großen Betonblöcken verbarrikadiert, die in Ägypten als Straßensperre benutzt werden. Wir konnten uns nicht mehr daran erinnern, aus welchem Land wir kamen oder wohin wir wollten. In kein Land ließ man uns mehr einreisen.

Um mich so transparent und kooperativ wie möglich zu zeigen, schickte ich meine komplette Iran-Reiseroute an die amerikanische Botschaft in Kairo. Dann nahm ich zweitausend Dollar in bar mit, hüllte mich von Kopf bis Fuß in eine schwarze Polyesterrobe und flog nach Teheran. Ich wurde das bedrückende Gefühl nicht los, dass ich mich – wäre ich das FBI gewesen – selbst auch überwacht hätte.

Meine ersten Eindrücke vom Iran konnte ich in Dubai beim Zwischenstopp sammeln. Ich saß in der Wartehalle, bis wir wieder an Bord gehen konnten, und begann mich allmählich zu fragen, ob ich von dem Land, in das ich im Begriff war zu reisen, überhaupt die annähernd richtige Vorstellung hatte. Ich hatte mir den Iran ähnlich vorgestellt wie Ägypten, nur um einiges schlimmer. Ich dachte, es sei ebenso wie ein sunnitisches Land und ich müsse mit derselben Militanz rechnen, wie sie der sunnitische Extremismus an den Tag legt. Ich war noch gar nicht im Iran angekommen, als ich schon merkte, dass ich mit meinen Vorstellungen falsch lag. Keine der Frauen auf meinem Flug trug ein Kopftuch. Ich sah schicke Jeans, gefärbte Haare und Lippenstift und fühlte mich extrem schlecht angezogen. Das Reisebüro hatte vorgeschlagen, ich solle einen schwarzen Mantel tragen, wie ihn der Wächterrat nach der Islamischen Revolution von 1979 vorgeschrieben hatte. Da es so etwas in Ägypten nicht zu kaufen gab, hatte ich mir eine schwarze Abaya übergezogen, eine traditionelle Tunika, die so ähnlich aussah.

Als ich die anderen Frauen auf meinem Flug musterte, fragte ich mich, ob ich mir das ungewohnte Ding überhaupt hätte kaufen müssen. Als wir im Anflug auf Teheran waren, holten die Frauen um mich her mit allen Anzeichen des Unmuts Kopftücher heraus. Vor allem die jungen Frauen schienen die Revolutionswächter herausfordern zu wollen, trugen sie doch winzige Kopftücher, die ganz weit hinten saßen. Darunter schaute oftmals noch ein kecker Pferdeschwanz hervor. In Ägypten hätte man nur wenige Frauen auf diesem Flug als korrekt verschleiert durchgehen lassen. Verglichen mit ihnen wirkte ich wie eine Erzfundamentalistin. Das kam mir merkwürdig vor. Da ich nur auf Presseberichte zurückgreifen konnte, hatte ich ein brutales Unterdrückerregime erwartet. Und ein Volk, das sich gegen den Fanatismus seiner Herrscher auflehnt. Doch die ironische Nonchalance, mit der die »vorgeschriebene islamische Kleidung« hier angelegt wurde, hatte wenig mit meiner Vorstellung von der Achse des Bösen zu tun, in die man den Iran eingereiht hatte. Und die schnatternden Mädchen im Flugzeug hatten so gar nichts Revolutionäres an sich.

Mein Führer holte mich vom Flughafen ab, ein freundlich aussehender Mann um die sechzig. Er war so ungeheuer höflich, während wir über meine Pläne sprachen, dass ich erleichtert aufatmete. Ich hatte eine Situation gefürchtet, wie sie sich in Ägypten leicht hätte ergeben können: eine Woche lang mit einem frustrierten Dreißigjährigen in ein Auto gesperrt zu sein, der es trotz meines Verlobungsrings und meines Kopftuchs darauf angelegt hätte, mich so schnell wie möglich ins Bett zu kriegen. Aber Ahmad war verheiratet und hatte eine Tochter in meinem Alter sowie einen etwas älteren Sohn. Der Gedanke, jemanden herumzukutschieren, der so viel jünger war als er selbst, schien ihn zu amüsieren.

»Die meisten Touristen, die in den Iran kommen, sind in mittleren Jahren oder älter«, erzählte er. »Junge Leute kommen nicht, weil es hier keine Bars oder Discos gibt. Es gibt hier einfach keine gesunden Möglichkeiten, Ärger zu bekommen, wie junge Leute es so gern tun. Es ist wirklich traurig.«

Diesen Satz sollte ich in den folgenden Wochen meiner Reise durch den Iran noch öfter zu hören bekommen, wenn die Rede auf das kam, »was aus unserem Land geworden ist. Es ist wirklich traurig.«

Als ich Teheran besuchte, lag die Stadt unter einer dunklen grauen Wolkendecke. Der acht Jahre dauernde Krieg mit dem Irak hatte viele Spuren hinterlassen, doch nur ein Gebäude zeigte tatsächlich Einschusslöcher. Das Zentrum der Stadt war von Parks durchzogen, die Straßen zeigten sich erstaunlich sauber, und das Elburz-Gebirge zeichnete sich am Horizont ab. Und doch schien die Atmosphäre in der Stadt irgendwie trostlos, während ich mit Ahmad durch die Straßen wanderte. Ich brauchte mehrere Stunden, bis ich merkte, woran das lag: Es war nirgendwo Gelächter zu hören. Die einzige laute Stimme, die ich den ganzen Tag über vernahm, war die eines Kellners, der Bestellungen in die Küche brüllte. Die Freiheit, die man den Menschen bei ihren Lebensäußerungen gewährte, war so umfassend, dass es schon surreal wirkte. Dabei waren die Menschen ungeheuer freundlich, wenn wir Museen und Teehäuser besuchten. Sie freuten sich, wenn sie hörten, dass ich Amerikanerin war. Denn die Iraner hassten Amerika keineswegs, wie sie mir immer wieder versicherten. Und doch herrschte überall eine feierliche Stille.

»Noch vor zehn Jahren konnte eine Frau im Gefängnis landen, wenn sie zu laut lachte«, erklärte mir Ahmad. »Unverheiratete Frauen und Männer werden heute noch manchmal schikaniert, wenn sie zusammen ausgehen. Vielleicht ist das der Grund für das, was Sie hier spüren.«

Überrascht schüttelte ich den Kopf. Vielleicht.

Auf dem Weg zum Hotel kamen wir an der alten amerikanischen Botschaft vorbei. »Sie haben sie gelassen, wie sie ist«, sagte Ahmad. »Nach der Revolution haben sie nur das Tor verschlossen. Und diese Sachen an die Wände gepinselt.«

Die Außenwand war – wie die Gebäude hinter den Toren – aus Ziegelstein. Man hatte sie mit antiamerikanischen Sprüchen beschmiert und mit Bildern von der Freiheitsstatue, die einen Totenschädel anstelle des Kopfes trug. Die Fenster waren alle auf der Innenseite vergittert. Als hätten die USA schon gewusst, dass die Revolution kommt, noch bevor der Sturm losbrach.

»Hier hat man also die Geiseln festgehalten?«

»Ja.« Ahmad folgte meinem Blick zu dem Totenkopf von Miss Liberty. »Was soll ich dazu sagen?«, meinte er und lächelte hilflos.

An diesem Abend traf ich Husayn im Hotel. Als Direktor des Reisebüros, mit dem ich unterwegs war, wollte er mich im Iran willkommen heißen und sich vergewissern, dass alles reibungslos funktionierte. Außerdem musste ich ihn noch bezahlen. Wir tranken zusammen Tee, und er tat mir den Gefallen, mit mir über Politik zu reden.

»Diese Orte sind immer recht überfüllt«, merkte er an, während wir den Blick über die Sessel und Kaffeetischchen in der vollen Lobby wandern ließen. Sein Englisch war makellos, er hatte nur einen leichten Akzent. »Etwa die Hälfte der Leute wohnt tatsächlich hier im Hotel.«

»Ach, wirklich?« Warum sollte man sich in einem Hotel aufhalten, wenn man nicht hier wohnte?

»Nun, in den internationalen Hotels wird man nicht so

leicht von der Moralpolizei aufgegriffen. Hier können sich also auch Jungen und Mädchen treffen.«

»Na ja, ist ja eigentlich logisch.« Ich überlegte mir genau, was ich als Nächstes sagte. »Als ich heute durch Teheran spaziert bin, schien es, als wären viele Leute ein wenig … unglücklich. Sind die Teheraner so? Ein bisschen wie die New Yorker?«

Husayn zog eine Pfeife heraus und stopfte sie mit einem Tabak, der zart nach Vanille duftete. »Kennen Sie den russischen Romancier Gorki?«

»Ich habe die russische Literatur bislang weitgehend gemieden. Sie ist einfach zu deprimierend.«

»Gorki sagt einmal, dass ein Volk, das nicht tanzt, früher oder später ausstirbt. Wir dürfen nicht tanzen, und sehen Sie sich um.« Er gestikulierte mit seiner Pfeife. »Wir sind ein Volk von Toten. Kein Tanz, keine großen Partys – Frauen ist nicht einmal erlaubt zu singen. Wir haben nichts von dem, was den Menschen das Leben angenehm macht. Natürlich sind wir unglücklich.«

Ich schämte mich, das Gespräch in solch eine düstere Richtung gelenkt zu haben. Mir war damals noch nicht klar, dass Trauer trotz der Diskretion, die Iraner gewöhnlich an den Tag legen, kein Gefühl ist, das sie zu verbergen suchen – anders als die Amerikaner. »Aber die jüngere Generation scheint doch mit allerlei kleinen Regelverstößen durchzukommen«, sagte ich. »Ich sehe doch überall Mädchen, die kaum verschleiert sind und sich mit Jungen unterhalten. Und sie scheinen kein bisschen Angst zu haben.«

»Das liegt nur daran, dass die Regierung genau weiß: Wenn die jungen Leute eine Konterrevolution anzetteln, ist der ganze Spuk in ein paar Minuten vorüber. Die Regierung wurde von den jungen Leuten an die Macht gebracht, und ebendiese jungen Leute könnten ihr die Macht auch wieder nehmen. Siebzig Prozent der Iraner sind unter dreißig.«

Ich senkte meine Stimme, um ihm die nächste Frage zu stellen: »Und warum gibt es dann keine Konterrevolution?«

Husayn seufzte: »Weil die Iraner den Krieg satthaben. In den letzten hundert Jahren haben wir zwei blutige Kriege durchgestanden. Wir hatten zwei Revolutionen, einen Staatsstreich und einen Gegen-Staatsstreich. Niemand will das wieder haben. Nicht noch einmal. Die Menschen wollen Reformen, keine Revolution.«

»Das kann ich verstehen. Mir würde es genauso gehen.« Ich schob einen Zuckerwürfel im Mund hin und her. Die iranische Art, Tee zu trinken, war mir fremd. Sie hielten dabei ein Stück Zucker in der Wangenhöhlung. »Aber viele Perser, mit denen ich mich im Ausland unterhalten habe, glauben, die Revolution stehe unmittelbar bevor.«

»Wirklich?« Husayn lächelte bitter. »Nun, Sie leben im Nahen Osten. Irgendetwas steht hier immer unmittelbar bevor. Manchmal jahrelang.«

Ich lachte hellauf. Als sich die Leute im Raum nach mir umdrehten, lief ich rot an.

Teheran, die Stadt ohne Lachen, Hauptstadt eines sehr realen islamischen Extremismus, blieb für mich immer irgendwie ungreifbar. Sie wirkte wie ein lebendig gewordener Roman, eine Geschichte, die sich selbst stets weiterspinnt, nicht selten auf Kosten der Menschen, deren Lebenswirklichkeit sie bildete. Die herausfordernde Art, wie die schicken Teheranerinnen ihr Kopftuch trugen; die rosengeschmückten, zwei bis drei Stockwerke hoch reichenden Wandgemälde, mit denen man der Märtyrer gedachte; die moralisierenden Sprüche überall – all das legte den Schluss nahe, dass es den Islamisten Teherans nicht um Religion ging, sondern um Kontrolle. Im Grunde funktionierte ihre Strategie so ähnlich wie die Bürokratie in Ägypten: Man türmte so lange Schwierigkeiten und Verzögerungen auf, bis jeder, aber auch wirklich jeder zu müde war, gegen die Machthaber anzukämpfen. Nach allem, was ich zu sehen bekam, war diese Strategie äußerst effektiv. Keinen Ort habe ich je so widerstrebend verlassen wie Teheran.

Die nächste Station meiner Reise war Shiraz, eine Stadt etwa sechshundert Kilometer südlich der Hauptstadt. Da ich in Teheran kaum ein Auge zugemacht hatte, stieg ich halb schlafend in das Flugzeug, das mich dorthin bringen sollte. Ich hatte meine Kopfhörer auf und hörte die kanadische Band Delerium, was zu meiner düsteren Stimmung passte. Als über den Lautsprecher ein Gebet für eine sichere Reise erklang, machte ich die Musik lauter, um nicht zuhören zu müssen. Die Frau neben mir sah mich entsetzt an. Erst später wurde mir klar, dass ich vermutlich etwas Verbotenes getan hatte. In Shiraz holte mich Azin ab, eine schlagfertige Frau um die dreißig, deren Kopftuch abenteuerlich auf ihrem Haarschopf herumrutschte.

Shiraz erstreckte sich hufeisenförmig um die Biegung eines trockenen Flussbettes, doch die Gärten der Stadt überraschten mich mit einem Überschwang an Rosen und Zypressen. Zwischendrin funkelten blaue Kuppeln aus dem Gewirr der Straßen. Dies begegnet einem im Iran häufig. Der Großteil des Landes ist bergig und trocken, doch selbst die kleinsten Dörfer sind wunderschön begrünt. Wo das Wasser und die fette Erde dafür herkamen, blieb ein Rätsel. Shiraz war da keine Ausnahme: eine Stadt kultivierter Schönheit in einer wilden, ungezähmten Landschaft.

Azin führte mich zum Grab des persischen Dichters Hafis, der zu den berühmtesten Mystikern der islamischen

Geschichte gehört. Im Iran wird er wie ein Heiliger verehrt. Neben der Grabstätte – einem kuppelgekrönten Pavillon inmitten eines Gartens – befand sich ein *chai'khaneh*, ein klassisches Teehaus mit einem gemauerten Innenhof. Dort stand ein Brunnen, um den herum Nischen mit dicken Polstern für die Gäste in die Wand eingelassen waren. Als wir eintraten, sahen ein paar Frauen im schwarzen Tschador mich über die Schulter hinweg neugierig an.

»Ihr Mann ist Ägypter?«, fragte Azin mich, während sie die Teetassen und einen Teller mit Zuckerwürfeln vor sich herbalancierte.

Wir setzten uns. »Ja, palästinensischer Ägypter.«

»Und er hat Sie allein reisen lassen?«

»Ja«, antwortete ich arglos.

Ungläubig schüttelte Azin den Kopf. »Dabei heißt es hier immer, dass arabische Ehemänner viel strenger seien als persische.«

»Um die Wahrheit zu sagen, glaube ich, dass die meisten Ägypter ihren Frauen gegenüber dominanter auftreten als Omar. Als ich ihn schließlich überzeugt hatte, war er selbst ganz aufgeregt. Er hat mir eine Liste mit Dingen mitgegeben, die ich ihm mitbringen soll. Und ich soll für ihn herausfinden, ob es im Iran Sufis gibt.«

»Sufis?« Azin sah zweifelnd drein. »Vielleicht vor der Revolution. Jetzt sicher nicht mehr.« Abwesend rückte sie ihre Kopfbedeckung zurecht, auf dieselbe Weise wie Frauen in anderen Ländern vielleicht mit ihrem Haar spielen. »Leben Sie gern in Ägypten?«, fragte sie.

»Ja.« Und das stimmte. Dabei hatte ich recht gehabt: Angesichts einer Stadt wie Teheran kam mir mein Stadtteil Tura nun ziemlich normal vor.

»Wieso?«

»Vermutlich weil alles, was es an Interessantem oder Wichtigem gibt, ob es nun aus dem Osten oder aus dem

Westen kommt, am Ende in Kairo anlangt. In dieser Stadt hat man das Gefühl, exakt am Mittelpunkt der Welt zu leben. Sie ist jedenfalls der Mittelpunkt meiner Welt.« Endlich war ich fähig auszudrücken, weshalb ich das Band, das mich mit Kairo verknüpfte, nicht mehr durchtrennen konnte. Selbst wenn meine Ehe nicht halten sollte, so war doch Kairo der Hauptgrund, weshalb ich nie mehr würde glauben können, dass Amerika eine Welt für sich ist, wie dies die meisten Amerikaner tun. In *Der Prophet* schreibt Khalil Gibran, wir könnten Orte, an denen wir ohne Bedauern gelitten hätten, nicht verlassen. Solche Orte würden zu unserer zweiten Haut. Kairo war meine zweite Haut. Die Stadt hatte mich mit Schmutz, Krankheit und unentwegten Belästigungen genervt. Sie hatte mir Omar geschenkt. Sie hatte mich in Schwierigkeiten gebracht und aus den Schwierigkeiten wieder herausgeholt. Mittlerweile war die Stadt Teil meiner Geschichte. Und da wir alles lieben, was uns vertraut ist, dachte ich stets voller Liebe an Kairo.

Azin lächelte. »Der Mittelpunkt der Welt«, wiederholte sie. »Hört sich an wie ein Gedicht.« Eine Weile saßen wir schweigend da und schlürften unseren Tee durch Zuckerwürfel. Irgendwann standen die Frauen in der Nische auf, zogen den Schleier vor den Mund und gingen.

Am selben Tag noch besuchten wir Shah Cheragh, einen Schrein, der für den Schwager eines der schiitischen Imame errichtet worden war. Es war ein eher kleines Gebäude mit einer unscheinbaren Kuppel, aber ich hatte das Gefühl, zumindest ein bisschen von der Ehrfurcht heucheln zu müssen, die unsere persischen Führer von mir zu erwarten schienen. In Ägypten war einfach alles so gigantisch, ob es nun die Pyramiden waren oder das Chaos im Straßenverkehr, dass mich nur noch selten etwas in Aufregung versetzte.

Innerhalb des Schreins mussten Azin und ich den Tschador anlegen. Die großen schwarzen Tücher lagen in einer Truhe neben dem Eingang. Ich zog das Kleidungsstück über den Kopf und hielt das lose Ende in einer Hand. Dabei wünschte ich mir, es würde in den Straßen der Stadt nicht so auffallen, wenn eine Ausländerin Tschador trug, denn der Tschador, der überall in der westlichen Welt als Symbol der Unterdrückung der Frau betrachtet wird, verleiht seiner Trägerin eine Würde, die der unförmige Mantel, welchen die Mullahs den Frauen als Kompromiss mit westlichen Kleidungsstücken erlaubten, niemals ausstrahlen kann.

Als wir in das Innere des Schreins eintauchten, trat echte Ehrfurcht an die Stelle der gespielten: Der Innenraum war zur Gänze mit einem Mosaik aus Tausenden winziger Spiegelchen ausgekleidet. So etwas hatte ich in meinem ganzen Leben noch nicht gesehen. Jeder Schritt verstärkte die Desorientierung noch, die den Besucher überfiel, wenn sein eigenes Bild tausendfach auf ihn zurückgeworfen wurde. Ich stand in der Mitte des Raumes und schwankte. Etwa ein Dutzend Menschen saßen auf dem Boden und beteten oder lasen.

»Sie können ein Foto machen, wenn Sie möchten«, flüsterte Azin.

Ich schüttelte den Kopf. »Nein, nicht während die anderen beten.«

»Aber das ist in Ordnung. Sie sind Ausländerin. Das würden sie verstehen.«

»Nein, ich möchte nicht unhöflich sein. Ich möchte auch nicht, dass jemand Fotos macht, während ich bete.«

Erfreut nickte Azin. »Das ist gut. Nein, wirklich toll. Das ist tatsächlich mal etwas anderes.« Sie ergriff meine Hand und drückte sie. Ich lächelte sie an. Ganz leise verließen wir dann den Schrein, den ich bis heute nur in meiner Erinnerung bewahre.

Fatimas Schrein

Und so haben wir die einen durch die anderen geprüft.
QUR'AN, 6, 53

An jenem Abend flog Ahmad von Teheran nach Shiraz, um mich zu treffen, denn am nächsten Morgen wollten wir uns auf die lange Fahrt durch das Zagros-Gebirge machen bis nach Isfahan. Die düstere Stimmung, die sich in Teheran über mich gelegt hatte, war auch in Shiraz nicht von mir gewichen. Das Zagros-Gebirge aber mit seinen windgepeitschten Hochebenen und den zerklüfteten Bergketten war aufregend genug, um erfolgreich als Gegenmittel gegen einen eventuellen Kulturschock wirken zu können.

»Wenn ich fragen darf«, meinte Ahmad einmal höflich, »wieso sind Sie eigentlich in den Iran gekommen?«

Ich biss mir auf die Lippen. »Das hatte mehrere Gründe. Zum einen interessiere ich mich für die Geschichte Persiens. Ich habe eine Zeitlang in Ägypten gelebt und wollte etwas anderes kennenlernen, ein Gefühl für ein anderes Land bekommen.«

»Ein Gefühl?«

»Ja. Ich wollte mit eigenen Augen sehen, wie man hier lebt, wie die Menschen denken.«

»Aber Sie wirken sehr ruhig.« Er sagte das mit einem Unterton, der signalisierte, dass er in Wirklichkeit »gelangweilt« sagen wollte.

»Nein, nein«, wehrte ich ab. »Nein, der Iran ist wirklich wundervoll. Wohl das schönste Land, das ich je gesehen habe. Und die Menschen sind unglaublich freundlich.« Ich suchte nach Worten. »Es ist nur: Ich habe im letzten Jahr so viel Neues gesehen, dass meine Fähigkeit zu staunen etwas gelitten hat.«

Wir schwiegen einige Minuten lang.

»Ich glaube, Sie sind schon ein bisschen zur Araberin geworden«, meinte Ahmad schließlich.

Diese Bemerkung überraschte mich. »Wieso glauben Sie das?«, fragte ich.

»Nun, es ist die Art und Weise, wie Sie gehen, wie Sie mit den Menschen reden. Das ist anders als bei den Amerikanern, die ich bisher kennengelernt habe.«

»Ach, Gott. Das ist mir wohl mittlerweile zur Gewohnheit geworden.«

»Sie tun es um Ihrer neuen Familie willen?«

»Nein, eigentlich mehr, um nicht aufzufallen. Und um nicht überall, wo ich hingehe, zum Mittelpunkt des Interesses zu werden.«

Ahmad nickte und schien über das Gesagte nachzudenken. Wir fuhren weiter, ein wenig verlegen, weil wir so offen miteinander gesprochen hatten. Mein Rücken schmerzte. Ich fühlte mich ein wenig fiebrig und wollte mich schon für ein Nickerchen in die Polster zurücksinken lassen, doch es sollte offenkundig nicht sein.

»Schauen Sie mal nach rechts.«

Gehorsam richtete ich den Blick aus dem Fenster, wo ein paar schwarze Zelte mit spitzem Dach standen.

»Nomaden?«

»Ja, von der Stammesföderation. Vielleicht Shahsevan.«

Plötzlich war ich hellwach. »Wirklich?«

Ahmad lächelte: »Wirklich. Sollen wir ihnen hallo sagen?«

Wir fuhren einen Trampelpfad ins Tal hinunter, in dem die Nomaden ihr Lager errichtet hatten, und hielten zehn Meter vor dem ersten Zelt an. Ein riesiger Hund schlug an und sprang knurrend um den Wagen herum. Wir stiegen trotzdem aus. Ich sah, wie aus einem der Zelte ein verschleiertes Haupt lugte, das sofort wieder verschwand. Als es wieder zum Vorschein kam, stellte sich heraus, dass es einem Mädchen von sechzehn oder achtzehn Jahren gehörte. Sie trug ein über und über besticktes rotes Kleid mit einer Hose darunter, einen *salwar kameez.* Passend zur Tracht hatte sie einen langen Schal um die Stirn gewickelt, dessen Enden über den Rücken hinunterhingen. Als Ahmad auf sie zuging und uns einander vorstellte, lächelte sie.

»Sie hat uns zum Tee eingeladen«, meinte er.

Gebückt traten wir in das erste Zelt, in dem es nach ungebleichter Wolle roch. Drinnen saß eine Gruppe Mädchen im Kreis und kicherte in ihre Schals hinein. Ich lächelte und setzte mich dorthin, wo das Mädchen im roten Kleid mir einen Platz zuwies. Zugleich legte ich die Hand aufs Herz, um mich zu bedanken. Sie lächelte zurück und warf einen Kerosinkocher an.

Während ich auf den Tee wartete, betrachtete ich die anderen Mädchen. Die meisten waren gekleidet wie das erste. Sie trugen einen goldbestickten *salwar kameez* in leuchtendem Rot, Grün oder Blau. Der Schal, den sie als »Kopftuch« nutzten, war ganz eindeutig nur zur Zierde gedacht, denn er verdeckte das Haar nicht, das sie in dicken Flechten auf dem Kopf trugen. Sie machten einen unglaublichen Lärm, während sie uns in ihren Kreis aufnahmen.

Ahmad stellte ihnen eine Frage, die sie sofort wieder in helles Gelächter ausbrechen ließ.

»Ich habe gefragt, ob eine von ihnen verheiratet ist«, sagte er.

Solch eine Frage wäre in Ägypten der Gipfel der Unverschämtheit gewesen, hier im Iran leitete sie fast jedes Gespräch ein. Tatsächlich war eine von ihnen schon verheiratet und hatte einen acht Monate alten Sohn. Ich betrachtete sie genauer, doch Sonne und Wind hatten bereits so tiefe Linien in ihr Gesicht gegraben, dass ihr Alter schwer zu schätzen war. Ihr Körper wirkte, als habe er bereits unter Krankheit oder Mangelernährung gelitten. Ich konnte mir kaum vorstellen, dass sie tatsächlich ein Kind ausgetragen haben sollte. Andererseits war ihrem Gesicht eine gewisse Offenheit und Schärfe eigen, die eine Mutterschaft wiederum als durchaus möglich erscheinen ließen.

»Zu welchem Stamm gehören sie?«, fragte ich Ahmad.

Er wiederholte meine Frage in Farsi. Eines der Mädchen gab eine Antwort, die ihn zu überraschen schien. Ein kleiner Wortwechsel folgte.

»Sie sagen, sie gehören zum Stamm Abd'el Khaneh, von dem ich noch nie gehört habe. Sie behaupten, Araber zu sein«, meinte er schließlich.

»Wirklich?« Für einen Stamm im Zentraliran war dies wirklich eine eigenartige Behauptung. *Abd* ist das arabische Wort für »Diener«, *khaneh* ist Farsi für »Haus« (wie in *chai'khaneh,* »Teehaus«). Der Name des Stammes bedeutete also »Diener des Hauses«. Ich fragte mich, ob das in diesem Zusammenhang ein wenig geheimnisvolle »Haus« vielleicht die Familie des Propheten meinen könnte, die in Arabisch als *Ahl ul'Beyt,* »Familie des Hauses«, bezeichnet wird.

»Ja«, antwortete Ahmad, sichtlich verwirrt. »Sie sagen, Arabisch sei ihre Stammessprache.«

Daher fragte ich das Mädchen im roten Kleid in modernem Standardarabisch, ob sie mich verstehen könne. Sie sah mich kurz an und sagte dann etwas, das sich anhörte, als würde man Arabisch und Farsi mischen und mit allerlei Störgeräuschen über den Äther schicken. Ich verstand kein Wort.

»Das war vielleicht mal Arabisch«, meinte ich zu Ahmad.

»Heute hört es sich an wie eine Mischung verschiedener Dialekte.«

»Das Mädchen versteht Sie auch nicht«, sagte Ahmad und lachte. »Ich lache nur wegen unseres Gesprächs vorhin. Jetzt stoßen wir auch noch auf arabische Nomaden mitten in der Provinz Shiraz.«

Wir tranken Tee mit den Mädchen, deren Brüder allmählich von der Weide zurückkamen. Ein paar der jungen Männer hatten erstaunlich blaue Augen. Sie sahen aus, als seien sie zwischen dreizehn und achtzehn Jahre alt. Statt sich zum Teetrinken hinzusetzen, blieben sie einfach in der Hocke, als müssten sie sich bereit halten, weil sie jederzeit auf die Weide hinausgerufen werden könnten. Einer trug eine alte Uniformjacke der US-Armee, die vermutlich noch aus der Zeit vor dem Krieg stammte, als der Iran ein verlässlicher Verbündeter der USA war.

Wir dankten den Mädchen für den Tee, und Ahmad versprach ihnen, er werde auf dem Heimweg hier vorbeifahren, um ihnen Abzüge der Fotos zu bringen, die ich gemacht hatte. Dann fuhren wir weiter.

Zu dem Pass südlich von Isfahan, wo ich auf einen Felsen kletterte und in den Irak hinüberblickte und über ihn hinaus, Richtung Mittelmeer, Atlantik, Heimat. Obwohl sich so vieles verändert hatte, sahen die Berge hier der vertrauten Landschaft in Colorado viel zu ähnlich, als dass ich hätte Angst haben können.

Ein alter persischer Reim sagt: *Isfahan nisfe jahan.* Übersetzt heißt das: »Isfahan ist die Hälfte der Welt.« Und das trifft vermutlich auch heute noch zu. Obwohl die Handelsrouten heute weitgehend verschüttet sind und die Dichter sowie der Hof, an dem sie ihre Werke vortrugen, verschwunden sind, ist doch die Architektur und mit ihr der Geist dieser Zeit geblieben. Das an der Seidenstraße gelegene Isfahan war überhaupt lange Zeit gleichbedeutend mit Persien. In dieser Stadt gab es einfach alles – Paläste für eine Reihe von Herrschern, zwei Universitäten, eine Reihe kleinerer Gelehrtenschulen, einen riesigen Basar und dazu noch Künstler aus aller Welt, die in das über die Maßen prunkvolle Safawidenreich kamen. In Isfahan fand und findet sich eine Teehauskultur, die weltweit ihresgleichen sucht. Alte Steinbrücken beherbergen die sogenannten *chai'khaneh,* die teilweise Teil der Brücke selbst sind. Dort Tee zu trinken gibt einem das Gefühl, auf einem Boot zu sein.

Im Herzen der Stadt liegt der *Maidan Imam Khomeini,* ein rechteckiger Platz, dessen seitliche Arkaden von wunderschönen Moscheen, Palästen und dem großen Basar durchbrochen werden. Dort schauten Ahmad und ich uns nach einer *sehtar* um, einem traditionellen persischen Musikinstrument, das ich für Omar besorgen sollte. Nachdem wir mit einigen Händlern gesprochen hatten, verwies man uns an einen Musikalienladen in der Nähe des Maidan. Dort angekommen stellte ich zu meinem Erstaunen fest, dass er von zwei jungen Männern geleitet wurde, die etwa so alt waren wie ich. Auf ihren T-Shirts prangten die Namen ihrer Lieblingsbands, und mit ihren Cordjacketts und Cargohosen wären sie auch bei einem Konzert der Pixies nicht aufgefallen. Als Ahmad und ich eintraten, lächelten sie uns wissend an. Alles passte. Ihr Aufzug, der mit jeder Faser hinausschrie: »Steckt euch den Mullah-Kram doch sonst wohin!«, der Musikladen – sie konnten nur Sufis sein. Nach dem Gespräch mit Azin glaubte ich, der Sufismus sei von der Revolution in den Untergrund verbannt worden. Und doch: Da waren sie!

Unsere Unterhaltung litt leider unter nahezu unüberwindlichen Sprachproblemen: Sie konnten nur ein bisschen Englisch und kein Arabisch, mein Farsi aber beschränkte sich auf die paar Höflichkeitsfloskeln, die Ahmad mir beigebracht hatte.

Ahmad musste also übersetzen.

»Sie heißen Isma'il und Javad«, sagte er. »Sie sagen, dass sie zum Ni'matullahi-Orden gehören.«

Von diesem Sufipfad hatte ich noch nie zuvor gehört, aber nachdem Ahmad ihnen erklärt hatte, dass ich eigentlich persische Sufis hatte kennenlernen wollen, war diese Lücke bald beseitigt. Musik, erzählten sie, sei für ihren *dhikr* – eine Art Sprechgesang zwischen Gebet und Mantra – charakteristisch. Eben aus diesem Grund hätten sie diesen Musikladen aufgemacht. Beide wollten unbedingt wissen, wie die ägyptischen Sufis den *dhikr* übten, wie viele Pfade es gäbe und wie diese hießen. Ich beantwortete ihre Fragen nach bestem Wissen und Gewissen und wünschte mir, Omar wäre bei mir, denn er hätte das alles sicher besser erklären können als ich.

Als ich ihnen erzählte, dass ich eine *sehtar* für meinen Mann suche, lief Isma'il aus dem Laden. Natürlich, so sagte er, sei keine der hier feilgebotenen Lauten auch nur annähernd gut genug für Omar. Etwa zehn Minuten später hörten wir ihn zurückkommen. Der vollkommene Klang der *sehtar* eilte ihm voraus. Javad und ich packten sie vorsichtig ein, er gab mir Zupfer, Ersatzsaiten und -brücken mit. Dabei erläuterten sie Ahmad genau, wie sie gestimmt werden müsse. Als wir den Laden verließen, war das ungute Gefühl, das mich in Teheran befallen hatte, mit einem Mal verschwunden. Dass ich um die halbe Welt reisen und dort Menschen wie Javad und Isma'il kennenlernen konnte, verlieh mir in gewisser Weise ein Gefühl der Sicherheit. Es erinnerte mich daran, dass Heimat verschiedene Orte meinen kann.

Obwohl meine düstere Stimmung mittlerweile verflogen war, haftete dem Iran in meinen Augen etwas Tieftrauriges an. Ahmad erzählte mir eine Geschichte nach der anderen über die Touristen, die er durch das Land begleitet hatte. Alle waren sie irgendwann in Tränen ausgebrochen. Manchmal war es nur wegen der Kuppel einer Moschee gewesen, meist aber wegen dieses seltsamen Gefühls der Verlorenheit, das einen hier befiel. Ein reicher Amerikaner um die sechzig habe urplötzlich losgeweint, weil er nie die Liebe seines Lebens gefunden hatte. Ein britischer Diplomat, der vor der Revolution dreißig Jahre lang im Iran gedient hatte, weinte, weil in den letzten dreißig Jahren so viel verlorengegangen war.

Es war unheimlich. Eines Abends, als Ahmad und ich in einem Rosengarten in Isfahan Tee tranken, begann er plötzlich selbst, niedergeschlagen dreinzuschauen. Ich fragte ihn, was denn los sei.

»Nichts«, meinte er. »Mir stand nur gerade die Vergangenheit lebhaft vor Augen.« Er schüttelte den Kopf, lächelte und erzählte mir dann die Geschichte einer Engländerin, die vor der goldenen Kuppel von Hazrat Masumeh stand und so erschüttert über die gegenwärtigen Angriffe auf die Muslime war, dass sie vor den Augen Tausender Pilger zu weinen anfing. Eigentlich war das weiter nicht schlimm, weinten sie doch auch.

»Lieber Gott«, sagte ich. »Was ist nur mit dem Iran, dass er jeden zum Weinen bringt?«

Dies war das erste Mal, dass ich Ahmad lachen sah. »Ich weiß nicht«, japste er, »aber langsam frage ich mich das auch.«

An diesem Abend gingen wir zum Abendessen in ein indisches Restaurant. Ich aß mit weit größerem Appetit als die Tage zuvor, weil ich froh war, endlich mal ein wenig Abwechslung zur persischen Küche zu bekommen, die selten etwas anderes bietet als Fleisch am Spieß. Natürlich wollte Ahmad wissen, wieso ich indisches Essen so mochte.

»Ich weiß nicht«, antwortete ich. »Ich war gar nicht so scharf darauf, bevor ich mit einem meiner Freunde während unserer Collegezeit dieses unglaubliche Restaurant in Boston entdeckte. Es war zwar sehr teuer, aber wir haben dort mindestens einmal im Monat richtige Festessen veranstaltet …« Plötzlich hatte ich einen dicken Kloß im Hals. Erstaunt hielt ich inne, eigentlich war das doch kein heikles Thema für mich. Trotzdem war ich drauf und dran, in mein Lamm Masala zu heulen. An diesem Punkt erkannte ich plötzlich, dass mein altes Leben ein für alle Mal entschwunden war, als habe mir die Entfernung zwischen Boston und Isfahan die Augen geöffnet. Einen Augenblick lang war ich erschüttert über den klaren Bruch, den ich vollzogen hatte. Die Welt war zu groß, ich war zu klein. So viele Widersprüche konnte ich nicht ertragen. Den Rest der Mahlzeit brachte ich nur unter Qualen herunter, dann fuhr ich ins Hotel zurück, kuschelte mich ins warme Wasser der Badewanne und weinte eine halbe Stunde.

Am nächsten Tag feierte das Land den Jahrestag des Märtyrertums eines der Imame. Die ganze Stadt war schwarz beflaggt, jeder fröhliche Ton war verboten, und die Menschen sahen noch niedergedrückter aus als üblich. Ich war zwar erschöpft, fühlte mich aber trotzdem im Einklang mit mir selbst. Etwas hatte klick gemacht. Ich hatte nun eine recht klare Vorstellung davon, was Schia und Sunnah trennte. Natürlich hatte ich Verschiedenes gelesen über die Schia und ihre Auswirkungen auf die iranische Kultur, Dinge, die ich ausgesprochen verstörend fand, wie die Opfermentalität und das rituelle Trauern. Nun aber sah ich, dass dieser Trauer etwas Ekstatisches anhaftete. Nachdem ich tags zuvor in Tränen ausgebrochen war, begriff ich, worum es dabei ging. Wie der Buddhismus, so ermutigt auch der Islam seine Gläubigen dazu, sich von materiellen

Dingen zu lösen. Im sunnitischen Islam wird dies durch hohe persönliche Disziplin und strengen Ikonoklasmus umgesetzt. Die Schia im Iran strebte dies auf anderen Wegen an. Man erhebt die Trauer zur ekstatischen Wandlungserfahrung und löscht so die Angst vor Verlust aus. Dies erinnert die Gläubigen daran, dass allein Gott ewig ist. Alles andere beginnt schon im Augenblick der Schöpfung zu verblassen. Plötzlich verstand ich die Melancholie, die die wunderschönen Gärten, Paläste und Moscheen umgibt, so dass sie einfach wirken und voller Demut. So als wollten sie uns neben dem Lob der Schöpfung, die sie verherrlichten, daran erinnern, dass alles, aber auch alles bereits im Moment der Geburt vergehen muss.

Wir verließen noch am selben Tag über die schwarz verhangenen Boulevards die Stadt. Bevor wir zurück nach Teheran gelangten, hielten wir in Qum an, einer heiligen Stadt, die sich um einen der Schreine gebildet hatte, die man fälschlicherweise als »einen der Fatimas« bezeichnete, sehr zu Ahmads Missvergnügen. Ich hegte eher die für Sunniten typische Gleichgültigkeit, was die Mitglieder der Familie des Propheten angeht, die mit ihm eher weitläufig verwandt waren. Jedenfalls weitläufiger als seine Enkel. Was in der Blutlinie des Propheten nach Imam Husayn und Sayyida Zainab kam, schien mir nicht unbedingt merkenswert. Ich wusste – und weiß bis heute – nicht, ob Fatima tatsächlich in Qum begraben liegt. Die Schiiten hingegen waren sich sicher. Im 16. Jahrhundert errichteten sie ihr zu Ehren in Qum eine riesige Moschee in Blau und Gold und machten aus der Stadt eines der Zentren schiitischer Gelehrsamkeit. Um Fatimas Schrein betreten zu dürfen, musste man nicht nur Muslim sein, man musste – als Frau – auch den Tschador tragen. Im größten Teil Irans ging dafür jedes Kleidungsstück durch, das alle Körperteile bedeckte. Die arabische Galibayya und das Kopftuch, das ich trug, wurden während meines Aufenthalts gewöhnlich fraglos akzeptiert. Tatsächlich war ich damit konservativer gekleidet als die meisten Perserinnen. Doch am Fatima-Schrein war der Tschador Pflicht. Viele der Frauen, die sich vor dem Eingang drängten, stammten offensichtlich nicht aus Persien. Viele schienen aus Südostasien zu kommen, einige hatten sehr helle Haut und blaue Augen. Doch sie alle trugen den schwarzen oder blauweißen Schleier, der aussah wie ein Sari. Ich hätte kein Problem damit gehabt, mir einen Tschador umzulegen, aber da ich, als ich mir der Kleiderordnung bewusst wurde, bereits im Strom der Pilger feststeckte, gab es für mich nur einen Ausweg: die Flucht nach vorn, Richtung Schrein. Ich würde ihn so betreten müssen, wie ich war. Am Eingang holte mich Ahmad endlich ein, gerade als ich von einem grimmig dreinblickenden Mann um die vierzig aufgehalten wurde: einem Mitglied der Religionswächter. Ahmad deutete auf mich und redete mit ihm. Der Mann nahm mich genauer in Augenschein und versuchte offensichtlich herauszufinden, ob Ahmad die Wahrheit sagte. Ich schlug die Augen nieder und betrachtete höflich seine Schuhe.

»Sie sind Amerikanerin?«, fragte der Religionswächter auf Englisch. Die Frage war nicht böse gemeint, nichtsdestotrotz ließ sein Ton ein gewisses Unbehagen erkennen.

»Ja.«

»Und Muslimin?«

»Ja.«

Er sagte etwas zu Ahmad, der noch einmal wiederholte, was er dem Mann eben schon erklärt hatte.

»Sind Sie tatsächlich Muslimin?«, fragte er mich erneut.

Ich sah ihn an. »Ich kann die *shaheda* vortragen, wenn Sie das möchten«, antwortete ich. Ich wollte damit die Wogen glätten, doch sobald der Satz draußen war, merkte ich, dass er wie eine Kampfansage klang. Und vielleicht war es das auch.

Der Religionswächter runzelte die Stirn, sein Unbehagen hatte sich wohl eher vergrößert. Einen langen Augenblick standen wir herum wie Statuen. Ich sah erneut zu Boden und hoffte, dass er mich eintreten lassen würde. Der Mann dachte nach. Ahmad, von dem ich in diesem Moment nur die untere Körperhälfte sah, trat von einem Fuß auf den anderen. Ich fragte mich, ob wir jetzt vielleicht Ärger bekommen würden und wie viel Macht die Religionswächter im Iran wohl hatten. Mir wurde allmählich klar, wie das Ganze auf ihn wirken musste: eine amerikanische Muslimin, Sunnitin, gekleidet wie eine Araberin, die vor dem Tor zu dem sehr schiitischen, sehr persischen Heiligtum von Hazrat Masumeh stand, dem Geburtsort der iranischen Revolution. Die Frage »Kann ich rein?« musste vor diesem Hintergrund geradezu provokativ wirken. Es ging letztlich darum, welche Überzeugungen hier vorherrschten. Wenn der Islam mehr war als die Gesamtheit seiner Schulen und nationalen Hoheitsgebiete, wenn er mit Widersprüchen fertig wurde und man mich hier als Individuum betrachtete, nicht als Vertreterin einer Idee oder Nation, dann würde ich den Schrein betreten dürfen. Ich war anders, aber ich hatte nichts getan, was gegen islamische Regeln verstieß. Manchmal ist es ohnehin radikaler, den Regeln zu folgen, als sie zu brechen.

»Gehen Sie weiter!«

Überrascht sah ich ihn an. Nicht der leiseste Anflug eines Lächelns. »Gehen Sie weiter«, sagte er, und dann: »Sie sind willkommen.«

Ich trat über die Schwelle in den mit Steinplatten ausgelegten Hof. Ahmad folgte mir, lächelnd schüttelte er den Kopf. Ich warf über die Schulter einen Blick zurück auf den Religionswächter, der mir mit nachdenklicher Miene nachsah. Einen winzigen Moment lang vergaß ich meine Vorsicht und lächelte, als unser beider Augen sich trafen.

El Khawagayya

Es ist sogar fürs Arabische ein recht rauhes Wort: Es beginnt mit einem Keuchen, als wolle man sich räuspern, kh und dann folgt das waaga!, als wolle man die Lunge von Schleim befreien.
AUS EINEM BEITRAG VON *gn0sis*, AUF *everything2.com*

»Und was war jetzt das Ungewöhnlichste, was du im Iran erlebt hast. Los, sag schon! Gab es etwas, mit dem du nie gerechnet hättest?«

»Karottenmarmelade.«

Jo lachte. »Ach, im Ernst!«

»Das ist kein Witz, ehrlich. Wer bitte macht schon Marmelade aus Gemüse? Das erklärt doch alles, die Revolution, die Geiselnahme, einfach alles.« Wir saßen in unserem Wohnzimmer, während draußen Staubwolken den Horizont und damit die Sonne verschleierten. Die Pyramiden am Rand des Gizeh-Plateaus ragten hoch auf wie ein Saum aus Mausezähnchen. Sie warfen lange Schatten nach Osten, Richtung Nil. Unser Wohnzimmer war ein einziges Chaos. Jo packte ihre Sachen, weil sie in die USA zurückkehrte. Die Geschenke, die ich aus Teheran und Isfahan mitgebracht hatte, lagen auf dem Tisch verstreut: Federbehälter aus Emaille, bemalte Döschen, bunte Stoffe. Ich nahm starke Antibiotika, um meine Nierenentzündung zu bekämpfen, doch die damit verbundenen Rückenschmerzen sollten mich noch über ein Jahr quälen.

Bei meiner Rückkehr hatte ich in Kairo eine E-Mail von Husayn vorgefunden, dem Leiter des Reisebüros, der mir als seiner »guten Kundin« dankte. Ich nahm an, das sollte bedeuten, er habe meinetwegen keinerlei Ärger mit den iranischen Behörden gehabt. Dann bat er mich, doch bald mit Omar wiederzukommen.

»Bleib doch hier«, bettelte ich Jo an, als sie ihre Bücher in einen Koffer packte. »Wer bitte soll jetzt ›Punch Fundie‹ mit mir spielen?« – Omar fand, dass dieses Spiel unter seiner Würde war.

»Ich weiß nicht, mein Sahneschnittchen«, meinte sie. »Du wirst dir wohl ein anderes Spiel ausdenken müssen.« Sie drängte eines der Kätzchen sanft mit dem Fuß fort, weil es an ihrer Reisetasche schnüffelte. Es wollte wohl prüfen, ob dies ein guter Platz zum Reinpinkeln war. Obwohl die Kätzchen ja sozusagen in Gefangenschaft zur Welt gekommen waren, waren sie nie richtig zahm geworden – sie nahmen unsere Liebkosungen zähneknirschend hin, gewöhnten sich nur schwer an die Regeln des Im-Haus-Lebens und musterten uns Menschen mit wilden Beutejägerblicken. Gesellschaft duldeten sie nur, wenn sie schläfrig waren. Dann rollten sie sich zu kleinen, gepunkteten Knäueln auf dem nächstbesten Schoß zusammen. Jo schnalzte mit der Zunge, um den Kleinen zu verscheuchen, der jetzt anfing, an ihren Zehen zu nagen. Sie zog ihren Fuß zurück und ließ sich seufzend aufs Sofa plumpsen.

»Ich dachte, das würde so eine Art einjähriger Abenteuerurlaub werden«, meinte sie, »aber jetzt fühle ich mich wirklich völlig verändert. Diese Stadt hatte auf mich einen weit größeren Einfluss, als ich gedacht hätte.«

»Einen eher guten oder schlechten?«

»Jede Erfahrung ist letztlich zu etwas gut.« Sie sah, wie ich das Gesicht verzog, und lächelte. »Nein, ich sage das nicht nur aus Höflichkeit. Die Stadt wird mir fehlen. Ich habe viel gelernt, während ich mich hier durchkämpfen musste.«

Das größere der beiden Kätzchen schoss unter dem

höheren der beiden Stühle hervor und sprang dann auf den niedrigeren.

»Ich fürchte, wenn ich mich hier noch länger rumtreibe, werde ich zu einem völlig anderen Menschen«, sagte ich. »Vor allem, wenn du nicht mehr da bist, um mich daran zu erinnern, wer ich einmal war.«

»Das ist jetzt ganz deine Geschichte«, sagte Jo liebevoll. »Du wirst schon wissen, was zu tun ist. Du hast Omar und Sohair und Ibrahim und deinen Schwiegervater und Sameh und so viele andere Menschen. Außerdem kommen wir dich besuchen. Und du uns …«

Es stimmte schon, was sie sagte, aber trotzdem konnte ich die Angst nicht ganz abschütteln. Jos Abreise war ein massiver Einschnitt in meinem Leben. Möglicherweise würde ich jetzt in Ägypten monatelang niemandem aus dem Westen begegnen.

Als Omar und ich Jo zum Flughafen brachten, spürte ich die Sonne auf meinen Schultern und einen leichten Wind vom Mittelmeer. Ich nahm es als gutes Omen. Ich hoffte, bereit zu sein für alles, was Sonne und Wind mit sich brachten.

Nachdem Jo weg war, fingen Omar und ich an, eine gemeinsame Wohnung für uns zu suchen. Wir hatten einige heftige Diskussionen darüber, ob dies wirklich eine gute Idee war. Schließlich würden wir erst in einigen Monaten heiraten, wenn unsere amerikanischen Verwandten um Thanksgiving herum ein paar freie Tage haben würden. Aus religiöser Sicht waren wir ja bereits verheiratet. Vor dem Gesetz konnten wir tun und lassen, was wir wollten – doch die ägyptische Hälfte unserer Familie würde sich doch vor den Kopf gestoßen fühlen, wenn wir vor der formellen Hochzeit zusammenziehen würden. Ich überlegte, ob ich die Monate vor der Hochzeit vielleicht in den USA verbringen sollte, doch Omar konnte sich nicht vorstellen, so lange ohne mich zu sein. Wie so häufig gingen wir einen Kompromiss ein, mit dem eigentlich keiner zufrieden war.

Da unsere Angehörigen und Freunde durchaus wussten, wie schwierig unser Spagat zwischen den Kulturen war, halfen sie uns, wo sie nur konnten. Omars Onkel und Cousins taten unsere umständlichen Erklärungen mit einer Handbewegung ab und meinten, wir sollten doch tun, was uns am praktikabelsten erschien. Seine weiblichen Verwandten überschütteten mich mit guten Ratschlägen, wie man sich als Ehefrau am besten verhielt, und gaben mir Tipps, die Psyche arabischer Ehemänner betreffend.

»Mein Mann hilft mir viel im Haushalt«, sagte eine Cousine väterlicherseits vergnügt. Die beiden hatten ein Kind. »Ich habe Glück. Wenn ich koche, macht er den Abwasch. Außerdem räumt er seine Sachen auf. Er ist kein traditioneller Mann.« Sie machte eine kleine Pause.

»Das ist gut«, sagte ich und verstand wieder einmal gar nichts.

Sie warf mir einen schnellen Blick zu, als erwarte sie eine bestimmte Reaktion. Ägyptische Frauen sezieren ein Gespräch wie ein Arzt, der einen Kranken untersucht. Als sie sah, dass ich das unausgesprochen Gesagte nicht verstanden hatte, lächelte sie freundlich. »Ich glaube, Omar ist da altmodischer«, meinte sie. »Er erwartet vermutlich, dass du die Hausarbeit erledigst.«

Bestürzt starrte ich sie an: »Was zum Beispiel?«

»Das Kochen.«

»Okay.«

»Die Wäsche. Das Putzen.« Sie zögerte. »Kannst du kochen?«

»Nein«, antwortete ich. Mir wurde allmählich mulmig.

»Das ist schon in Ordnung.« Sie tätschelte mir die Hand. »Das bringen wir dir bei. Aber stell dich mal darauf ein, dass es für eine Frau nach der Ehe schrecklich viel Arbeit gibt. Viel Verantwortung.«

Mein Unwohlsein wuchs. Ich hatte ohnehin häufig Fieberschübe. Auf diese Weise passte mein Körper sich der Hitze an. Doch obwohl mir heiß war, blieb mein Mund stets kalt, als hätte ich Eiswasser getrunken. Wenn ich jedoch meine Temperatur maß, lag sie immer bei siebenunddreißig Grad. Das Resultat war, dass ich aufhörte zu schwitzen. Der Körper ist klug und ehrlich. In einer so erbarmungslosen Hitze kühlt der Schweiß nicht allzu sehr. Er raubt einem vielmehr Salze und Mineralstoffe, die man braucht, um den Blutdruck stabil zu halten. Daher schwitzen Ägypter – im Gegensatz zu den »Westlern« – nicht. Bis jetzt fand ich das eher positiv. Ich staunte, wie gut mein Körper sich den veränderten Gegebenheiten anpasste. Im Moment aber hatte ich das Gefühl, er betrüge mich. Vielleicht weil ein anderer Teil von mir gerade versuchte, sich einem mir bislang fremden Lebensstil anzupassen.

»Geht es dir gut?«, fragte meine bald angeheiratete Cousine mich skeptisch.

»Wunderbar.« Ich stand auf und zwang mich zu einem Lächeln. »Danke dir.«

Ich war nicht in der Annahme erzogen worden, dass ich einmal einen Haushalt würde führen müssen. Die Vorstellung, Hausarbeit sei Erniedrigung und Zwang, war mir eingetrichtert worden, solange ich denken kann. Für mich stand das einfach fest und führte zu der logischen Schlussfolgerung: Wenn Hausarbeit erniedrigend war, dann musste sie zwangsläufig überflüssig sein. Als die Kochnische in meinem Collegezimmer langsam anfing, vor Dreck zu starren, war ich irritiert. Wenn ich unter meinem Bett

Staubmäuse fand, überfiel mich das ungute Gefühl, dass die Ordnung der Welt gestört war. Wenn es nicht Aufgabe des Menschen war, sauber zu machen, dann sollte das Saubermachen auch keine menschliche Arbeitsleistung erfordern. Im Grunde glaubte ich das immer noch, zumindest unbewusst. Die Vorstellung, Omar erwarte von mir, unentwegt zu waschen, zu kochen und zu putzen, erfüllte mich mit der düsteren Vorstellung von einem Haussklaven.

An diesem Nachmittag kam Omar bei mir vorbei. Ich sortierte gerade die Sachen, die Jo mir hinterlassen hatte. Sobald er zur Tür herein war, brach ich in Tränen aus und fragte ihn, ob er denn tatsächlich wolle, dass ich meine Tage über vollen Wäschetrögen buckelnd zubringen sollte.

»Natürlich nicht.« Er nahm mich in den Arm. Wenn wir so aneinandergelehnt standen, passte mein Kopf genau unter sein Kinn. »Wo hast du nur diesen Unsinn her? Ich heirate dich doch nicht, um eine Dienerin zu haben. Ich will dich heiraten, weil ich dich liebe.«

Ich sah zu ihm auf. »Wirklich?« Es war eine idiotische Frage, aber ich lechzte nach Trost.

»Sag mal, für wen hältst du mich eigentlich? Jetzt hör mal zu.« Er trat einen Schritt zurück und nahm meine Hände in seine. »Du hast diese stereotype Idee von arabischen Männern im Kopf, mit denen du mich andauernd gleichsetzt. Das hast du schon öfter gemacht. Du hast Angst, dass ich irgendwo, ganz im Geheimen, doch dieser Mann bin und dass du erst die Wahrheit herausfindest, wenn es zu spät ist. Aber ich *bin* nicht so.«

Er hatte ja recht. Einer Konditionierung ist nur schwer zu entkommen, und mich verfolgten diese alptraumhaften Szenarien immer noch. In den stillen Momenten beim Einschlafen abends überfiel mich oft die Angst, ob meine

Ehe auch gutgehen würde. In solchen Augenblicken erfand ich paranoide Szenarien, in denen ich heimlich zum Flughafen oder zur amerikanischen Botschaft floh, nachdem Omar sich zum fanatischen Tyrannen entwickelt hatte.

»Manchmal habe ich Angst vor dir«, sagte ich ihm und überraschte mich damit selbst.

Er sah mich tief verletzt an. »Nein«, meinte er. »Nein, nein. Du kannst wütend auf mich sein, zornig, aber bitte habe keine Angst vor mir.«

Er wolle mir nie Grund zur Angst geben. Er würde nie die Hand gegen mich erheben oder mich mit erniedrigenden Worten herabsetzen, ja nicht einmal seine Stimme erheben. Omar war ein sehr sanfter, zurückhaltender Mann. Für ihn war dies eine Frage des Prinzips. Auch der Prophet, sein Vorbild, schlug seine Frauen nie, noch setzte er sie etwa herab. Mit eben diesem Verhalten hatte Mohammed das Erstaunen seiner Anhänger und die Verachtung seiner Gegner erregt. Omar nahm diese Tradition sehr ernst. Für ihn hatte das alte islamische Sprichwort, nach dem die Ehe die Hälfte der Religion ist, absolute Geltung: Seine Pflicht, mich zu lieben und zu beschützen, war Teil seiner Verpflichtung Gott gegenüber.

Wir begannen, uns in Maadi, das ein wenig südlich von Tura liegt, nach einer Wohnung umzusehen. Schließlich einigten wir uns auf ein gediegenes kleines Haus, das einer Koptin und ihrer Tochter gehörte. Die Wohnung ging auf den Garten hinaus, der von einem einsamen Mangobaum beschattet wurde. Darunter wuchs ein recht ausladender Strauch englischer Rosen. Der Souk und das Sprachenzentrum, wo ich zum Konversationsunterricht mit Sameh ging, waren zu Fuß zu erreichen.

An meinem letzten Tag in Tura kam Omar zu mir und summte mir ein kleines Lied vor, das er selbst geschrieben hatte. Ihm lag der Ausdruck *sha'itina* zugrunde, meine grammatisch falsche Bezeichnung für »unsere Wohnung«. Er fand meine Grammatikfehler immer so süß, dass er sie jahrelang nicht korrigierte. Sameh hingegen sorgte dafür, dass schlechte Sprechgewohnheiten sich gar nicht erst festsetzten. Omar trug Säcke voller Kleidung ins Auto, während ich die Katzen in einen großen Vogelkäfig lockte, das Beste, was wir an Transportmittel für Katzen hatten auftreiben können.

»Wird es dir nicht fehlen, dein eigenes Zimmer zu haben?«, fragte ich Omar, als ich die beleidigten Tiere auf der Hinterbank verstaute.

»Mein eigenes Zimmer?« Omar lachte. »Du vergisst wohl, dass ich nie ein eigenes Zimmer hatte.«

Ich wurde rot. Natürlich, Omar und Ibrahim hatten sich ein Zimmer geteilt, wie dies in Ägypten üblich ist. In einer so bevölkerungsreichen Stadt wie Kairo war ein eigenes Zimmer ein Luxus, den sich nur wenige, sehr reiche Menschen leisten konnten.

»Wird es denn dir nicht fehlen?«, meinte Omar natürlich prompt.

»Nein«, sagte ich und ergriff seine Hand. »Bei dir zu sein ist zehn Mal besser.«

Und so wurde ich innerhalb eines Tages Herrin über einen Haushalt, der zu dem Netzwerk von Haushalten gehörte, das Omars große Familie ausmachte. Aus amerikanischer Sicht hatte ich damit fast ein ganzes Jahrzehnt Lebenszeit übersprungen. In meinen Zwanzigern erwartete man von mir, unabhängig, selbständig und spontan zu sein, um mich so auf mein Leben als Frau und Mutter einer Kleinfamilie vorzubereiten, die Hunderte von Meilen von ihren nächsten Verwandten entfernt lebte. Stattdessen war ich nun quasi ein Stammesmitglied geworden, das auf Gedeih und Verderb an das Schicksal und den Ruf seiner Großfamilie gebunden war. Ich würde für immer am Wohlstand der Sippe teilhaben. Unabhängigkeit würde durch Vernetztheit ersetzt. Ich würde lernen müssen, wie ich diese ungewohnte Rolle ausfüllen konnte, und zwar schnell.

Der erste Tag, den wir in unserer neuen Wohnung verbrachten, war ein Freitag, der Beginn des ägyptischen Wochenendes. Ich wachte vor Omar auf und betrachtete mein kleines Reich: ein kleines Schlafzimmer mit einer zweiflügeligen französischen Balkontür, das Wohnzimmer, das Badezimmer und eine winzige Küche. Wir hatten so wenig Platz, dass wir den Esstisch gleich neben die Eingangstür stellen mussten.

Doch es war sauber und frisch renoviert. Verglichen mit der alten Wohnung in Tura wirkte es geradezu luxuriös. Die Wände waren in zartem Gelb gestrichen, der kühle Kachelboden war in der Sommerhitze eine Wohltat. Allerdings schloss die Vordertür nicht ganz mit der Schwelle ab, so dass eine ziemlich große Lücke blieb. Das allerdings bemerkte ich erst, als eine Prozession von dicken, gestreiften Spinnen und den zugehörigen Geckos in die Wohnung eindrang. Geckos fressen Spinnen. Die Atmosphäre in der Wohnung war intensiv, geradezu erwartungsvoll, so als warteten die Wände darauf, wie ich mich im privaten Raum machte, der für ägyptische Frauen so wichtig ist. Da die Zimmer so klein waren, stellte das Wohnen dort eine der größten Herausforderungen dar, die ich je meistern sollte.

Obwohl Omar es ernst gemeint hatte, als er sagte, er würde von mir nicht erwarten, dass ich mich zur unterwürfigen Hausfrau entwickelte, war er letztlich doch ein Mann. Das bedeutete, er hatte keine Ahnung, was dazu gehörte, in Kairo einen Haushalt zu führen. Die Position der *sitt el beyt* – der Dame des Hauses – erfreut sich in Ägypten nicht umsonst eines so hohen Ansehens. Sie etabliert die Beziehungen zu den Händlern, ob es nun um frisches Obst oder Fleisch geht. Sie feilscht um die Preise. Sie kennt Kräuter gegen Durchfall. Sie macht aus einem Gericht für zwei ein Mahl für zehn, wenn die Verwandten unerwartet hereinplatzen. In Ägypten erschaffen die Frauen die Zivilisation, in der die Männer leben.

Ich freute mich, dass Omar mich als gleichberechtigt betrachtete, wusste aber auch, dass seine Unterstützung rein intellektueller Natur bleiben würde. »Wenn das Führen des Haushalts weder die Pflicht des Mannes noch die der Frau ist, wessen Pflicht ist es dann?«, neckte ich ihn eines Tages.

Ironisch lächelnd legte er den Kopf schief und sah mich an: »Natürlich die des Hausmädchens.«

Resigniert schnalzte ich mit der Zunge. In einer Welt, in der es keinen vorgeschnittenen Salat in Plastiktüten und keine Mikrofaser-Mopps gibt, erfordert es einigen Aufwand, eine Familie zu ernähren und Insekten in Schach zu halten. Da die Arbeitskraft in Ägypten billiger ist als die Ware – das Land bringt nur wenige Konsumgüter hervor, dafür aber unendlich viel Arbeit –, hat jede Mittelschicht-Hausfrau zumindest ein Hausmädchen, auch wenn sie vielleicht nur ein paar hundert Pfund pro Monat mehr verdient als ihr Mädchen. Sogar als Omars Familie wirklich noch um den Lebensunterhalt kämpfen musste, hatte man ein Hausmädchen, das die Schlafzimmer machte und den Betonboden mit Kerosin putzte, um Flöhe und Kakerlaken fernzuhalten.

Ich fühlte mich nicht wohl bei dem Gedanken, ein Hausmädchen zu haben. Und so beschloss ich, so viel wie möglich selbst zu machen, auch wenn dies bedeutete, dass ich fast den halben Tag in der Küche beziehungsweise auf dem Markt verbringen musste. Am ersten Morgen in unserer gemeinsamen Wohnung wanderte ich barfuß in die Küche, sah auf den Mangobaum hinaus und versuchte, meine Gedanken zu ordnen. Ich würde zum Souk gehen müssen, um herauszufinden, welcher Händler die besten Produkte zum besten Preis verkaufte. Dann würde ich kochen lernen müssen – ohne die ganzen vorgefertigten Produkte der ersten Welt.

Wenn ich Hühnerbrühe wollte, würde ich zum Markt gehen, ein lebendiges Tier auswählen und schlachten lassen müssen. Dann konnte ich es mit nach Hause nehmen und zubereiten. Auch die Wäsche würde zur Routine werden. Da nur die wenigsten Menschen einen Trockner besaßen oder auch nur davon gehört hatten, war Wäschewaschen eine langwierige Angelegenheit. Wenn eine Ladung Wäsche in der Waschmaschine fertig war, musste man sie in eine Plastikwanne laden, sie zu dem Fenster schleppen, an dem die Wäscheleine befestigt war, diese abwischen, die Wäsche aufhängen und mit einer Plastikplane bedecken, damit sie nicht durch Staub oder Vogelkot wieder verdreckt wurde.

Das Ganze würde ein echtes Abenteuer werden.

Ich zog mich an und verließ die Wohnung, wobei ich die Tür leise ins Schloss zog, um Omar nicht zu wecken. Ich liebte es, am frühen Morgen aus dem Haus zu gehen, wenn man die Vögel noch singen hörte und die Luft noch nicht voller Smog war.

Bei dem Gedanken an den Weg zwischen unserer ersten Wohnung und dem Souk wird mir ganz wehmütig ums Herz. Ich vermisse die schmalen, dunklen Straßen mit ihren Gärten, in denen es am Morgen Staub regnete. Wenn man an ein Bananenblatt rührte, wurde man von einem Staubschauer eingehüllt. Er fiel in dicken Flocken zu Boden und stieg in Schleiern wieder in die Luft auf wie Tinte, die sich in Wasser auflöst. Erst später ging mir auf, dass das, womit ich in dieser Stadt so sehr zu kämpfen hatte, gleichzeitig das war, was ich an ihr so liebte: Schönheit und Hässlichkeit liegen so eng beieinander, dass die Linie zwischen ihnen manchmal verschwimmt und man versehentlich das eine für das andere hält.

In der ersten Straße des Souk hatte ein *fararghi* seinen Laden, ein Geflügelhändler, den ich bald bevorzugte, weil seine Tiere einigermaßen gesund waren. Sein Name war Am Mahmoud. Wenn ich bei ihm ein Huhn kaufte, nahm er ein Tier in der gewünschten Größe an den Flügeln, hob es aus einem Käfig kreischender Tiere heraus und hielt es mir vor die Nase, damit ich es anschauen konnte. Wenn ich es wollte, schnitt er ihm schnell die Kehle durch, wobei er die erste Qur'an-Sure murmelte, und hängte es in ein Faß zum Ausbluten. Anschließend tauchte er es kurz in kochenden Essig und hängte es in einen zusammengebastelten Apparat, der aussah wie eine Egreniermaschine für Baumwolle (und auch ganz ähnlich funktionierte). Damit wurde das Huhn gerupft. Dann nahm er es aus und rief die Katzen der Gasse herbei, die seine Stimme schon kannten und sich um die Innereien balgten. Nach dieser Prozedur drückte er mir das Tier, das ich zum Mittagessen kochen wollte, in einen Plastikbeutel verpackt in die Hand, sauber gewaschen und noch warm.

Sooft ich Am Mahmoud begegnete, hatte ich das Gefühl, dass auch er ein *khawagga,* ein Außenseiter, war. Eines Tages fand ich die gelb lackierten Metallkäfige noch leer. Sein Lieferant, der ihn mit Hühnern, Enten und Tauben versorgte, kam von außerhalb Kairos. Die Lieferung war noch nicht eingetroffen.

»Kein Huhn heute?«, fragte ich ihn auf Arabisch.

»Noch nicht«, sagte er und spreizte entschuldigend die Hände.

»Na gut, kein Problem.« Ich drehte mich um und hob dabei meinen Rock mit einer Hand hoch, um keinen Staub aufzuwirbeln.

»Warten Sie!«, rief er mir nach. »Haben Sie noch andere Einkäufe zu erledigen?«

»Ja …«

»Dann kommen Sie in einer Stunde wieder, dann habe ich ein Hühnchen für Sie.«

»In Ordnung. Danke.« Verwirrt lächelte ich und ging eine Gasse weiter, um dort ein Kilo Zucchini zu besorgen. Als ich zurückkam, händigte mir Am Mahmoud in einer Plastiktüte das größte Huhn aus, das ich je gesehen hatte. Es sah bleich und nackt aus in der rosigen Brühe, die sich darum angesammelt hatte. Ich sah ihn an. »Wo haben Sie das her?«

»Von einem Freund«, antwortete er grinsend.

Erst als ich das Ding zu Hause genauer untersuchte, merkte ich, dass er mir einen Truthahn verkauft hatte.

Als ich das nächste Mal in den Souk ging, schritt ich an Am Mahmouds Stand vorbei, ohne ihn eines Blickes zu würdigen.

»Madame … Madame!«, hörte ich ihn rufen.

»Sie haben mir einen Truthahn verkauft«, versetzte ich kurz angebunden.

»Ja«, sagte er. »War das etwa kein guter Witz? Dabei gibt es doch Truthähne nur zu Neujahr.«

»Guten Tag.« Ich schüttelte den Kopf und ging weiter, damit er mein Lächeln nicht bemerkte. Ägypter finden es lustig, dass man im Westen den Nahrungsmitteln so weit entfremdet ist, dass man einen Truthahn nicht von einem Huhn unterscheiden kann. Und ich hatte dieses Vorurteil zu hundert Prozent bestätigt.

Einige Wochen lang machte ich einen weiten Bogen um Am Mahmoud und sein Geschäft und kaufte mein Hühnchen absichtlich bei einem anderen *fararghi.* Auf jedem Marktplatz prüft man die soziale Intelligenz der Käufer. Wenn man erst einmal betrogen oder ausgetrickst wurde, darf man keinesfalls so tun, als wäre nichts passiert. Damit würde man sonst einen Präzedenzfall schaffen: Dann ist man selbst ein Dummkopf, und jeder gewiefte Händler weiß, dass man Dummköpfe leicht um ihr Geld bringen kann. Nach einer gewissen Zeit kehrte ich zu Am Mahmoud zurück, der mich mit neuem Respekt grüßte. Er verkaufte mir nie wieder Truthahn.

Eines Morgens spazierte eine Gruppe amerikanischer oder kanadischer Touristen durch den Souk, als ich dort meine Einkäufe erledigte. Sie kamen an mir vorüber, als ich gerade vor Am Mahmouds Stand wartete. Ich trug eine Tüte voller Gemüse und sprach mit seiner Mutter oder Tante – ich habe nie herausgefunden, wie genau sie mit ihm verwandt war –, während mein Hühnchen fertig gemacht wurde. Als ich den Blick hob, merkte ich, dass die Touristen mich anstarrten – nicht das blutige Schauspiel, dessen Zeugen sie gerade wurden, sondern mich. Offensichtlich konnten sie mich nicht einordnen. Dass ich aus dem Westen kam, war offensichtlich. Meine Hautfarbe und meine Gesichtszüge ließen da wenig Zweifel. Doch ich trug ein Kopftuch, einen langen Schleier und sprach darüber hinaus noch Arabisch. Und ich kaufte mein Mittagessen noch lebendig. Ich errötete und starrte zurück, weil ich nicht sicher war, was ich tun sollte.

Da spürte ich, wie Am Mahmouds Verwandte meine Hand in ihre nahm und mich in den Schatten des Wellblechdaches zog, das den Laden überschattete. Am Mahmoud reinigte sich die Hände mit einem Tuch und trat schützend vor mich, so dass die Touristen mich nicht mehr im Blick hatten. Da er mir den Rücken zukehrte, konnte ich seinen Gesichtsausdruck nicht sehen. Er sagte kein Wort, und die Touristen gingen weiter.

Der Vorfall wurde nicht kommentiert. Am Mahmoud putzte einfach das Hühnchen fertig, seine Mutter oder Tante fütterte die Tauben im Weidenkorb zu ihren Füßen. Als ich mir auf dem Weg nach Hause die Szene noch einmal durch den Kopf gehen ließ, wurde mir klar, dass sich mein Status in Ägypten geändert hatte. Ich war zwar immer noch Ausländerin, aber nicht mehr »nur eine Ausländerin«. Das Wort *khawagga,* mit dem man Menschen aus dem Westen in Ägypten meist bezeichnet, hat etwas Geringschätziges, ja Verächtliches. Es ist kein wertfreies Wort wie zum Beispiel *agnabi,* das man klassisch für Fremde verwendet. Ohnehin war die ursprüngliche Bedeutung von *khawagga* ein naturalisierter Ägypter, gewöhnlich ein Angehöriger der griechischen, armenischen oder türkischen Minderheit dort. Ein Liebeslied aus den Vierzigern erzählt von einer »*khawagga,* die in Kairo heranwuchs« und deren lange Flechten das Herz des Sängers in Ketten legen. *Khawagga* bezeichnete früher die Herkunft einer Person und nicht ihre Eigenschaften. Ich jedenfalls war nun ein *khawagga* im ursprünglichen Sinne. Am Mahmoud jedoch hatte mich beschützt, wie er es für ein ägyptisches Mädchen getan hätte.

In den folgenden Jahren hörte ich von so mancher Tante und so manchem Onkel, dass ich »die alte Art von *khawagga*« sei, vor allem, wenn sie sich über meinen Eifer beim Erlernen des Arabischen freuten oder bei der Befolgung ägyptischer Trauer- oder Festrituale. Als Omar eines Tages aus dem Souk zurückkam, erzählte er mir lachend, man habe ihn gefragt, ob er der Ehemann von *el khawagaya* sei. Erst in diesem Augenblick war Omar klargeworden, dass ich vermutlich die einzige Weiße war, die regelmäßig im Souk einkaufte, daher hatte er ohne Zögern die Frage bejaht. Auf dem Markt wurde ich also positiv aufgenommen. Ich war *el khawagayya.* Man hatte die männliche Grundform *khawagga* feminisiert und für mich angepasst.

Fronten und andere Trennungslinien

And God is on your side
dividing soldiers from the fishermen;
Watching all the time
dividing warships from the ferryboats.
WOLFSHEIM, *The Sparrows and the Nightingales*

Und Gott ist auf deiner Seite
scheidet Soldaten von den Fischern;
Er gibt acht,
trennt Kriegsschiffe von Fährbooten.

Trotz meiner Fortschritte war mir immer bewusst, dass ich ein Außenseiter war. Obwohl ich ägyptische Gewohnheiten annahm, fühlte ich mich nicht wie eine Ägypterin. Ich trocknete Bündel von Minze und Koriander vor dem Küchenfenster und begann, im Haus eine lange Baumwoll-Galibayya zu tragen. Langsam wurde mir auch klar, dass es ein Unterschied war, ob man kurzfristig in einem fremden Land lebt oder auf unbestimmte Zeit. Die Pulitzer-Preis-Gewinnerin Jhumpa Lahiri schreibt, das Leben in einem fremden Land sei wie eine »ewige Schwangerschaft«, das unbehagliche Warten auf etwas, das noch nicht abzusehen ist. Die Monate vergingen, und ich stellte fest, dass Lahiris Feststellung ziemlich klug war. Meine Tage liefen immer gleich ab: Ich stand auf, kaufte im Souk Lebensmittel für den Tag, arbeitete bis in den Nachmittag hinein an Artikeln oder Forschungsarbeiten, kochte dann das Abendessen und aß mit Omar, sobald er von der Schule zurück war. Abends nahm ich bei Sameh Arabischstunden oder besuchte Freunde und Verwandte. Trotz dieses gleichmäßigen Tagesablaufs hatte ich stets das Gefühl, auf etwas zu warten, auch wenn ich nicht hätte sagen können, was das war. Wenn ich zu lange darüber nachdachte, wurde das Ganze ohnehin immer ungreifbarer für mich. Aus der Rückschau würde ich sagen: Ich wartete darauf, dass die Normalität in mein Leben Einzug hielt. Sie blieb immer ein klein bisschen auf Distanz und war sofort verschreckt, sobald etwas Ungewöhnliches geschah, ein unerwartetes Ereignis, ein begangener Fauxpas oder auch nur die Tatsache, dass ich eine wie auch immer geartete Situation ausgelöst hatte. So handelte ich beispielsweise die Fahrt im Taxi auf meine Art und Weise aus. Wochenlang hatte ich das so gemacht, aber plötzlich lief etwas anders, und ich hatte, ohne es zu wollen, den Taxifahrer beleidigt. Oder ich sagte in Gesellschaft etwas Schockierendes oder meiner Ansicht nach Komisches, und dann war man plötzlich so ganz besonders freundlich zu mir, dass ich mir erst recht dumm vorkam – idiotisch, ungeschickt, kurz gesagt unwiderruflich *fremd.*

Doch die meisten meiner Freunde sahen mich nur erstaunt an, wenn ich ihnen von meiner Frustration erzählte. Ich sei, so meinten sie, doch viel besser integriert, als man dies nach so kurzer Zeit erwarten könne. Woraufhin sich in meinem Kopf unweigerlich der zynische Kommentar erhob, ich scheine nur deshalb so gut integriert, weil all die anderen Ausländer in Ägypten es nicht waren. Die meisten lebten in teuren Enklaven, sprachen nur wenig oder gar kein Arabisch und liefen in so kurzen Shorts herum, wie kein Ägypter sie je getragen hätte, egal zu welcher Gelegenheit. Sie machten genau den Fehler, den man den muslimischen Einwanderern im Westen so häufig vorwirft: mangelnde kulturelle Anpassung. Was mich daran aufregte, war weniger die Heuchelei, die dahintersteckte, als der Mangel an Reflexion: die Unfähigkeit oder Weigerung, ihr Verhalten an den eigenen Wertmaßstäben zu messen. Und so ging ich den wenigen Amerikanern, Kanadiern und Engländern, die ich kannte, mehr und mehr aus dem Weg.

Damit allerdings lief ich Gefahr, in ein anderes Extrem zu verfallen: das der weißen »Konvertiten«: derjenigen, die sich für das Leben, das sie vor ihrem Übertritt zum Islam führten, schämten und die deshalb versuchten, kopfüber in die arabische oder pakistanische Kultur einzutauchen, um darin zu verschwinden. Da die Al-Azhar-Universität in Kairo ihren Hauptsitz hat, ist die Stadt voller Vertreter dieser »Gattung«, die aus aller Herren Länder kommen. Ich sah sie manchmal vor dem Lebensmittelladen oder wenn sie aus der Moschee traten: die Frauen verschleiert bis zu den Augenlidern, die Männer mit zotteligen Bärten, die ein wenig nach Schamhaar aussahen. Auch sie lernten nicht Arabisch, sondern legten sich einen künstlich fremdländischen Akzent zu, wenn sie Englisch sprachen. Sie waren zweifellos hingebungsvolle, ernsthafte Muslime, doch äußerlich betrachtet machte es den Eindruck, als spielten sie Verkleiden. Sie zogen sich eine vermeintlich arabische Hülle über, ohne zu verstehen, worum es ging, oder sich zu überlegen, wie sie wohl wirken mochten.

Meine Abneigung gegen die Exilgemeinde der Westler aber hatte eine andere Ursache als die kulturelle Amnesie der Konvertiten. Mir fehlte meine Kultur ja manchmal. Es gab Augenblicke, in denen der Wind sich drehte und fast nach Grün duftete, so dass er die metallisch riechende Wüstenluft ein paar Stunden lang vertrieb. Wenn das geschah, brach ich vor Heimweh fast zusammen. Ich wünschte mir ja Gesellschaft von anderen Menschen aus dem Westen, doch erschreckte es mich zunehmend, zu beobachten, wie sie sich veränderten, sobald sie in Ägypten waren.

Die meisten kamen mit den besten Absichten hierher. Sie wollten ja dazulernen, wollten hinter die Stereotypen sehen, die man ihnen im Fernsehen auftischte. Sie waren bereit, sich auf unbekannte Regeln einzulassen, doch natürlich konnten sie nicht einfach einen Vertrag unterschreiben, den sie nie durchgelesen hatten. Sie kamen nach Ägypten und mussten feststellen, dass viele Vorurteile der Wahrheit entsprechen: Es gibt hier nun einmal die leidige Aufteilung in Männer und Frauen, und das führt zu Spannungen zwischen den Geschlechtern. Frauen werden in den Moscheen unterdrückt und auf offener Straße belästigt – von Männern, die durch Armut und Verzweiflung zu vollkommenen Idioten reduziert wurden. Obwohl Befragungen unter Gläubigen in aller Welt ergaben, dass die Ägypter das religiöseste Volk der Welt sind, ändert diese Frömmigkeit nichts an den Betrugsmanövern, von denen das Geschäftsgebaren großer wie kleiner Kaufleute geprägt ist. Ägypten ist ein hässliches, schmutziges, hungriges Land. Und es ist nur allzu leicht, sich mit dieser Schlussfolgerung zufriedenzugeben.

Die Pforten zu der ruhigeren und menschlicheren Seite des Landes sind verschlossen: Das Leben der Ägypter spielt sich im familiären Rahmen ab, und es ist schwer, dazu Zugang zu erhalten. Ausgeschlossen und verstört, auf den Märkten betrogen, in den Straßen mit Schmeicheleien ebenso überschüttet wie mit Spott, ziehen sich viel zu viele Westler auf eine Art lockeren Rassismus zurück. Und dies unabhängig vom Bildungsstand. Zunächst einmal zeigt sich das darin, dass sie sich weigern, Arabisch zu sprechen. Das könnte man vielleicht noch einer gewissen Faulheit zuschreiben, und doch liegt darin noch viel mehr: Der Amerikaner, Engländer oder Kanadier kommandiert einen Ladenbesitzer auf Englisch herum in der selbstverständlichen Annahme, dass dieser ihn versteht. Nur um sich anschließend über ihn lustig zu machen in der Meinung, dass er nichts kapiert. Dieses Verhalten habe ich immer und immer wieder beobachtet, so dass ich es am Schluss beinahe erwartete. Und doch war ich jedes Mal so schockiert, dass ich dachte, es müsse dafür doch irgendeinen mildernden Umstand geben.

Ein besonders krasses Erlebnis dieser Art hatte ich bei einer Taxifahrt: Ich war mit einer Gruppe amerikanischer Studenten, ausschließlich Mädchen, zu einem Café unterwegs. Sie alle hatten ein Auslandsjahr an der American University Kairo vor sich. Nachdem sie dem Taxifahrer gesagt hatten, wohin sie wollten (und Bemerkungen eingeflochten hatten, dass er sie ja mit Sicherheit durch die halbe Stadt kutschieren und zu viel Geld verlangen würde), fingen sie an, sich über ihr Sexleben zu unterhalten, wobei sie laut schrien, um den Verkehrslärm zu übertönen. Eine beklagte sich beispielsweise, dass ihr ägyptischer Freund aus einer der recht verwestlichten Oberschichtfamilien es ihr nicht mit dem Mund besorge. Eine andere grinste spöttisch und meinte, die ägyptischen Jungs seien so behütet aufgewachsen, dass sie nicht wüssten, was sie mit einer Vagina anfangen sollten. Ich lehnte die Stirn gegen das Fenster, sah die Autokarosserien im gleißenden Sonnenlicht schimmern und schwieg. Der Fahrer, ein bärtiger Mann in den Vierzigern oder Fünfzigern, verstand vielleicht nicht alles, was sie sagten, doch in Zeiten des Internet ist ein Begriff wie »Vagina« nun wirklich keine Geheimsprache mehr. Jedenfalls schüttelte er den Kopf und murmelte immer wieder: »Gott vergebe uns, Gott vergebe uns.« Ich konnte ihm nicht in die Augen sehen. Am Ende erfand ich eine Ausrede, um das Café vorzeitig verlassen zu können, und ging nach Hause. Die Mädchen habe ich nie wiedergesehen.

Hat sich der unterschwellige Rassismus erst einmal der Sprache bemächtigt, nimmt er mitunter noch weit erschreckendere Formen an. So nutzen westliche Männer die einheimischen Frauen oft auf die schäbigste Weise aus. Auf einer der wenigen »Ausländer«-Partys, bei denen ich in Kairo zu Gast war, hörte ich einen Deutschen prahlen, er löse das Darfur-Problem, indem er sudanesische Prostituierte bevorzuge. In Kairo hatten viele Menschen aus dem Sudan Zuflucht gefunden. Viele der Frauen waren Kriegswitwen oder -waisen und hatten keine andere Einnahmequelle als ihren Körper. Ein paar Amerikaner, die den Witz gehört hatten, lachten laut und erzählten ihn weiter. Lauter intelligente, einfühlsame, wohlerzogene Leute ... Zu Hause waren dies die »Liberalen«, jene Leute, die lieber Rizinusöl tranken, als sich zu einer rassistischen Bemerkung hinreißen zu lassen. Ein paar Moskitostiche, einige unfreundliche Touristenführer – und all ihre Prinzipien lösten sich in Luft auf.

Die meisten meiner ägyptischen Freunde und alle meine neuen Familienmitglieder lebten ihr Leben weit entfernt von den Nahtstellen zwischen Einheimischen und Ausländern. Ich war der einzige Mensch aus dem Westen, mit dem sie in Kontakt kamen, und für einige meiner behüteteren angeheirateten Cousinen war ich sicher auch die einzige Ausländerin, die sie je gesehen hatten. Aber gelegentlich ergoss sich die angestaute Bitterkeit der Ausländer über Menschen, die ich kannte, und ich konnte nichts dagegen tun.

Sameh widerfuhr so eine Geschichte. Zwei Engländer, die ich kannte, suchten einen Lehrer für ägyptische Konversation, also gab ich ihnen seine Nummer mit einer warmen Empfehlung. Eine Woche später fragte ich ihn bei einer unserer Stunden, ob sie sich denn gemeldet hätten.

»Ja«, meinte er kurz angebunden und klopfte mit dem Ende seines Kugelschreibers ein paar Mal auf den Tisch.

»Wollen sie Stunden nehmen? Hast du dir schon etwas ausgedacht?«

»Ja«, sagte er wieder und wich meinem Blick aus. »Sie

haben angefangen, mit mir zu handeln«, fuhr er in neutralem Ton fort. »Sie sagten, ich verlange zu viel.«

Mein Gesicht brannte. »Lieber Gott, das tut mir leid«, sagte ich. »Ich hätte nicht gedacht, dass sie von der Sorte sind. Entschuldige bitte.« Eines der schwierigsten Dinge, die man in Ägypten lernen muss, ist, wann man feilscht und wann man es besser sein lässt. Eine Regel allerdings ist immer gültig: Mit Freunden feilscht man nicht um den Preis, denn dazu gehört eine gewisse Unehrlichkeit. Auf dem Marktplatz rechnet man damit. Dort ist der Handel letztlich nur eine Gelegenheit, bei der Käufer und Verkäufer ihr Talent als Geschichtenerzähler unter Beweis stellen können. Der Verkäufer behauptet, seine Schals seien alle aus reiner Seide und kämen direkt aus Indien. Der Käufer wiederum hält dagegen, er habe dieselben in einem anderen Souk für die Hälfte des Preises gesehen. Durch das Handeln hatten meine englischen Freunde Sameh brüskiert und ihm zu verstehen gegeben, dass er aus einer niedrigeren sozialen Schicht kam als sie. Sie hatten ihn behandelt wie einen Knecht, den sie derselben Unehrlichkeit für fähig hielten wie die Putzfrau oder den Taxifahrer.

Ich fühlte mich plötzlich erschöpft: Ich hatte ihnen nicht erzählt, dass Sameh mittlerweile wie ein Freund für mich war und dass seine unausgesprochene Sympathie und seine Entschlossenheit, mich zum Erfolg zu führen, mir über manche Schwierigkeit hinweggeholfen hatten. Eben weil ich nichts davon gesagt hatte, hatten sie nur das Wort »Arabischlehrer« gehört und ihn behandelt, wie man ihrer Ansicht nach einen Arabischlehrer – einen arabischen Lehrer – behandeln musste, wenn man sich nicht übers Ohr hauen lassen wollte.

»Und was hast du geantwortet?«, fragte ich Sameh. Mein Kummer stand mir wohl so offensichtlich ins Gesicht geschrieben, dass er lächelte.

»Ich habe sie handeln lassen. Ich habe ihnen zehn Prozent nachgelassen.«

»Wieso? Damit bringst du ihnen nur schlechte Manieren bei! Sie sollten nicht …«

»Ist schon gut«, warf er ein. »Mach dir keine Sorgen. Hast du deine Hausaufgaben gemacht?«

Wir arbeiteten fünfundvierzig Minuten lang, dann legten wir wie immer eine Teepause ein und taten uns an Keksen gütlich. Die schwere Luft der Abenddämmerung zog durch die Gartentür herein. In einer Wohnung über uns beklagte ein Papagei sein Los.

»Ana roht lilkaraoke night fi club fi wust el balad imberah«, meinte Sameh. *»Wahid sahbi kann beyishrab, w'ana kunt zalen minu.«* (»Ich war letzte Nacht im Karaokeclub in der Stadt. Einer meiner Freunde hat dort getrunken, und ich war sehr wütend auf ihn.«)

»Wieso?«, fragte ich. »Ich dachte, ihr dürft Alkohol trinken.«

»Wen meinst du mit ›ihr‹?«

»Die Kopten.«

»Oh, nein. Du kannst nicht mit Gott sprechen, wenn du betrunken bist. Aber einige tun es eben trotzdem.«

Ein Klopfen an der Außentür des Sprachenzentrums ließ uns aufhorchen. Eine laute Stimme verlangte nach *Ustez Sameh. Ustez* ist ein Ehrentitel für Lehrer und Vorgesetzte.

Sameh sah mich an mit einem Blick, der mich um Schweigen bat. Er verließ den Raum und schloss die Tür hinter sich. Ich lauschte angestrengt, hörte aber nur leises Murmeln. Ein paar Minuten später beobachtete ich durch die Gartentür, wie sich mehrere Paar Männerschuhe entfernten. Die Gestalten selbst waren hinter der Hecke verborgen.

Sameh kam zurück.

»Ich entschuldige mich«, sagte er. »Das waren Schüler von mir aus dem Nildelta. Sie kommen am Wochenende nach Kairo, um hier zu lernen. Sie sind es nicht gewöhnt, mit jungen Frauen Umgang zu haben. Ich hatte nicht das Gefühl, dass sie bereit seien, dich zu treffen.«

Auch dies war ein Zeichen seines liebevollen Respekts. So etwas tat ein Bruder, um seine Schwester davor zu schützen, angestarrt oder unhöflich behandelt zu werden. Je mehr man in Ägypten eine Frau schätzt, desto mehr hält man sie im Verborgenen. Ich verspürte eine Mischung aus Wertschätzung und Ruhelosigkeit. Ich wurde so sehr geliebt, so sehr beschützt, dass ich vollkommen abgeschlossen in meinem Vakuum zwischen Ost und West lebte. Es war einfach nicht richtig, dass das nötig war. Oder dass ich zwei gebildeten Europäern beibringen musste, einen gebildeten Araber mit Respekt zu behandeln. Ging es im Leben denn immer darum, die Menschen voreinander zu beschützen?

Ein freies Land

Die gesamte Menschheit lässt sich in drei Kategorien einteilen: die unbeweglichen, die beweglichen und die, die sich tatsächlich bewegen.
Benjamin Franklin

In diesem Sommer bereitete ich mich auf den Rückflug nach Amerika vor, wo ich meine Familie besuchen wollte. Ich hatte das Versprechen, das ich mir selbst gegeben hatte, gehalten: Es war Juli. Ich war ein ganzes Jahr lang in Ägypten geblieben. Wenn ich ein Jahr lang hier leben konnte, konnte ich es auch zwei, drei Jahre oder länger. Ich konnte das Flugzeug besteigen, ohne Angst haben zu müssen, dass ich am Ende vielleicht nicht zurückkommen würde. Immer vorausgesetzt, dass meine Regierung mich ließ.

Ich organisierte meine Reise um die Annahme herum, dass man mich festhalten und verhören würde. FBI-Agenten hatten Ben am Flughafen erwartet, als er in die USA zurückgekehrt war, also wählte ich als Zielflughafen Denver. Wenn ich schon verhaftet werden sollte, dann wollte ich wenigstens meinen geliebten Bergen nahe sein. Die Alternative – zusammen mit den üblichen Verdächtigen am JFK International Airport in New York eingesammelt zu werden – deprimierte mich zu sehr. Ich hatte meine Reise in den Iran sorgfältig dokumentiert: Bordpass, Quittungen, Reiserouten, Telefonnummern. Und ich erstellte eine Telefonliste. Jeder Journalist, jeder Intellektuelle, der im Nahen Osten arbeitet und veröffentlicht, hat eine Liste mit den Namen von Menschen, die ein vertrauenswürdiger Angehöriger oder Freund anrufen soll, falls er verschwindet. Gewöhnlich stehen dort Freunde aus der Politik- und Medienlandschaft, die die öffentliche Aufmerksamkeit auf das Verschwinden lenken können, um Schlimmeres zu verhüten. Menschen, mit deren Hilfe man Zeit gewinnen konnte.

Ich war, was man vielleicht als »angehende Journalistin« bezeichnen konnte, und ich begab mich nicht in irgendeine obskure, weltfremde Gegend. Es war deprimierend genug, dass man so eine Absicherung brauchte, wenn man in die USA reiste. Die Vereinigten Staaten. Wir hatten dem Nahen Osten den Kampf angesagt und waren ihm immer ähnlicher geworden: ein Ort, an dem man Menschen ins Gefängnis steckt, weil sie Briefe schrieben, verbotene Sprachen sprachen oder in Gedanken Verbrechen begingen. Omar, Ibrahim und Sohair waren so daran gewöhnt, in einem restriktiven Umfeld zu leben, dass sie nicht einmal sonderlich beeindruckt waren, als ich ihnen sagte, dass man mich beobachte. Es überraschte sie eher, dass mich das so erschütterte. Damit hatte ich doch sicher gerechnet? Ich war zum Islam übergetreten, und ich war eine Liberale. Einige von Sohairs Geschwistern, meine künftigen »Schwieger«-Onkel und -Tanten, hatten unter Beobachtung gestanden oder sogar im Gefängnis gesessen, weil sie sich missliebigen Gruppierungen angeschlossen hatten, die sich für mehr Frauenrechte und Demokratie einsetzten oder die falschen religiösen Anschauungen vertraten. In ihren Augen war die Freiheit, die ich für so selbstverständlich gehalten hatte, ein Luxus, etwas, das sie nie besessen und nie angestrebt hatten. Wer in Ägypten auf Freiheit hofft, kann daran verzweifeln.

Am Tag meiner Abreise fuhren Omar und ich noch vor der Morgendämmerung zum Flughafen. Der Smog hatte sich noch nicht über die Stadt gelegt, der Horizont erstreckte sich bleich vor uns und versprach das zitronengelbe Licht, für das Ägypten so berühmt war. Nachdem wir am Terminal für Auslandsflüge mein Gepäck ausgeladen hatten, küsste Omar mich auf die Stirn.

»Rufst du mich an, wenn du angekommen bist?«, fragte er.

»Natürlich.« Ich lächelte ihn an.

»Und jeden Tag danach?« Auch er lächelte, aber seine Augen verrieten, wie angespannt er war. Natürlich erwähnte er das FBI nicht, das wäre vielleicht ein böses Omen gewesen, doch ich wusste, dass er sofort nach Hause fahren und für die sichere Ankunft seiner Frau in ihrem Land beten würde.

Als ich in Denver ankam, erfasste mich eine kurze Euphorie. Dahinter steckte zum einen Angst, zum anderen das seltsame Hochgefühl, das einen überkommt, wenn man verändert in ein vertrautes Umfeld zurückkehrt. Ich sagte mir, dass ich schließlich nichts zu verbergen habe. Doch auch das beruhigte mich nicht. Das Leben in einer Diktatur hatte mich gelehrt, dass dies mitunter nichts bedeutet. Manchmal suchen die Mächtigen ja nicht nach den eigentlichen Übeltätern, sondern nur nach einem Prügelknaben, um daran ein Exempel zu statuieren – zur Abschreckung. Diese Strategie ist mitunter effektiver als wirkliche Gerechtigkeit. Als ich erschöpft und verstaubt mit meinem Laptop und meiner Reisetasche die Gangway hinunterrollerte, hatte ich ein Déjà-vu. Ich fühlte mich daran erinnert, wie ich am Eingang zum Fatima-Schrein in Qum gestanden und aus fast denselben Gründen verdächtig ausgesehen hatte. Auch dort begehrte ich Einlass. Auch dort wandelte ich auf einem ungeheuer schmalen Grat zwischen einem Ideal und wirklich ernsthaftem Ärger.

Was danach geschah, habe ich bis heute nicht recht begriffen. Ich stand mit den anderen Passagieren meines Fluges an der Passkontrolle und ärgerte mich, dass ich kein Make-up trug. Ich wollte nicht schlampig und mit bleichem Gesicht abgeführt werden. Während ich dastand, ging plötzlich ein Mann in einem kamelfarbenen Trenchcoat an mir vorbei wie ein Typ aus einem Spionagefilm. Er blieb nicht stehen, sondern zückte im Vorübergehen sein Handy und machte ein Foto von mir. Für den Bruchteil einer Sekunde trafen sich unsere Blicke, und ich fragte mich, ob ich etwas sagen sollte. Dann aber drehte er sich um und eilte den Gang hinunter. Dieses Erlebnis war so bizarr, dass ich mich fragte, ob ich mir alles nur eingebildet hatte. Ich händigte dem Mann am Schalter meinen Pass aus. Er legte ihn auf den Scanner, richtete seinen Blick auf den Bildschirm, runzelte die Stirn, blickte auf, sah wieder auf den Bildschirm und sagte: »Whoa!«

Mir wurde übel: Das war's also.

Aber der Mann stellte mir nur ein paar Fragen über meinen Aufenthalt in Ägypten, knallte den Stempel in meinen Pass und ließ mich durch.

Ich war frei.

Noch nie hatte ich meine Befürchtungen in so vollendeter Weise ad absurdum geführt gesehen. In diesem Augenblick und in vielen Augenblicken danach war mir mein Recht auf Privatsphäre absolut egal. Meiner Ansicht nach war Folgendes passiert: Irgendein Geheimdienst wühlte sich durch meine E-Mails und meine Daten, verhörte ein paar meiner Freunde (Ben, Ireland und am Ende Mehdi wurden alle vom FBI vernommen), hörte einige Telefongespräche ab und entschied, dass von mir keine Bedrohung ausging. All das geschah, während ich noch in Kairo war und meinen alltäglichen Beschäftigungen nachging. Natürlich war mir das lieber als ein Aufenthalt in Guantanamo, wo man die Leute unterbrachte, bis man die richterliche Erlaubnis hatte, in ihrem Leben herumzuschnüffeln und Informationen zu erlangen, die der Betroffene nur zu gern freiwillig gegeben hätte. Das soll nun nicht heißen, dass ich Bushs Art, für die Sicherheit der Amerikaner zu sorgen, guthieß. Es war falsch, unethisch und einer freien Nation unwürdig. Aber es war immer noch humaner als das, was ich mir ausgemalt hatte. Und angesichts dieser Tatsache war mir mein Recht auf Privatsphäre für dieses eine Mal vollkommen egal.

Was mit einem übereifrigen Spitzel in Kairo begann, hatte allerdings dauerhafte Auswirkungen auf viele unschuldige Menschen. Mehdi beispielsweise wurde nie formell irgendeines Vergehens beschuldigt, wurde aber auf eine Watchlist gesetzt und muss nun vor jedem Flug peinliche Sicherheitsvorkehrungen über sich ergehen lassen – und dies vielleicht für den Rest seines Lebens. Ben sollte künftig immer Probleme mit Visa- und Steuerbehörden haben. Ich war die Einzige, der nichts passierte. Ich sollte nie erfahren, warum. Ben ließ die Alarmglocken der Behörden schrillen, weil er von seinem Lehrergehalt immer wieder in den Nahen Osten und zurück gereist war, Mehdi, weil er Muslim war. Ich war Muslimin und reiste ständig in den Nahen Osten und zurück. Lag es vielleicht daran, dass ich mich so offen gegen den Extremismus einsetze? Oder dass mein Mann Sufi ist, also der Angehörige einer muslimischen Minderheit, die von den Extremisten verfolgt wird? Es sollte mir ein Rätsel bleiben. Ben sprach ein paar Mal darüber, Einblick in unsere Untersuchungsakten nehmen zu wollen, doch am Ende zögerte er doch. Schlafende Hunde soll man nicht wecken, meinte er. Vielleicht in ein paar Jahren, wenn alles sich wieder ein wenig beruhigt hat. Wenn das Land wieder dem Land gleicht, in dem wir aufgewachsen sind.

Dann vielleicht.

Boulder hatte sich nicht verändert. Ich liebe Boulder eben deswegen, weil es sich nie verändert. Warum Boulders Einwohner so stolz sind auf ihre Stadt, werden weder Zugezogene noch Besucher von der Ost- oder Westküste je begreifen. Es ist klein, isoliert. Nach nur zehn Minuten Fußmarsch ist man im Stadtzentrum angekommen, wo sich selbst Fremde begrüßen, als würden sie sich seit Jahren kennen – was eingefleischte Großstädter schon ein wenig aus dem Konzept bringen kann. Kein Haus ist höher als fünf Stockwerke. In Boulder besitzt fast jeder einen Hund. Und gerade weil es so klein ist, steht Boulder stellvertretend für die amerikanische Stadtentwicklung. Es ist weder eine verschachtelte, öde Vorstadt noch ein zu groß geratenes Dorf oder eine Bergarbeitersiedlung – die drei Siedlungsformen, die sich sonst in den Great Plains und im Westen allgemein finden. Boulder ist eine richtige *Stadt,* in ihren Jugendjahren nur ein Vorposten im Wilden Westen, jetzt jedoch haben die Einwohner es zu beträchtlichem Wohlstand gebracht. Die Stadt schmiegt sich eng in ein Tal am Fuß der Flatiron-Berge, Ausläufer der Rocky Mountains. Ich fühlte mich dort sicher – ich war zu Hause.

Drei Wochen lang ließ ich mich zurückfallen in meine Teenager-Gewohnheiten. Ich traf alte Freunde und ging in die Coffeeshops, die ich damals besucht hatte. Und von den Kartoffeln, die ich kaufte, musste ich nicht erst die Erde abschrubben. Wenn ich Obst besorgte, musste ich nicht nach den winzigen Löchern Ausschau halten, die auf Madenbefall hindeuteten. Ich erzählte niemandem, wie erschöpft ich war und wie sehr es mich ermüdete, Fragen zu beantworten. Vor allem, wenn es um Omar ging.

»Wie ist er denn so?«

Ich saß im Trident-Café, in dem ich während der Highschool-Zeit praktisch gewohnt hatte, und unterhielt mich mit einem Paar, das seit einigen Jahren immer wieder mal zusammen war und dann wieder nicht. Eine große weiße Teetasse stand vor mir. Ich trank eine der unaussprechlichen und ununterscheidbaren Teemischungen, die eine Spezialität der Stadt sind und in heißem Wasser strahlend hellgelb werden. Auf dem CD-Player lag dieselbe CD, deren Klänge schon vor zehn Jahren aus den Lautsprechern gekommen waren. Es war fast, als wäre ich nie weg gewesen.

»Er ist groß. Und ruhig. Auf stille Weise humorvoll. Ziemlich klug, aber nicht eingebildet.«

Ich redete nicht weiter, also wechselte Josh das Thema. »Und wie ist Kairo so? Geht ihr viel aus? Kann man dort was unternehmen?«

»Manchmal schon. Nur ist das, was man dort unternimmt, ganz anders als hier. Es gibt weniger … Subkultur, würde ich mal sagen. Man erwartet dort, dass die Leute ähnliche Sachen tun, denken oder sich anziehen. Meist besucht man sich gegenseitig zu Hause – manchmal geht man in Filme oder Konzerte. Aber man geht nicht wie hier in einen Club oder eine Disco. Das tun nur die Leute, die sich weitgehend am westlichen Lebensstil orientieren. Und sogar in diesem Fall hat man viel mehr Verantwortung gegenüber anderen Menschen und weniger Gelegenheit, was anzustellen.«

»Hört sich echt kompliziert an.«

»Ein bisschen kompliziert ist es schon.«

»Bist du glücklich?« Josh schürzte die Lippen.

»Hmm. Ja, aber auf andere Weise, als man es uns beigebracht hat.«

»Auf welche Weise denn?«

Darüber hatte ich mir noch nie Gedanken gemacht. »Nun, ich finde … Es ist irgendwie gesund, dass man den Großteil seiner Zeit mit anderen Menschen verbringt. Man hat weniger Zeit für eigene Neurosen. Obwohl die Menschen mit viel mehr Problemen fertig werden müssen, scheinen sie in Ägypten viel ausgeglichener zu sein als hier. Es besteht einfach eine größere Bereitschaft zu …« Ich suchte nach Worten. »Dort hat zum Beispiel niemand ein Problem mit dem Wort ›Liebe‹. Es ist vollkommen in Ordnung, wenn man seinen Freunden sagt, dass man sie liebt – allerdings nur, wenn sie vom selben Geschlecht sind wie man selbst. Man kann ihnen sogar sagen, dass man sie über alles liebt. Das gilt dort nicht als merkwürdig.«

Sie brauchten einen Augenblick, um das zu verdauen. Joshs Freundin Katie schürzte ebenfalls die Lippen: eine Geste, die ich immer und immer wieder sehen sollte. Sie versuchten, einen Lebensstil zu begreifen, den man erleben muss, um ihn zu verstehen.

»Aber was ich nicht verstehe … ich weiß nicht, wie ich das sagen soll«, meinte sie. »Kannst du denn nicht einfach mit Jungs ausgehen?«

»Nein. Nicht ohne Omar oder einen seiner Angehörigen.«

»Und alleine?«

»In ein Café oder so etwas? Ja, das kann ich schon. Ich tue es auch, aber es ist trotzdem unüblich, eine Frau allein in einem Café sitzen zu sehen.«

»Aber du kannst mit einem Mann allein sein.«

»Lieber Himmel, nein.«

»Und du kannst auch nicht so etwas machen wie tanzen gehen.«

»Auch nicht.«

»Oder allein auf Partys gehen.«

»Das ist unterschiedlich.«

»Tut mir leid, aber das ist einfach frauenfeindlich.«

Sie war überrascht, als ich auflachte.

»Komm schon«, sagte ich. »Siehst du denn nicht, was an dieser Schlussfolgerung falsch ist? Es gibt nur zwei Geschlechter. Wenn eine Regel für das eine gilt, gilt sie automatisch auch für das andere. Hättest du mich gefragt, ob Omar mit einer anderen Frau ausgehen oder mit ihr allein sein kann, hätte ich dir dasselbe geantwortet: nein. Wenn er seine weiblichen Bekannten sehen möchte, muss er mich mitnehmen. Oder glaubst du, es gibt dort Frauen, die die Ausnahme von der Regel sind? Wo sollen die denn herkommen? Sie können nicht mit Männern ausgehen, denn da müssten erst einmal welche da sein, um so eine Doppelmoral überhaupt zu ermöglichen. Wenn Mädels nicht allein mit Jungs bleiben dürfen, wer ist dann übrig, mit dem die Jungs die Regeln brechen könnten?«

»Die Männer können also auch keine Freundin haben und so?«

»Nicht offen. Nicht in der Mittelschicht. Der schlechte Ruf fiele auf die ganze Familie zurück. Dann heißt es gleich, sie hätten ihren Sohn zu einem verantwortungslosen Menschen erzogen, der sich nicht an die Gebote hält und deshalb kein guter Heiratskandidat ist. Die Familie eines Mädchens ist in solchen Dingen sehr heikel, wenn es um die Auswahl des jungen Mannes für ihre Tochter geht.«

»Dann gibt es also keine Doppelmoral.« Josh beugte sich interessiert vor.

»Nein, ganz so ist das nicht. Aber das liegt nur daran, dass Mädchen ein Jungfernhäutchen haben und Jungs nicht. Wenn es eine Möglichkeit gäbe, die Jungfräulichkeit eines Mannes zu prüfen, dann würden die Religionsgläubigen es tun. Männer müssen genau dieselben Regeln befolgen wie Frauen. Sie kommen nur aus anatomischen Gründen leichter davon, wenn sie sie brechen.«

»Aber mit wem brechen sie die Regeln denn dann, wenn Mädchen nicht mit Jungs allein sein dürfen?« Katie hatte sich meine Logik mit bewundernswertem Eifer angeeignet.

»Was glaubst du denn?«, fragte ich. »Mit Mädchen, die ihre Zeit nach Stunden abrechnen.«

»Gibt es davon viele?«

»Wenn ich das richtig mitbekomme, werden sie weniger, seit die Fundamentalisten auf dem Vormarsch sind. Ein Pärchen kann zum Beispiel kein gemeinsames Hotelzimmer mehr buchen, wenn es nicht beweisen kann, dass es verheiratet ist. Wenn ich einen Tipp abgeben müsste, würde ich sagen, die meisten Jungs hatten nur wenige … Erfahrungen, bevor sie in den Stand der Ehe treten. Die meisten sind vermutlich gottestreue Jungfrauen.«

»Redet ihr, du und Omar, über …« Katie wurde rot und sah mich prüfend an, wie ich wohl auf die Frage reagieren würde, die sie zu stellen vorhatte. »Über das, was vorher mal war, also bevor ihr euch kennengelernt habt?«

»Nein.« An diesem Punkt ließ ich durchblicken, dass ich das Thema nicht weiter vertiefen wollte.

Es sollte noch Jahre dauern, bis ich mit meinen Freunden ein normales Gespräch führen konnte – also eines, das sich nicht die halbe Zeit auf kulturell vermintem Gebiet bewegte. Entweder sah man mich als Pionier an – oder dachte, ich hätte mich auf dem Heilsweg verirrt. Es schien einfach keine andere Möglichkeit der Kommunikation zu geben. Die Erfahrungsmuster für Westler, die ins Ausland gehen, waren schon lange vor meiner Zeit in Erz gegossen. Wenn ich mein Leben in Ägypten unter ethnologischen Gesichtspunkten zerpflückte, konnte ich daraus leichtverdauliche Häppchen machen, die jedoch nie die ganze Wahrheit umfassten. Wenn ich nicht als Ethnologin unterwegs war, dann war ich im Nahen Osten vermutlich auf der Suche nach einer spirituellen Heimat – so sahen jedenfalls viele Menschen meinen Übertritt. Doch das war letztlich noch unehrlicher, weil ich nicht an eine spirituelle

Heimat glaubte, die nicht Gott war – und den fand ich im Einkaufszentrum von Boulder genauso wie in der Moschee. Mein Glaube brauchte weder Schönheit noch Zugehörigkeit – je tiefer ich mich auf meine Praxis einließ, desto weniger davon war nötig.

Der wichtigste Grund, weshalb ich in Ägypten geblieben war und mich an das Leben dort anpasste, war letztlich recht einfach: Dies war der Ort, an dem ich lebte, und hier waren die Menschen, mit denen ich leben wollte. Ja, ich wollte beidem gerecht werden. Ich war nach Ägypten gekommen, um einen praktizierten Islam zu erleben und herauszufinden, ob die arabische Welt wirklich so war, wie sie in den Medien dargestellt wurde. Ich war nicht dort geblieben, damit ich das alles studieren konnte, sondern um daran teilzuhaben. Und ich hatte herausgefunden, dass sowohl der Islam als auch die arabische Welt weit von ihrem Ideal entfernt waren, dass die Religion, die ich liebte, ständig irgendwie verbogen wurde, damit sie als Rechtfertigung für Gewalt, Unwissenheit und Menschenfeindlichkeit herhalten konnte. Und doch war ich keineswegs unzufrieden. Und genau das war es, was ich den Menschen zu Hause – zu ihrer großen Befriedigung – so schlecht erklären konnte: Ich war nicht enttäuscht.

Ich glaube, damals konnte ich das einfach noch nicht auf den Punkt bringen. Die jüngsten Ereignisse in meinem Leben waren so kurz hintereinander auf mich eingeprasselt, dass ich sie noch nicht recht verdaut hatte. Ich sorgte mich nicht um das, was mir passiert war, sondern darum, was noch geschehen würde: Was würde ich in unmittelbarer Zukunft tun müssen, wen würde ich überzeugen müssen, damit ich meine fragile bikontinentale Existenz fortführen konnte. Ich kam gar nicht auf die Idee, mich zu fragen, weshalb mich das Heulen und Kreischen der Fundamentalisten, die mich Tag für Tag um fünf Uhr morgens aus dem Schlaf rissen und die unser aller Leben in immer kleinere Schächtelchen zwangen, nicht vom Islam abbrachte. Ich war vertraut mit der Abschwör-Industrie, mit den Ayaan Hirsi Alis und den Wafaa Sultans, die den Islam höchst profitträchtig von sich wiesen. Irshad Manji sagt in ihrem Buch *The Trouble with Islam*, dass es nach ihren Begegnungen mit den Extremisten der »Job des Islam« sei, sie von einer Abkehr abzuhalten. Ich hatte nie das Gefühl, es sei Aufgabe des Islam, mich zu »halten«. Mein Glaube war kein Vertrag, kein Deal. Es gab keine Klauseln, an die Gott sich halten sollte und die mir bei einem Verstoß das Recht gaben, das Vertragsverhältnis zu beenden. Irving Karchmar, Sufi und Autor von *Meister der Jinn*, hatte dies ganz richtig ausgedrückt: An einem bestimmten Punkt wird aus Glaube Gewissheit. Bei mir war das schon sehr früh geschehen. Obwohl ich es damals nicht so bezeichnet hätte, fühlte ich bereits eine Gewissheit, die mein Handeln bestimmte. Die Gewissheit in mir sah, dass der Fundamentalismus an Boden gewann. Natürlich empörte mich das, gleichzeitig aber ließ mich die Gewissheit keine Enttäuschung empfinden. Es war nicht an mir, meinen Glauben zu bejahen oder zu verneinen. Dafür hatte ich mich zu vollkommen überantwortet. Jenseits der Absonderungen radikaler Imame und selbstgerechter Apostel, jenseits der Lügen der Medienlandschaft und der Wichtigtuerei der Akademiker erkannte ich eine klare, unwandelbare Linie. Wie hätte ich enttäuscht sein können? Ich glaubte nicht an den Islam. Ich öffnete jeden Morgen meine Augen und erkannte ihn.

Es war sehr schwer, dies meinen Freunden zu vermitteln. Meiner Familie gegenüber schnitt ich das Thema erst gar nicht an. Sehr viel später erst sollte ich andere Muslime kennenlernen, aber auch Christen und Juden, die etwas Ähnliches erlebt hatten, die wussten, was es hieß, vom

Glauben überrascht, überwältigt zu werden. Die meisten Menschen fühlen sich schon mit dem Wort unwohl. Wir reden darüber wie über Sex: als übe der Glaube eine wichtige, aber nicht salonfähige Funktion aus, als sei er ein winziger, abgezirkelter Teil unseres Alltags. Doch der Glaube ist nichts von alldem. Ich konnte nicht erklären, was es bedeutete, vor dem Unerklärlichen niederzuknien und sich nicht gedemütigt, sondern erhöht zu fühlen, mehr in Verbindung mit mir selbst als je zuvor. Ich erinnerte mich, dass ich noch wenige Jahre zuvor so etwas auch nicht von einer Freundin hätte hören wollen. Ihre Worte hätten mich ebenso erschreckt wie jeden anderen. Wenn man mich fragte, weshalb ich – um des lieben Himmels willen – von dem Glauben, den ich gewählt hatte, nicht enttäuscht war, konnte ich nur den Kopf schütteln. Ich verstand es ja selbst noch nicht.

Ich verbrachte viel Zeit mit Jo, in deren Gegenwart ich wieder das Gefühl hatte, ich selbst zu sein. Es war mehr als zwei Monate her, dass sie Kairo verlassen hatte. Ich stand ihr Modell, als sie mein Hochzeitskleid entwarf, es zuschnitt und mir anpasste. An den Abenden saß ich mit meinen Eltern zusammen. Es gab Tage, da konnte ich so tun, als sei nichts passiert, als erwarte mich irgendwo im Dunkeln ein anderes Leben, glücklich und unauffällig in irgendeiner amerikanischen Stadt, in der ich mit ein paar Freunden eine Wohnung gemietet hatte. Ein Teil meiner selbst wollte dieses andere Leben, wie immer es auch aussehen mochte. Die Vertrautheit amerikanischen Bodens war wie ein Stärkungsmittel.

Der Tag, an dem ich nach Ägypten zurückflog, kam schneller als erwartet. Als ich ins Auto stieg, um zum Flughafen zu fahren, musste ich die Zähne zusammenbeißen, um nicht loszuheulen. Über die Liebe hatte ich nie richtig nachgedacht. Unbewusst ging ein Teil meiner selbst immer noch davon aus, dass einzig die Disney-Version die wahre Liebe sei: Man verliebt sich, und alle Hindernisse werden im Nu beseitigt, alles, was zerbrochen war, wird heil. Als ich meine Angehörigen zurückließ, die ihr tapferstes besorgtes Gesicht aufsetzten, wusste ich, dass das nicht stimmte. Liebe ist keine Gnade. Nicht eine winzige Ecke in meinem Leben blieb von den Konsequenzen meiner Liebe unberührt. Das Schönste, das mir je passiert war, schenkte mir weder Frieden noch Ruhe. Aber es hatte mir Omar geschenkt. Und das war mehr als genug.

Hochzeit am Nil

Die Leere drückt uns nieder; und dann erwachen wir
und hören den fruchtbaren Strom vorüberrauschen
an allerlei Dörfern, und uns wird klar, dass wir
unsere eigene ruhige Fahrt wieder aufnehmen sollten
um der Menschheit willen.
James Henry Leigh Hunt, *A Thought of the Nile*

»Willow? Gott helfe uns, es regnet …«

Ich setzte mich verschlafen im Bett auf und versuchte, meine Gedanken zu sammeln. »Das kann nicht sein«, sagte ich.

»Sieh doch mal raus!« Die Stimme am anderen Ende der Leitung gehörte Nevine, unserem Hochzeitsplaner. Sie hatte recht: Es war kühl geworden, und am Himmel jenseits unserer lachsfarbenen Fensterläden ballten sich dicke Wolken. Die Rosen im Garten wippten unter dem Ansturm fetter Regentropfen auf und ab. Mein Hochzeitstag war angebrochen, und in einer der trockensten Städte der Erde regnete es.

»Hör zu, ich habe ein größeres Zelt bestellt«, sagte Nevine. »Ein drittes, und genauso groß wie das alte.«

»Dann ist also alles in Ordnung?« Doch Nevine hatte den Kopf vom Hörer weggedreht und redete auf jemanden ein, dessen Stimme ich nicht hören konnte. Ich hob meine Hand ans Gesicht und atmete den Duft von Henna und Eukalyptus ein: Meine Handflächen und Fußsohlen waren von Blumen, Sternen, Pfauen bedeckt, die minutiös in rötlich brauner Farbe aufgebracht worden waren. Obwohl Sohair für die Brautjungfern eine traditionelle Hennamalerin aus dem Sudan engagiert hatte, war es Jo gewesen, die meine Hände und Füße geschmückt hatte. Und es war vermutlich das anspruchsvollste Henna-Malprojekt, das je von einer Frau aus dem Westen ausgeführt worden war.

Ein gedämpftes Schaben signalisierte, dass Nevine wieder zuhörte. »So Gott will, wird alles gut«, meinte sie.

»Es regnet.« Omar steckte sein nur halb rasiertes Haupt zur Tür herein und sah besorgt drein. Ich rieb mir die Stirn.

»Okay«, sagte ich, »okay.«

Dass wir unter freiem Himmel feiern sollten, war meine Idee gewesen. Ich wollte eine farbenfrohe, luftige Zeremonie. Wobei »Zeremonie« vielleicht das falsche Wort ist, denn eine Hochzeit ist im Islam mehr ein Sozialvertrag als ein Sakrament. Eine muslimische Eheschließung ist daher vor allem eine Party zu dem Zweck, die Hochzeit öffentlich bekanntzugeben. Es gibt keine feststehenden Rituale, auch wenn in Ägypten in den letzten Jahren immer mehr westliche Gepflogenheiten übernommen worden waren wie ein riesiger Hochzeitskuchen, ein weißes Hochzeitskleid und sogar die Sänger, die das Ereignis musikalisch umrahmten. Da wir uns nicht zwischen den Fronten zweier unterschiedlicher Traditionen aufreiben wollten, hatten Omar und ich beschlossen, einfach beide zu ignorieren. Ich trug keinen weißen Tüll zur Hochzeit, sondern blaugraue Seide. Jo und meine Mutter hatten das Gewand bestickt mit Motiven, die Jo nach dem Vorbild eines mittelalterlichen persischen Hofgewandes entwickelt hatte. Eine japanische Nachbarin meiner Eltern, erfahren im Einpacken von Kimonos, hatte das zarte Gebilde gefaltet und verpackt, damit es den Transkontinentalflug von Denver nach Kairo unbeschadet überstand. Dieses Kleid war, wie auch mein Leben, das Werk vieler Hände.

Für den Empfang wählten Omar und ich den Palmengarten der Villa Androws aus, eines schönen alten Hauses am Westufer des Nils, eine oder zwei Meilen stromaufwärts oberhalb von Maadi. Vom Garten führten vermooste Steintreppen zum Fluss hinunter. Man konnte ihn also per Schiff erreichen. Es war ein bezaubernder Ort, eines der letzten Überbleibsel eines ganz anderen Ägyptens, eines Landes, das reich und sorgenfrei genug war, um die Phantasie anregen zu können. »Meine verlorene Welt«, sagte Omar mit einem Lächeln, als wir den Garten zum ersten Mal besuchten, zur Zeit des Sonnenuntergangs, der einzigen Zeit, in der Kairo seinen Bewohnern nicht die kalte Schulter zeigt und ihnen Einblick in ein anderes Schicksal gewährt. Nevine wartete gespannt auf unser Urteil und spielte mit dem koptischen Kreuz um ihren Hals.

»Wallahi gamila«, sagte Omar zu ihr. »Es ist wirklich wunderschön.«

»Ja«, gab Nevine mit einem erleichterten Lächeln zurück. »Ich zeige diesen Ort nur Paaren, die etwas Besonderes wollen.«

Mit Nevines Hilfe planten Sohair und ich den Blumenschmuck, die Tische und die Beleuchtung für die Zeremonie im Freien. Natürlich hatten wir angenommen, dass wir gutes Wetter haben würden. Selbst in einem besonders nassen Jahr hat Kairo ein halbes Dutzend Regentage, alle meist im Spätwinter oder im Frühling. Außerhalb von Alexandria habe ich keinen Ägypter kennengelernt, der einen Schirm besaß. Nachdem wir Anreise, Unterbringung und Garderobe von Gästen aus drei Kontinenten und neun Zeitzonen koordiniert hatten, wünschten wir uns eigentlich nur eines: eine Hochzeit ohne böse Überraschungen. Kahira, die Siegreiche aber hatte wohl andere Pläne.

Als Omar und ich eilig durch unsere Wohnung sprinteten, um uns anzukleiden, läutete das Telefon erneut. Dieses Mal war es Ben, der sich noch panischer anhörte als Nevine.

»Sie lassen uns nicht weg«, sagte er. »Also bleibt bitte, wo ihr seid. Wir müssen erst …«

»Was soll das heißen: ›Sie lassen uns nicht weg‹? Von wem redest du denn?« Mein Kopf und Nacken begannen, gefährlich zu kribbeln. Neunzehn Amerikaner – und ein Franzose, der Verlobte einer meiner Collegefreundinnen – sollten in einem Minibus zur Villa Androws geschafft werden, den wir extra gemietet hatten. Der Fahrer sollte sie in dem Hotel abholen, in dem wir die meisten unserer internationalen Gäste untergebracht hatten.

»Die Militärpolizei«, sagte Ben. »Sie sagen, wir dürfen ohne Polizeieskorte nicht weg.«

Schlagartig wurde mein Mund trocken. Das war nichts Neues: Ägypten ist ein Polizeistaat. In den letzten Jahrzehnten gelangten seine Schergen wohl überwiegend zu der Auffassung, dass das größte Hindernis ihrer Machtentfaltung eben jene Menschen sind, die sie regieren und beschützen sollten. Wenn eine größere Gruppe von Touristen sich freiwillig mit gewöhnlichen Ägyptern zusammentut, sorgt das für Panik bei den Staatsorganen. Dann müssen Polizeieskorten her, um das ausländische Geld von einer Bevölkerung fernzuhalten, die von ihrer eigenen Regierung gehasst wird. Ich war durch die Maschen dieses Netzes geschlüpft. Da in den Kreisen, in denen ich mich aufhielt, außer mir keine Ausländer verkehrten und ich darüber hinaus Arabisch sprach (damals noch nicht wirklich gut, aber doch passabel), war ich von dem, was ein Journalist einmal das »Große Kindermädchen« nannte, relativ unbehelligt geblieben. So unbehelligt, dass ich es schon vergessen und staatliche Eingriffe in meine Hochzeit nicht im Voraus bei der Planung berücksichtigt hatte.

»Was ist los?«, Omar sah mich an.

»Sie lassen die Amerikaner nicht weg«, sagte ich und

stellte entsetzt fest, dass ich den Tränen nahe war. »Sie wollen Soldaten mitschicken.«

Omar begann, auf Arabisch zu fluchen.

»Wir arbeiten daran«, meinte Ben am Telefon. »Ich rufe euch zurück.«

An das, was danach folgte, kann ich mich nur verschwommen erinnern. Omar und ich tigerten zuerst ununterbrochen in unserer Wohnung auf und ab, dann setzten wir uns schweigend aufs Bett wie zwei Schauspieler, die auf ihren Auftritt bei einer Glamourparty warten. Ich sagte ein paar sehr gemeine Sachen über Ägypten, Omar hörte mir mit verbissener Verzweiflung zu. Wie sehr wir auch versuchten, den Abgrund zwischen uns zu überwinden, er riss unausweichlich immer weiter auf, ganz egal, was wir taten oder sagten. Es würde wohl niemals leichter werden. Das war die fatale Wahrheit. Als Omar aufstand und mich ohne ein Wort in seine Arme nahm, wusste ich, dass ich etwas hatte, was mir mehr bedeutete als solche Dinge, und das galt auch für ihn.

Das Telefon läutete noch einmal. »Gute Neuigkeiten«, sagte Ben. »Wir fahren jetzt. Dein Vater hat gedroht, die Botschaft anzurufen, und deine Mutter hat alle heruntergeputzt, aber am Ende war es deine Freundin Saraa, die sie zum Aufgeben bewog. Ich weiß nicht, was sie gesagt hat, aber es hat gewirkt. Sie hat uns den Tag gerettet.«

Saraa ist Dichterin, ein ruhiges, liebes und trauriges Mädchen. Es war reiner Zufall, dass sie im selben Hotel war wie unsere internationalen Gäste. Sie hatte keine Mitfahrgelegenheit bekommen und gefragt, ob sie nicht im Minibus mitkommen könne. Da sie ein ausgesprochen liebenswürdiger und vorsichtiger Mensch ist, hat sie mir auch später nie verraten, wie sie es geschafft hatte, dass die Sicherheitsoffiziere von ihrem Vorhaben abließen, und ich drang nicht weiter in sie. Mittlerweile war ich schon bei einigen hundert Gesprächen gegen eine Wand gelaufen, so dass ich mir abgewöhnt hatte, nach Dingen zu fragen, die man mir nicht freiwillig erzählen wollte. Ohnehin war ich in diesem Augenblick nur dankbar.

»Okay«, sagte ich zu Ben. »Am besten haut ihr ab, bevor sie ihre Meinung noch mal ändern.«

»Und wie wir das tun werden. Hey«, meinte er mit veränderter Stimmlage. »Lach doch ein bisschen, okay? Heute ist dein Hochzeitstag. Alles wird gut. Schau hinaus.«

Es hatte aufgehört zu regnen. Der Himmel war zwar immer noch grau, aber die Wolken standen hoch und waren längst nicht mehr so dicht wie zuvor. Vielleicht würden wir ja trockenen Fußes davonkommen?

»Der Fahrer ist da«, sagte Omar, das Handy in der Hand. Er zumindest sah wesentlich zuversichtlicher aus, als ich mich fühlte. »Bist du fertig? Lass uns gehen.«

Das Bild, das mir von meiner Hochzeit am lebhaftesten in Erinnerung geblieben ist? Omar und ich stehen unter einem weißen Zeltdach, das sich im Wind bläht. Wir fahren auf einem Segelboot den Nil hinauf. Richtet man den Blick nach vorne, so wirkt das Wasser schieferfarben, doch direkt am Boot hat es die Farbe von dunklem Tee.

An der Anlegestelle erwarten uns nur vertraute Gesichter: meine Familie, meine Freunde in festlichen Kleidern, Anzügen und Galibayyas, verschleiert und unverschleiert, von heller oder dunkler, oliv- oder kupferfarbener Haut. Meine Mutter steht zwischen Ben und Ibrahim und sieht besorgt aufs Wasser. Sie hält sich an Bens Arm fest. Damals wusste ich es noch nicht, aber später sagte sie mir, sie habe Angst gehabt, wir könnten ins Wasser fallen. Ben beruhigt sie, dann beugt er sich zu Ibrahim hinüber und sagt etwas. Ibrahim lacht. Als wir die Steinstufen betreten, die zum Garten hinaufführen, macht Ibrahim eines meiner Lieblingsfotos: Ich steige aus einem Boot, von dem der türkisfarbene Lack blättert, ein gestickter Schleier umrahmt mein Gesicht, und eine körperlose Hand – Omars natürlich – hilft mir ans Ufer. Ich mag das Bild, weil es genau diesen Moment einfängt, in dem ich zwischen unsicherem und dem festen Boden schwebe.

Der Rest der Hochzeit verschwimmt in meiner Erinnerung. Alle tanzten. Ich erinnere mich noch, wie ich lachen musste, als ich die hennabemalten Knöchel meiner Großmutter sah. Meine Schwester sah in ihrem lavendelfarbenen Seidenkleid einfach hinreißend aus. Sie hatte es von einer syrisch-holländischen Freundin ausgeliehen. In den nächsten Wochen erreichten uns mehrere Heiratsanträge für sie, die sie alle höflich und gutgelaunt ablehnte. Irgendwann entdeckte ich Sameh in seinem untadeligen schwarzen Anzug in der Menge. Er lächelte mir zu. Ich winkte, und er trat näher.

»Du bist also gekommen«, sagte ich.

»Ich musste ja.« Er hielt inne und fuhr dann fort. »Du bist ja nicht nur meine Schülerin, du bist auch meine Freundin.«

Ich biss mir auf die Lippen. Dann streckte ich in einem plötzlichen Impuls die rechte Hand aus. Er lächelte und ergriff sie. Es war das erste und einzige Mal, dass wir uns berühren sollten.

Ich hörte Jubelrufe und drehte mich um: Omars Cousins hatten sich eng zusammengestellt, die Arme verschränkt und warfen ihn in die Höhe. Omar lachte. Seine Weste und seine Stiefel hingen mehr schlecht als recht an ihm. Er wurde immer wieder in die Luft geschleudert.

Als ich die Einladungen zu unserer Hochzeit verschickt hatte, erwartete ich höchstens ein paar Freunde, die den weiten und unsicheren Weg von Amerika nach Kairo auf sich nehmen würden. Doch es wurden insgesamt zwanzig. Ben kam mit seiner Familie, Jo mit ihrem Vater, meine

Eltern kamen, meine Schwester und meine Großeltern mütterlicherseits. Und sechs oder sieben Freunde aus Highschool und College. Einer davon war Feuerjongleur und zeigte nach Sonnenuntergang eine tolle Show. Auf Sohairs Einladung hin kamen der Direktor des Roten Kreuzes, ein berühmter Linguist der Universität Kairo, ein paar bekannte Vertreter der ägyptischen Linken sowie etwa hundert Tanten, Onkel und Cousinen ersten und zweiten Grades von Omar aus beiden Familienzweigen. Omars Musikerfreunde – Mohammad, sein Bruder Mostafa, der blinde Virtuose, und ein paar andere – brachten ihre Instrumente mit und spielten für uns. Unsere Hochzeit, die zuerst als kleine, private Feier gedacht war, wurde zum gesellschaftlichen Ereignis und beschäftigte unsere Hochzeitsplanerin lange Zeit. Wenn man bedenkt, dass die Feier fast nicht hätte stattfinden können, war sie ein voller Erfolg: einer der seltenen Augenblicke im Leben, in denen Dinge, die eigentlich hätten schiefgehen müssen, auf wundersame Weise plötzlich doch klappen. Einer jener Augenblicke, in denen eine bessere Welt möglich erscheint.

Eine Verabredung

Folgt denen, die keinen Lohn von euch verlangen.
QUR'AN 36, 21

Nach meinem Gespräch mit dem Großmufti hatte ich einen Essay geschrieben, den ich im Ausland veröffentlichen wollte. Die ägyptischen Medien berichteten häufig über seine mitunter umstrittenen Urteilssprüche, doch außerhalb der muslimischen Welt war er nahezu unbekannt. Also schickte ich höflicherweise zunächst eine Kopie des Essays an das Büro des Muftis, damit er überprüfen konnte, ob ich ihn korrekt zitierte. Man berichtete mir, seine Tochter habe den Essay übersetzt und habe ihrem Vater gesagt, er lese sich überraschend gut. Ein paar Wochen später, als sich die Familie in Doqqi traf, zog Onkel Ahmad uns sogleich zur Seite.

»Der Mufti fand den Essay gut, den du geschrieben hast«, sagte er. »Er hat diesen Samstag Zeit und kann noch weitere Fragen beantworten.«

Ich blinzelte aufgeregt. »Ich fühle mich geschmeichelt, dass mein Artikel ihm gefallen hat«, meinte ich, »aber ich habe im Augenblick keine weiteren Fragen. Bitte danke ihm für das Angebot, aber …«

Onkel Ahmad sah Omar an, dieser wiederum mich.

»Du verstehst das falsch«, meinte Onkel Ahmad mit geduldigem, gleichwohl bestimmtem Lächeln. »Der Mufti möchte dich sehen. Diesen Samstag. Um elf Uhr vormittags.«

Im Nahen Osten schlüpft der Befehl häufig in das Gewand einer guten Gelegenheit. »Natürlich«, antwortete ich. »Es ist mir eine Ehre.«

Damals waren weder die hochrangigen Scheichs der Al-Azhar-Universität oder die Oberen der verschiedenen Sufipfade noch die schicken muslimischen TV-Prediger in den westlichen Medien präsent. Das hatte mehrere Gründe: Zunächst einmal reden die Scheichs der Universität und der Sufi-Orden nicht mit jedem Journalisten und wenn, dann nur über ausgewählte Themen. Im Großen und Ganzen gelten Journalisten dem arabischen Sunniten-Establishment als unwissend und sensationsheischend. Sie seien nur auf Schlagzeilen aus und versuchten nicht einmal ansatzweise zu begreifen, welche Mühe die gemäßigten Muslime sich gaben, um den Vormarsch des islamistischen Fundamentalismus einzudämmen.

Diese Ansicht hegen die islamischen Führer nicht ohne Grund. Gerade nach dem 11. September riefen mehrere westliche Intellektuelle die gemäßigten Muslime auf, sich zu Wort zu melden. Als sich daraufhin niemand an die westliche Presse wandte, schlossen die Intellektuellen daraus, dass es keine nennenswerte muslimische Opposition gäbe. Obwohl zahlreiche Sufis die Extremisten im Iran und in Pakistan bekämpften, obwohl Aufkleber an den Wänden der heiligen Stätten Kairos zur Opposition gegen die militante Wahhabiten-Ideologie aufriefen, stellten die westlichen Medien sich blind. Nicht wenige Islamkritiker äußerten, dass es keine Fatwa gegen die Terroristen gab oder gegen jene Fatwas, die zum Terrorismus aufriefen. Das ist schlichtweg falsch. Seit dem 11. September wurden eine ganze Reihe von Fatwas gegen terroristische Aktivitäten von hochrangigen islamischen Geistlichen ausgesprochen. Das Schweigen der westlichen Presse über Fortschritte des gemäßigten Islam hat zu einem verzerrten Bild von der Religion insgesamt und von ihren Oberhäuptern geführt. Dazu hat die seuchenartige Verbreitung von Fehlinformationen dazu geführt, dass Scheichs aller Glaubensrichtungen pressescheu geworden sind und westlichen Journalisten nur selten Interviews geben.

Hinzu kommt, dass westliche Journalisten normalerweise nicht wissen, wie man überhaupt ein Gespräch mit Scheichs oder Sheikhas vereinbart. Nichtmuslimen ist ohnehin nur der Zutritt zu bestimmten Moscheen gestattet, und dies auch nur zu bestimmten Zeiten. Scheichs treten überhaupt nur in Islamschulen wie der Al-Azhar-Universität in Erscheinung. Sie haben keine Webseiten oder offizielle Sprechstunden. Unter landläufigen Bedingungen ist ein Sufi-Scheich kaum zu sprechen, weil Sicherheitspersonal oder Gläubige ihn abschirmen. Daher werden kaum Artikel über das wahre »Innenleben« des Islam geschrieben, denn das Misstrauen der Geistlichen und der Frust der Journalisten verhindern den Austausch. Das aber verursacht nur noch mehr böses Blut auf beiden Seiten.

Als ich mich auf das zweite Interview mit dem Mufti vorbereitete, war ich sehr nervös. Ich wusste nicht recht, was ich aus dem Material letztlich machen wollte. Aber mir war klar, dass ich etwas damit anfangen musste. Geistliche von so hohem Rang wie der Großmufti von Ägypten gaben schließlich nicht jeden Tag persönliche Interviews. Frage um Frage warf ich auf mein Blatt Papier, nur um sie am Ende wieder durchzustreichen. Schließlich hatte ich ein Thema gefunden: Ich wollte die Fatwa, dieses rechtliche Instrument des Islam, das im Westen so viele Fragen aufwarf, der Öffentlichkeit nahebringen.

Am Tag des Interviews kleidete ich mich konservativ und mit einiger Sorgfalt: Ich trug einen bodenlangen schwarzen Rock, eine schwarze Tunika und schmale, ebenfalls schwarze Sandalen. Als Omar und ich das Haus verließen, griff ich automatisch nach einem schwarzen Seidenkopftuch, ließ es dann aber liegen und nahm ein tiefrotes.

Als wir das Büro des Mufti im Dar al Iftah erreichten, der »Fakultät« der Al-Azhar, die für Anfragen bezüglich der Fatwas zuständig war, führte man Omar und mich gleich in Scheich Alis Büro. Er saß hinter einem enormen Schreibtisch aus Holz und lächelte uns zu, als wir eintraten. Ich wagte einen kurzen Blick. Sein Gesicht mit den ausdrucksvollen türkisch-mongolischen Zügen war nach sechs Monaten im Amt ein klein bisschen härter geworden. Dann schlug ich sofort die Augen nieder und murmelte mein *As-salaamu alaykum.* Omar übernahm die einführenden Worte.

»Setzen Sie sich hierher, meine Tochter«, sagte der Mufti. Das brach das Eis. Ich fühlte mich ein wenig sicherer und lächelte. Omar und ich nahmen auf den Sesseln vor dem Schreibtisch Platz. Scheich Ali zwinkerte ein klein wenig, als er mir ein Stück Schokolade aus einer Schale anbot.

»Shofti el film El Samurai il Akheer?«, fragte er, wobei er betont langsam sprach, damit auch ich ihn verstand. »Haben Sie *Der letzte Samurai* gesehen?«

Ich musste laut lachen. »Ja«, sagte ich. »Der Film hat mir gut gefallen.«

In seinem Lächeln lag ein wenig Bitterkeit. »Ich bin der letzte Scheich«, sagte er. So witzig diese Aussage auch war, so barg sie doch ein Körnchen Wahrheit: Scheich Ali war als Streiter für unpopuläre Dinge bekannt und hatte sich so mancher »verlorenen Sache« verschrieben. Er predigte die Versöhnung von Sunniten und Schiiten, war gegen das Verschleiern des Gesichts und setzte sich dafür ein, dass die Anforderungen der modernen Welt auch im orthodoxen Islam berücksichtigt wurden. In vielerlei Hinsicht war er eine der wenigen religiösen Autoritäten im sunnitischen Islam, die diese Rolle ausfüllen konnten, da er auch unter seinen Feinden völlig unumstritten war. Obwohl die Fundamentalisten ihn verabscheuten, hörte man über ihn nie Nachteiliges, von Skandalen gar nicht zu reden. Und obwohl er einer der angesehensten Führer des gemäßigten Islam war, war er – wie ich wusste – immer noch zu konservativ, um im Westen, wo mittlerweile jeder Scheich auf den Prüfstand gestellt wird, auf Zustimmung zu stoßen.

»Also«, meinte Scheich Ali und faltete die Hände, »worüber möchten Sie mit mir sprechen?«

Der Mufti war ein gewandter Redner. Er ging mit ungeheurem Feingefühl auf meine Fragen ein und schien intuitiv zu verstehen, welchen Unterschied es machte, ob er sich an ein muslimisches Publikum wandte, das mit dem Prinzip des Legalismus, der Werkgerechtigkeit, groß geworden war, oder an ein nichtmuslimisches, dem die Regelgläubigkeit der Muslime merkwürdig und uninspiriert vorkommen musste.

»Eine Fatwa ist ein Rechtsgutachten, das sich mit einer Position der Scharia auseinandersetzt, egal, ob es dabei um den Ritus – die Beziehung zwischen Individuum und Gott – oder um die sozialen, politischen oder wirtschaftlichen Aspekte zwischenmenschlicher Beziehungen geht«, sagte Scheich Ali. »Sie kann sich auf die Familie beziehen, aber auch auf den Staat oder dessen internationale Beziehungen. Eine Fatwa folgt bestimmten Kriterien, die aus dem Qur'an oder der Sunna abgeleitet werden: Niemand soll für die Taten eines anderen bezahlen müssen. Die Theorie der Erbsünde gibt es im Islam nicht. Jede Handlung wird nach ihrer Absicht und ihrer Zielsetzung beurteilt. Die Absicht der fraglichen Handlung muss gut und gottgefällig sein. Darüber hinaus gilt der Verdacht nichts, wenn keine letzte Sicherheit besteht. Dies ist eine der Grundlagen des rechten Denkens.«

Ich lauschte Omars Übersetzung. Dieser Grundsatz beeindruckte mich. So fordert das islamische Recht beispielsweise, dass – damit überhaupt jemand wegen Ehebruchs verurteilt werden kann – vier Personen Zeugen des Aktes geworden sind. Das macht es dem Staat nahezu unmöglich, sich in das Privatleben seiner Bürger einzumischen. Die Worte des Mufti ermahnten all jene, die sich von Klatsch und Tratsch beeinflussen ließen in Fällen, die nicht selten mit einem Ehrenmord endeten.

»Außerdem darf man, wenn man eine Fatwa ausspricht, nicht vergessen, dass Gott den Reuigen vergibt. Er will nicht, dass wir ewig von Schuldgefühlen geplagt werden«, fuhr der Mufti fort. »Die Scharia versucht, innerhalb der sozialen Riten der Gesellschaft und vor dem Hintergrund, dass uns die Erde anvertraut ist, Würde und Rechte der Menschen zu bewahren. Der Islam verbietet Tyrannei, Prostitution, Selbstmord, Drogenmissbrauch – alles, was den Menschen zum Objekt macht. Eine Fatwa unterliegt dieser Zielsetzung ebenso wie den anderen Regeln, die dafür sorgen sollen, dass die Menschen glücklich, sicher und friedlich zusammenleben.«

Frauen

Wenn ich mich nicht selbst befreien kann, kann es auch niemand von außen.
Orzala Ashraf, Gründungsmitglied des Afghan Women's Network

Obwohl die Arbeit für das *Cairo Magazine* und andere Zeitschriften und Blogs für mich immer wichtiger wurde, kam ich mir doch oft vor wie eine ungewöhnlich intellektuelle Hausfrau. Mein Lieblingsjob war es, Omars Frau zu sein und folglich ein Mitglied der Familie. Die Monate vergingen, und ich begriff allmählich die Mechanismen, die zur Entwicklung des »Korpsgeistes« führen, wie er entsteht, wenn Menschen voneinander abhängig sind. Ging mir die Milch aus, wartete Ibrahim mit einer Flasche Frischmilch vor der Tür, bevor ich noch fragen konnte. Als einer von Omars Onkeln Geburtstag hatte, stand ich stundenlang mit meinen angeheirateten Cousinen in der Küche, um Kuchen zu backen. Da ich nicht als schwächliche Ausländerin gelten wollte, brachte man mir sehr viel mehr bei, als von Frauen meines Alters sonst erwartet wurde. Wie ihre Altersgenossinnen im Westen lernen auch junge Araberinnen immer seltener, wie man einen Tisch deckt, und konzentrieren sich lieber auf ihre Karriere. Trotzdem war die Familie in Ägypten noch immer der Grundstein der Gesellschaft. Die Menschen lebten für Festtage, Hochzeiten und Geburtstagsfeiern. Noch der ärmste Verwandte kratzte Geld zusammen, um seiner Cousine ein Hochzeitsgeschenk machen zu können oder ein goldenes Medaillon für die neugeborene Nichte zu kaufen. So schwierig das Leben auch sein mochte, die

Ägypter waren nicht so zynisch, die Feste nicht zu feiern, wie sie fielen.

Am liebsten mochte ich die Henna-Partys, die nur für Frauen gedacht sind. Am Tag vor der Hochzeit kommen die Freundinnen und weiblichen Angehörigen der Braut in ihrem Haus zusammen, tragen gewagte Kleider, die sie in der Öffentlichkeit nie anziehen würden, tanzen und stopfen sich bis zum Morgengrauen mit Süßigkeiten voll. Von einer dieser Partys kam ich halb taub, völlig erschöpft und am Rande eines Zuckerschocks nach Hause, Hände und Füße kunstvoll mit Henna bemalt. Die Braut, deren Triumph bei diesem Fest gefeiert wird, ist am Vorabend des Erlangens ihrer endgültigen sozialen und sexuellen Unabhängigkeit ein Symbol der Erfüllung. Unverheiratete Mädchen bewundern sie, verheiratete geben ihr mitunter recht offenherzige Ratschläge. Solche Feste hatte ich noch nirgendwo erlebt: teils Rave, teils Fruchtbarkeitsfest und Crashkurs in Sachen Sexualkunde.

»Es ist richtig nett, wenn man die Kerle mal einen Tag los ist«, sagte eine der Tanten auf der Henna-Party einer Cousine mütterlicherseits von Omar. »Die Ärmsten müssen heute in der Moschee schlafen. Ich habe ihnen gesagt, sie brauchen vor dem Morgengebet gar nicht zurückzukommen.«

Ich grinste. »Die haben ja Glück. Morgen bei der Hochzeit sind sie wahrscheinlich alle ausgeruht, während wir schlafend auf unseren Stühlen hängen.«

Sie lachte und tätschelte mir die Hand. »Dir fehlt Omar natürlich«, sagte sie und lächelte maliziös. »Und du ihm. Ihr seid ja immer noch Braut und Bräutigam.«

»Es ist ja nur für eine Nacht«, protestierte ich errötend. »Das werden wir schon überstehen.«

»Er stirbt in ihr«, sagte eine der anderen Tanten, als sie eine Platte mit Leckereien hereintrug. »Es ist ja so romantisch.« »In jemandem sterben« bedeutet im gesprochenen Ägyptisch, diese Person so sehr zu lieben, dass die Liebe einen verzehrt.

»Natürlich tut er das«, sagte die erste Tante nun und kniff mich liebevoll ins Kinn. »Sie ist so süß.«

Ich verbarg das Gesicht in den Händen, verlegen ob der vielen Komplimente, und beide Tanten lachten.

»Geh tanzen!«, meinte die zweite dann. »Was soll Omar von uns denken, wenn wir dir nicht mal das Tanzen beibringen?«

Ich stand auf. Eines der jüngeren Mädchen band mir einen mit Glöckchen besetzten Schal um die Hüfte. In diesem Moment war ich glücklich, dass ich unter diesen Menschen leben durfte. Es war ein himmelweiter Unterschied, ob man im Nahen Osten eine Frau war oder im Westen. Im Westen besaß man vielleicht mehr Freiheit, doch mehr geschätzt wurde man zweifelsohne hier. Wer sich fragt, warum arabische Frauen ihre Kultur verteidigen, konzentriert sich meist auf die Strafen, die Frauen drohen, wenn sie die Regeln brechen. Dabei wird vernachlässigt, wie sehr Frauen gewürdigt werden, die die Regeln befolgen. Für einen meiner Artikel bekam ich vom Herausgeber der Zeitschrift meist nur ein »Danke, hab ihn bekommen«. Wenn ich während des Fastenmonats ein *iftar* zubereitete, lobten ein Dutzend sanfter Stimmen meine Geschicklichkeit.

»Warum können Frauen nicht Vorbeter werden?«, fragte ich Omar eines Tages, als er auf dem Sofa saß und Ibn Arabi las, einen der größten Sufi-Meister. Er schloss das Buch, nicht ohne den Zeigefinger zwischen den Seiten zu lassen, und rutschte ein Stück, um mir auf dem Sofa Platz zu machen. Dafür liebte ich ihn. Er tat meine Fragen nie als unwichtig ab. Wenn ich ihn etwas fragte, dann war das wichtiger als alles andere, was er in diesem Augenblick tat.

»Frauen sind die irdische Verkörperung der Schönheit Gottes, die auf Erden vor den Augen des Mannes verhüllt wird«, sagte er. »Daher ist es unwürdig, eine Frau vor den Augen von Männern auszustellen.«

»Das ist wieder so eine Sufi-Antwort«, entgegnete ich lächelnd.

»Ich bin Sufi«, gab er lächelnd zurück. »Aber das ist nun mal die Wahrheit.«

In den letzten Wochen hatte ich mich viel mit anderen Auslegungen des Islam auseinandergesetzt. Mittlerweile war ich mir meines Glaubens so sicher, dass ich auf andere Lesarten neugierig war. Obwohl ich aus dem Westen kam und Muslimin war, war ich doch noch lange keine »westliche Muslimin«. Meine Religion wurzelte in der Vorstellung und Praxis des nördlichen Afrika. Und so suchte ich im Internet nach islamischen Bewegungen im Westen, um mir ein Bild vom muslimischen Leben in meiner Kultur zu machen. So war ich auf die sogenannten »progressiven Muslime« gestoßen. Dabei handelt es sich um eine recht heterogene Gruppe von Menschen, die versuchen, den Islam zu reformieren, um ihn auf seine ursprüngliche humanitäre Auslegung zurückzuführen. Eines der Hauptziele dieser Gruppe in Amerika war es, die Gleichbehandlung der Geschlechter in der Moschee anzustreben. Sie hatten eine Kampagne gestartet, um weiblichen Imamen beim gemischtgeschlechtlichen Gebet die Rolle des Vorbeters zu ermöglichen.

Die Gruppe berief sich auf die Geschichte von Umm Waraqah, einer Matriarchin aus der Zeit des Propheten Mohammed. Sie hatte die Erlaubnis gehabt, Männer und Frauen im Gebet zu leiten. Dies war die Ausnahme von der Regel, denn alle vier sunnitischen Rechtsschulen gingen davon aus, dass Frauen nur Frauen leiten sollten, keine gemischtgeschlechtlichen Gruppen. Die Begründungen dafür waren ein widersprüchlicher Mischmasch aus der Behauptung der irdischen Überlegenheit des Mannes und seiner sexuellen Verwundbarkeit: Angeblich war er zum Führer geboren, andererseits konnte ihn der Anblick einer Frau, die sich vor seinen Augen niederbeugt, aus der Bahn werfen. Da ich persönlich nicht den Wunsch hegte, als Vorbeterin einer gemischtgeschlechtlichen Gruppe aufzutreten, hatte mich das Thema nie sonderlich interessiert, aber die Argumente der Gegenpartei waren so lächerlich, dass ich es jetzt doch spannend fand.

»Und was ist mit Umm Waraqah?«, fragte ich Omar. »Hier heißt es, sie sei ein Rollenvorbild, weil sie schließlich auch Männer im Gebet angeleitet habe.«

Omar seufzte. »Umm Waraqah war eine sehr alte Frau, als der Beschluss gefasst wurde«, sagte er. »Außerdem heißt es, sie habe nur ihr *dar* – ihre Hausgemeinschaft – geleitet. Jüngere Männer und Knaben, die alle mit ihr verwandt waren. Das war eine außergewöhnliche Situation.«

»Wenn sie nur die Männer ihres Haushalts leitete«, entgegnete ich und berief mich auf ein Argument der Progressiven, »weshalb hat der Prophet ihr dann einen Muezzin beigestellt?« Der Muezzin ist der Mann, der die Gläubigen zum Gebet ruft. Niemand, der seine Gläubigen alle in einem Haus versammelt hat, braucht einen Muezzin, der traditionell für ein ganzes Viertel zuständig ist.

Omar musterte mich eingehend. Diese Art der Argumentation ist dem islamischen Rechtsdenken, das die Induktion, den Schluss vom Besonderen auf das Allgemeine, über die Deduktion stellt, eher fremd.

»Das«, so meinte er, »ist wirklich eine interessante Frage.«

»Außerdem«, fuhr ich fort, »heißt *dar* ja nicht immer ›Haus‹. *Dar es-salaam* beispielsweise bedeutet ›Himmel‹, was ja wohl mehr ist als ›Haus‹. Und *dar el-harb* heißt auch ›Kriegsgebiet‹ und nicht ›Kriegshaus‹.«

Omar trommelte mit den Fingern auf die hölzerne Armlehne des Sofas. »Dein Arabisch wird immer besser. Sameh ist ein guter Lehrer.« Er sah aus, als würde er sich die nächsten Worte genau überlegen. »Ich weiß, dass es Dinge gibt, die für dich schwer zu verstehen sind«, meinte er, »aber du solltest aufpassen, welchen Autoritäten du vertraust. Viele Menschen reden, ohne etwas zu sagen zu haben und ohne wirkliches Verständnis.«

»Ich weiß.« Ich drückte seine Hand. »Ich passe schon auf.«

Anfang März, als der Himmel in Kairo gelb war von den Sandstürmen, bat die Gruppe progressiver Muslime in New York Dr. Amina Wadud, beim Freitagsgebet als Vorbeterin zu fungieren. Vonseiten der westlichen Beobachter regnete es viel Lob, die muslimische Welt hingegen sah dieses Ereignis mit einer Mischung aus Ratlosigkeit und Beunruhigung. Durch das Informationsdesaster um die Todes-Fatwa gegen den Schriftsteller Salman Rushdie vorsichtig geworden, ordneten viele konservative geistliche Führer an, von den progressiven Muslimen Abstand zu nehmen. »Wir wissen, dass die Feinde des Islam viele Strategien kennen, um eine fehlgeleitete und emotionale Reaktion aus den Muslimen hervorzukitzeln«, sagte beispielsweise Scheich Abdullah bin Hamid Ali, der zum Zaytuna Institute gehörte. »Möglicherweise geschieht das, um eine Situation herbeizuführen, in der es gerechtfertigt erscheint, gegen Menschen vorzugehen, die sie als Extremisten, Radikale, Terroristen und Fundamentalisten brandmarken. Meiner Ansicht nach sollten Menschen, die sich ihre eigene Religion schaffen wollen, tun und lassen können, was ihnen beliebt. Wir fordern von ihnen nur ein wenig

Respekt.« Diese Meinungsäußerung wurde in orthodoxen Kreisen rund um den Globus wiedergegeben. Dazu kam noch die kluge Bemerkung, das Gebet sei eine reine Publicity-Maßnahme gewesen, die auf die allgemeine Glaubenspraxis keinen Einfluss haben werde. Allmählich lernten die konservativen Geistlichen, mit den Medien umzugehen.

»Wenn man von den üblichen Tobsuchtsanfällen der wenigen Soziopathen absieht«, sagte ich Omar, als ich die Reaktionen auf dieses Ereignis im Internet las, »scheint der Skandal sich in Grenzen zu halten. Ich bin beeindruckt.«

»Eigentlich«, antwortete Omar mit einem Lächeln, »wollte ich dir gerade sagen, dass der Mufti im Fernsehen spricht. Er unterstützt die Vorbeterin.«

Fassungslos starrte ich ihn an.

»Tatsächlich? Läuft die Sendung noch? Was hat er gesagt?«

»Er sagte nicht wörtlich, dass es gut ist, Frauen als Vorbeterinnen zuzulassen«, erklärte Omar. »Eine nicht qualifizierte Frau das Gebet leiten zu lassen, nur um der Signalwirkung willen, sei falsch.«

»Jaja, die gute, alte Frauenquote.«

»Andererseits meinte er auch, über das Thema müsse es eine offene Debatte geben, denn die Gelehrten seien sich keineswegs einig, dass Frauen das Gebet nicht leiten sollten. Er meint, das dürfe jede Gemeinde für sich selbst entscheiden.«

Das war bei weitem die positivste Reaktion, die die progressiven Muslime in der arabischen Welt auf ihre Aktion erhielten. Ich verbrachte den Tag vor dem Fernseher und sah mir nur arabische Nachrichtensender an. Darüber hinaus studierte ich, was es auf MuslimWakeup! (MWU) zu lesen gab, der wichtigsten Webseite der progressiven Muslime. Schließlich interessierte es mich, welche Reaktionen es auf Ali Gomaas Urteil geben würde. Ich war schockiert über das, was ich las.

»Warum brauchen wir die Zustimmung eines bärtigen Kerls vom anderen Ende der Welt?«, fragte einer im Chat auf der MWU-Webseite und bezog sich auf Ali Gomaas Worte.

»Wen interessiert schon, was die Mullahs denken?«

»Ich bin erstaunt, diese Nachricht überhaupt hier zu finden. Diese Typen sind nicht unsere Freunde.«

»MWU veröffentlicht die Äußerungen eines Mannes, der offen den Terrorismus unterstützt.«

Ich konnte einfach nicht glauben, was da stand. Wenn das der Fortschritt sein sollte, hatte der Islam ein Problem. Gomaa hatte nie den Terrorismus unterstützt. Vermutlich dachte der Verfasser dieser Zeilen, alle Geistlichen mit einem Bart seien gewaltbereit. So viele Verdächtigungen! Was für ein ungeheurer Selbsthass! Gomaa hatte sich ziemlich weit aus dem Fenster gelehnt. Und dass er dafür vom sunnitischen Establishment gelobt werden würde, war recht unwahrscheinlich. Wenn ihn aber der Westen nicht unterstützte, was er zweifellos erwartet hatte, dann konnte er sich zu einer Gegendarstellung gezwungen sehen.

»Die spinnen«, sagte ich an diesem Abend zu Omar. »Da hat ein traditioneller Geistlicher ihnen die Hand gereicht, und sie pfeifen darauf.«

»Warum bedeutet dir das so viel? Du hast doch noch nie einen der progressiven Muslime kennengelernt.«

Die Antwort fiel mir schwer. So lange Zeit hatte es zwischen meiner Vergangenheit und meinem Glauben keinerlei Berührungspunkte gegeben. Wenn ich in Ägypten war, musste ich meine Vergangenheit in Begriffe übersetzen, die andere Muslime verstehen konnten und nicht als bedrohlich betrachteten. War ich in den USA, musste ich dasselbe mit meinem Glauben tun, um meine Freunde und Angehörigen nicht vor den Kopf zu stoßen. Diese Menschen aber weigerten sich, einen gemeinsamen Nenner zu suchen. Sie waren Muslime und stammten aus dem Westen. Ihre Identität war fließend: Sie hatten nicht das Gefühl, sich für etwas entschuldigen oder etwas erklären zu müssen. Und ich wiederum wollte nicht zugeben, wie viel mich meine Bemühungen, zwischen den beiden Welten zu vermitteln, letztlich kosteten. Die Verachtung, die ich Konvertiten gegenüber empfand, die ihrer Kultur den Rücken kehrten, entsprang auch einer gewissen Eifersucht. Ich wünschte, ich könnte wie sie die Menschen mit einem Schulterzucken abtun, wenn es mir zu sehr weh tat, sie zu lieben. Es wäre alles so viel einfacher gewesen, wenn ich mich endlich für eine Seite entscheiden könnte. Die progressiven Muslime gaben mir Hoffnung, dass ich das vielleicht gar nicht würde tun müssen. Deshalb schmerzte es mich so, zusehen zu müssen, wie diese Chance für mich vertan wurde.

Natürlich gab die Al-Azhar-Universität am nächsten Morgen ein Kommuniqué heraus, das der Meinung des Mufti widersprach – ein ungewöhnlicher Schritt in einer Organisation, die normalerweise größten Wert auf Geschlossenheit legte. Scheich Gomaa brachte das ganze nächste Jahr damit zu, seine Flanke zu decken und die Konservativen mit einigen Fatwas zufriedenzustellen, die die westlichen Beobachter zutiefst verstörten. Einmal mehr war eine Gelegenheit zur Aussöhnung vertan worden.

Der vierte Stand

Hat das Volk erst mal gewählt,
ist es auch schon ausgezählt.
IRVING BERLIN, *The Honourable Profession of the Fourth Estate*

2005 rief Präsident Mubarak unter dem Druck der USA allgemeine Wahlen aus. Zum ersten Mal, seit er durch die Ermordung Anwar El Sadats an die Macht gekommen war, ließ er zu, dass Kandidaten anderer Parteien gegen ihn antraten. Dieser Schachzug löste in Kahira, der Siegreichen einen Monate währenden politischen Optimismus aus, der von Ausschreitungen begleitet wurde. Die Ikhwan al Muslimeen, die man im Westen als die »Muslimbrüderschaft« kennt, war zwar immer noch von der Politik ausgeschlossen, stellte jedoch Dutzende angeblich unabhängiger Kandidaten auf. Im Wettbewerb um das Präsidentenamt schälte sich bald ein ernsthafter Gegner Mubaraks heraus: Ayman Nour, ein junger Progressiver, der eine Partei namens *Al Ghad*, das heißt Morgen, gegründet hatte. Nours Partei sprach viele Ägypter an: Er war religiös genug, um bei den jungen Leuten anzukommen, aber auch politisch gewieft genug, um deren sozialistische Eltern für sich zu gewinnen. Er trat für Rede-, Versammlungs- und Pressefreiheit ein und sprach von Maßnahmen zur Verbesserung der Infrastruktur. Es war von Anfang an klar, dass seine politische Karriere kurz sein würde. Doch seine Anhänger demonstrierten immer wieder im Stadtzentrum und lieferten sich Straßenschlachten mit gedungenen Schlägern von Mubaraks Nationaldemokratischer Partei sowie anderer Parteien. Kairo trat aus seinem Schattendasein als Ort möglicher künftiger Gipfelkonferenzen heraus und rückte, zumindest für eine gewisse Zeit, ins Zentrum der internationalen Aufmerksamkeit.

»Lasst uns mal sehen, was auf unserer Tafel steht«, meinte Richard, der Kulturredakteur des *Cairo Magazine*, bei einer Redaktionskonferenz Anfang April: »Wie staatliche Medien über die politischen Demonstrationen im Stadtzentrum berichten.« Er klopfte auf die Tafel und meinte: »Wie ihr vermutlich alle bemerkt habt, gibt es da nicht viel Material. Das heißt, man muss mit ein paar hochrangigen Mitgliedern der Ägyptischen Radio- und Fernseh-Union sprechen und sie nach den Grundsätzen ihrer Berichterstattung befragen. Ich rühre dieses Thema nicht mit der Kneifzange an. Wer will's haben?«

»Ich mache das«, sagte ich. »Ein bisschen Aufregung wird mir guttun.«

»Gut. Hier.« Richard händigte mir eine Liste mit Kontakten aus. »An die Arbeit!«

Ein paar Tage später fand ich mich inmitten einer Demonstration auf dem Tahrir Square wieder. Mehr als einhundert schwarz gekleidete Polizisten, die speziell bei solchen Gelegenheiten eingesetzt wurden, riegelten den Bezirk zwischen dem Ägyptischen Museum und der American University ab. Sie umlagerten die Protestierenden mit einem Sicherheitskordon. Die staatlich kontrollierten Medien gingen davon aus, dass der Protest von der Muslimbrüderschaft organisiert war. Da diese als illegale Partei betrachtet wurde, berichtete man nicht darüber. Doch die Protestaktion verlief so chaotisch, dass nicht herauszufinden war, wofür oder wogegen die Demonstranten eigentlich waren. Da Frauen auf solchen Demos häufig angegrapscht und belästigt wurden, hielt ich mich am Rand, abseits der gewaltbereiten Masse im Zentrum des Platzes. Nach einer halben Stunde gab ich auf: Das Ganze entwickelte sich allmählich zu einem Handgemenge, und ich wusste immer noch nicht, worum es eigentlich ging. Also zog ich ab und fuhr frustriert mit der U-Bahn nach Hause.

Die U-Bahn in Kairo ist in zwei Zugteile aufgeteilt. Da sind zum einen die gemischtgeschlechtlichen Waggons für Männer und Frauen, zum anderen die reinen Frauenwaggons. Im »Frauenwagen«, der ein von allen Protestaktionen unberührtes weibliches Vakuum bildete, entdeckte ich sofort ein vertrautes, herzförmiges Gesicht unter einem Kopftuch: die Tochter meines Nachbarn, die etwa ein oder zwei Jahre jünger war als ich. Sie winkte mir zu und kam dann herüber, um mich mit einem Kuss auf die Wange zu begrüßen.

»Was machst du denn hier mitten am Tag?«, fragte sie auf Arabisch.

Ich zögerte. Es kam selten vor, dass ich über ein derart kontroverses Thema schrieb. Normalerweise erzählte ich Omar und seiner Familie nicht bis in die Einzelheiten davon, denn die vorherrschende Meinung in unserem Bekanntenkreis war, dass eine Frau streng genommen nicht das Recht hatte, sich in soziale, politische oder körperliche Gefahr zu begeben.

»Ich schreibe über die Protestaktionen«, sagte ich schließlich. Die Wahrheit war doch immer noch am einfachsten. Meine Nachbarin sah mich unbeeindruckt an. »Ich konnte nicht einmal herausfinden, worum es eigentlich ging«, fuhr ich ermutigt fort. »Sie behaupten ja, es solle eine Ikhwan-Demonstration sein, aber für mich sah das nicht danach aus.«

Sie zuckte nicht mit der Wimper. »Das liegt schlichtweg daran, dass es keine ist«, sagte sie.

Und so entdeckte ich, dass meine pflichtbewusste, konservative Nachbarin Mitglied der Al-Ghad-Partei um Ayman Nour war, dem die staatlichen Medien keinen Raum zur Selbstdarstellung bieten wollten. Daher hatten sie die Demo zu einer reinen Ikhwan-Sache erklärt und schwiegen über die Ereignisse. Diese Information war für meinen Artikel von entscheidender Bedeutung, doch ich hatte sie nicht von einem Demonstranten bekommen, sondern im Frauenwagen der U-Bahn.

Tatsächlich war der Frauenwagen eine Brutssätte der verschiedensten Informationen. Dort herrschte ein entschlossener Friede, in dem sich die Gesellschaft im Kleinen abbildete. Also schrieb ich über den Frauenwagen in der U-Bahn und spickte den Artikel mit Geschichten, von denen ich dachte, sie könnten westlichen Lesern helfen, die subtile Bedeutung dieser Einrichtung besser zu begreifen. Dann schickte ich ihn an das *New York Times Magazine,* und als er erschien, schnitt ich ihn aus, um ihn Sohair zu zeigen.

»Das hat mir gut gefallen«, sagte sie, nachdem sie ihn gelesen hatte. Etwas bange fragte ich mich, ob sie vielleicht nur höflich sein wollte, aber es sah nicht danach aus. »Ein sehr menschlicher Artikel. Du hast gute Arbeit geleistet.«

»Danke«, sagte ich. »Ich freue mich, dass er gedruckt wurde. Was man sonst so in Zeitschriften über die Frau in der muslimischen Gesellschaft liest, kommt oft recht wissenschaftlich daher. Als studiere der Autor Affen und nicht Menschen.«

Als in der nächsten Woche ein paar empörte Leserbriefe in der *New York Times* erschienen, in denen man mir geifernd Geschlechter-Apartheid vorwarf, traf mich das völlig unvorbereitet.

»Na, wenigstens hast du eine ordentliche Kontroverse losgetreten«, tröstete meine Mutter mich am Telefon. »Die Leute diskutieren über das Thema. Das muss doch für etwas gut sein. Stell dir doch die ganzen schicken New Yorkerinnen vor, die deinen Artikel zum Mittagessen lesen und sich so auf den Schlips getreten fühlen, dass sie zur Feder greifen und an die *New York Times* schreiben. Die mal so richtig aufzuscheuchen ist allein den Aufwand wert.«

»Aber ich will gar keine Kontroverse auslösen«, sagte ich verzweifelt. »Das tun doch nur Leute, denen es nicht gelingt, zur Versöhnung beizutragen. Ich möchte einen Konsens schaffen. Und das ist gründlich danebengegangen. Ich habe offensichtlich nicht die richtigen Worte gefunden. Ich wollte ja nicht den Frauenwagen an sich gutheißen, sondern nur zeigen, dass Menschen unter allen möglichen Umständen zusammenkommen können, ganz egal, was passiert. Weder Kultur noch Sprache kann das ersticken. Es ist doch völlig egal, ob man für das Kopftuch ist oder dagegen oder was auch immer. Ich wollte doch nur zeigen, dass hinter »dem Islam« echte Menschen stecken, die Mitleid mit einer Fremden in der U-Bahn haben, und dass das wirklich etwas bedeutet.«

Dieses Argument rief bei allen meinen Gesprächspartnern einen Moment Schweigen hervor. Natürlich ist es für die Karriere eines Journalisten ratsam, Kontroversen aufzuwerfen. Dass mich das so erschütterte, erstaunte wohl die meisten. Aber ich wollte eben nicht einen Trend bedienen, sondern authentisch berichten. Ich begriff die Argumentation nicht, die sich in die Berichterstattung über den Islam mittlerweile eingeschlichen hatte. Die Leser gierten nach Entrüstung, und jeder, der dieses Bedürfnis bediente, indem er den Islam verurteilte oder sich dafür entschuldigte, war trendy. Alles, was sich diesem Schema unterwarf, wurde von vornherein akzeptiert, ob es nun wahr oder auch nur folgerichtig war oder nicht. Differenziert zu bleiben, sich zu weigern, unvollständige Geschichten mit plattem Ende zu erzählen, und eine muslimische Berufsjournalistin zu sein, statt zur Berufsmuslimin zu verkommen, war wohl eine echte Herausforderung.

In derselben Woche fragte Sohair mich, weshalb ich so durcheinander sei. Ich hatte versucht, meine Frustration vor ihr und Omar zu verbergen. Wenn ich ihnen sagte, was mit mir los war, würden sie sehen, wie verhasst sie im Westen mittlerweile waren, und gerade das wollte ich nach Möglichkeit vor ihnen verbergen.

»Du siehst blass aus«, meinte sie und rührte weiter in ihrem Topf. Ich stand im Rahmen der Küchentür und sah zu.

»Ich bin von Natur aus blass«, sagte ich.

»Du siehst blasser aus als sonst und auch unglücklich.« Sie fächelte sich mit einer Hand Luft zu: In dieser Jahreszeit wurde es in der Küche erstickend heiß.

»In der *New York Times* wurden ein paar Leserbriefe veröffentlicht, die meinen Artikel scharf angreifen.«

»Nein???!!« Sie schien wirklich schockiert. »Wieso? Was soll denn daran falsch sein?«

»Ich weiß auch nicht. Er hat die Menschen anscheinend erschreckt. Ich hätte mich anders ausdrücken sollen. Sie haben einfach nicht verstanden, worum es mir ging.«

»Und warum hat man dich angegriffen? Was stand denn in diesen Briefen?«

»Nun, eine Frau schrieb beispielsweise, dies wäre die traurigste Entschuldigung für eine dysfunktionale Kultur, die sie je gelesen hätte.«

Ich werde nie den Gesichtsausdruck meiner wunderbaren, gebildeten und recht weltlichen Schwiegermutter vergessen: Unverständnis, Schmerz und ein kurzer Verlust jeglichen Vertrauens spiegelten sich in ihren Augen. Auch sie benutzte schließlich den Frauenwagen. Sie war nicht dafür, dass es ihn gab. Ihrer Ansicht nach sollten Männer gefälligst lernen, sich in Gegenwart von Frauen ordentlich zu benehmen, was den Frauenwagen überflüssig machen würde. Doch der Frauenwagen gehörte zu ihrer Alltagswelt. Sie hatte darin schon über theologische Fragen debattiert, die steigenden Fleischpreise beklagt oder anderen Müttern beim Bändigen frecher Kinder geholfen – eben darum ging es: In diesen Wagen geschah absolut nichts, was ein Mensch aus dem Westen nicht verstehen konnte oder nicht auch schon erlebt hatte. In diesem Raum hatte eine ganze Welt Platz, ob er nun zu Recht bestand oder nicht. Aber eben das hatte ich nicht ausreichend klargemacht, so dass eine anonym bleiben wollende Amerikanerin sich veranlasst sah, die Beziehung meiner Schwiegermutter zu ihrer eigenen Geschichte in Frage zu stellen.

Eine Woche später gab es eine Verlautbarung seitens der japanischen Verwaltung, dass man künftig einen Frauenwagen an die U-Bahn anhängen werde, um weibliche Fahrgäste vor unerwünschten männlichen »Aufmerksamkeiten« zu schützen. Aus demselben Grund hatte man diese Einrichtung in Kairo geschaffen. Doch der Frauenwagen in Tokio wurde als Meilenstein der Frauenrechte gelobt. Diese unterschiedliche Bewertung beschäftigte mich noch wochenlang. Sie war der schlagende Beweis, dass ich die Vorurteile und die Angst, mit der man der arabischen Kultur im Westen begegnete, gründlich unterschätzt hatte. In meinen Augen war die Woche nach dem 11. September 2001 noch lange nicht zu Ende, die Woche, in der ein tränenüberströmter Mann in einem Laden einen meiner muslimischen Freunde ansprach und meinte, er hoffe, man werde ihn nicht dafür verantwortlich machen, was diese bösen Menschen getan hätten. Die Menschen, die ich kannte, hatten sich viel Mühe gegeben, um mich und meinen Übertritt zum Islam zu verstehen. Manchmal war dies fruchtlos geblieben, aber ich hatte mich trotzdem über den Versuch gefreut. Ich hatte allerdings keine Ahnung gehabt, dass die Dinge in den USA so schlecht standen, und ich begriff nicht, woran das lag.

Die Sheikha

Der Lehrer schenkt uns nicht seine Weisheit,
sondern seinen Glauben und seine Güte.
Khalil Gibran

Laila war einer der wenigen Konvertiten, der ich mich aufgrund meiner Geschichte verbunden fühlte. Ich bewunderte und liebte sie. Ihre trockenen, gelassenen Bemerkungen über die menschliche Natur und die Religion nahm ich in einige meiner Artikel auf. Sie war zwar Halbägypterin und war von ihrer schwedischen Mutter in Stockholm großgezogen worden, sah jedoch eher europäisch aus. Aufgrund ihres persönlichen Hintergrundes war sie mit dem Islam vertraut, wurde jedoch wie ich nicht religiös erzogen. Ich aber hätte vier Jahre vor meinem Übertritt noch nicht einmal erklären können, was der Ramadan ist. Wie ich war sie ein glückliches Produkt westlicher Subkulturen. Sie spielte Schlagzeug in einer Goth-Punk-Band namens *Dark Lords of the Womb* und las als Teenager Kant. Bis sie eines Tages, wie sie es selbst beschrieb, »mitten in der Nacht aufwachte, weil jemand meinen Namen rief. Mein Herz fing an, wie verrückt zu schlagen. Ich hatte eine Panikattacke.« Sie legte eine Pause ein.

»Und was passierte danach?«, fragte ich.

Laila setzte ein rätselhaftes Lächeln auf. Als wir zum ersten Mal über dieses Erlebnis sprachen, saßen wir in einem Café am Tahrir-Platz. Wir hatten gerade gemeinsam eine bodenlos schlechte Vorstellung von *Madame Butterfly* in der Kairoer Oper verlassen und uns durch den Dreck auf der Qasr-el-Nil-Brücke gekämpft. In unseren edel schimmernden Kopftüchern – wir hatten so wenig Möglichkeiten, uns ein wenig aufzustylen, dass wir die Gelegenheit beim Schopf ergriffen hatten – zogen wir so manchen nicht gerade wohlwollenden Blick auf uns. Laila störte das weit mehr als mich.

»Ich litt monatelang unter den Panikattacken«, erzählte sie weiter. »Sie gingen erst weg, als ich mich zum Islam bekannte.«

»Wow.«

»Ja. Und dann verschwanden zwar die Panikattacken, aber ich war trotzdem nicht besser drauf. Du weißt ja, wie das ist. Wenn man erst einmal mit dem Beten anfängt, heult man alle paar Minuten.«

Ich lachte. »Ja, das ging mir auch so. Man wird einfach so schrecklich *empfindsam* …«

»Man sieht etwas Trauriges und heult. Man sieht etwas Fröhliches und heult wieder.«

»Donna Tartt hat in ihrem Roman *Die geheime Geschichte* geschrieben, religiös zu werden heiße, die Lautstärke des inneren Monologs aufzudrehen«, sagte ich. »Freilich geht es dort um die alten Griechen, aber im Prinzip stimmt es.«

»Die Lautstärke aufdrehen … ja, so könnte man es wohl nennen. Eine eigenartige Erfahrung.« Laila lächelte. »Und sieh dir uns jetzt an.«

Ein paar Wochen, nachdem mein Porträt von Ali Gomaa erschienen war, rief Laila mich an und erzählte mir, ein paar Frauen aus ihrem Sufi-Orden planten, an die Nordküste zu fahren, um dort eine hochverehrte Sufi-Sheikha namens Sanaa Dewidar zu besuchen, die sehr zurückgezogen lebte. Den Großteil des Jahres blieben Sheikha Sanaa und ihre Familie in Syrien und verbrachten nur den Sommer regelmäßig in Ägypten. Wenn ich interessiert sei, meinte Laila, würde mir die Sheikha ein Interview geben. Das musste man mir natürlich nicht zwei Mal sagen: Ich packte mein Notebook und meinen Recorder ein und nahm eines smogvernebelten Morgens die U-Bahn in die Stadt, um Laila und ihre Freundinnen zu treffen. Sie holten mich in einem Hyundai ab, der glücklicherweise eine Klimaanlage hatte.

Wir nahmen die Straße Richtung El Alamein am Mittelmeer. Ein Freund, der in Ägypten Urlaub machte, hatte mich einmal gefragt, ob es denn schwierig sei, von Kairo aus nach Libyen zu gelangen. Ich antwortete: »Nein, du fährst nach Norden, und wenn du ans Wasser stößt, biegst du links ab.« Es gibt so wenige Straßen durch die Sahara, dass diese Wegbeschreibung tatsächlich stimmt. Die Alamein Road entlangzufahren ist eine ebenso hinreißende wie surreale Erfahrung: rundum nur Wüste, die sich fast bis ans Mittelmeer erstreckt. Dort wandelt sich die Wüste in ein staubiges Gelände voller Olivenhaine und niedriger Sträucher. Ein gutes Stück Straße wird dort, wo sie durch reines Wüstengebiet führt, von einem mehrfach unterbrochenen Mittelstreifen aus gut gepflegten Minipalmen und Hibiskusbüschen geteilt. Diese zwei oder drei Meilen zivilisierter Gartenkultur liegen meilenweit entfernt von der nächsten menschlichen Siedlung – wobei »Siedlungen« in der Sahara meist nicht mehr sind als ein paar vereinzelte Teehäuser neben einer Tankstelle. Ich habe mich lange Zeit gefragt, wie der Grünstreifen am Leben erhalten wird. Als wir zur Sheikha unterwegs waren, fand ich es heraus: Zwei barfüßige Männer wässerten sie mit langen Schläuchen, die an eine unsichtbare Wasserquelle angeschlossen waren. Kein Fahrzeug verriet, wie sie dorthin gekommen waren. Es sah aus, als wären sie in einem unbeobachteten Moment der Erde selbst entsprungen. Sie standen nur reglos da, als wir im Auto vorüberfuhren. Für mich hatte dieser Anblick etwas Surreales, aber die anderen Frauen im Auto schenkten dem keine Beachtung. Wir fuhren einfach weiter, und die Männer blieben hinter uns zurück. Ein weiteres Ägyptenerlebnis, das sozusagen aus dem Nichts auftauchte und wieder dorthin verschwand.

Wir waren zu weit an der Küstenstraße entlanggefahren, hatten angehalten, um Tee zu trinken, und waren wieder umgekehrt. Schließlich erreichten wir Sheikha Sanaas Haus, von dem der pastellfarbene Putz abblätterte. Das Haus schien in Würde zu altern. Dies und die bleiche Küstenlinie des Mittelmeers, an die es sich zu schmiegen schien, verliehen dem Ganzen etwas Poetisches. Ich betrachtete nachdenklich die Szenerie, müde von der langen Autofahrt, als eine Frau in mittleren Jahren näher trat. Sie war in eine braune Robe und ein passendes Kopftuch gehüllt. Auf ihrem Gesicht lag ein wissendes Lächeln. Wie so viele Menschen im Nahen Osten begegnete sie jeder Form von Träumerei mit Verständnis.

»*As-salaamu alaykum*«, sagte sie. »Sind Sie die Journalistin?«

»*Alaykum salaam*, ja«, antwortete ich.

»Sie tragen ja ein Kopftuch.«

»Ja.«

»*Mash'allah.*«

Ich lächelte. *Mash'allah* bedeutet wörtlich »durch die Gnade Gottes«. Man benutzt es gewöhnlich, um Bewunderung auszudrücken. Die Frau stellte sich vor: Sie war eine von Sheikha Sanaas Töchtern und – soweit ich es verstand – ihre *khalifa*, ihre Erbin, was ihre Stellung im Sufi-Orden anging. Sie führte mich ins Haus, wo eine Frau in schwarzen Roben mit nahezu faltenlosem Gesicht an einem Tisch mit Plastikdecke saß. Es war Sheikha Sanaa. So jugendlich ihr Gesicht wirkte, so bleich und faltig waren ihre Hände. Sie musste wesentlich älter sein, als sie auf den ersten Blick wirkte. Den Händen nach zu urteilen war sie um die sechzig.

Ich war noch nie einer spirituellen Persönlichkeit begegnet, die mich überwältigt hätte. Wenn jemand erzählt, er habe seinen Scheich oder seinen Seelsorger getroffen und vor Glück weinen müssen, kann ich das nicht nachvollziehen. Ich möchte einem anderen Menschen nicht so viel Macht über mich einräumen. Außerdem will ich mir eine gesunde Skepsis bewahren. Und so empfand ich auch die Sheikha nicht als besonders »heilig«, aber ihr strahlendes Lächeln vermittelte mir den Eindruck tiefer Güte.

Sie stand auf, um mich zu begrüßen. Wir gaben uns den traditionellen Kuss auf jede Wange. Als Laila und die anderen Frauen die Sheikha begrüßten, stellte ich fest, dass ich wohl einen Fauxpas begangen hatte. Sie alle küssten ihr nämlich als Ausdruck der Verehrung nur die Hand. Sie aber protestierte und zog die Hand weg zum Zeichen, dass sie sich dieser Ehre unwürdig fühlte. Ich hatte dieses Höflichkeitsritual schon unzählige Male beobachtet, aber bislang nur zwischen Männern und männlichen Scheichs. Nie zuvor hatte ich mich in einem religiösen Kontext ausschließlich unter Frauen befunden.

Wir tranken Tee und naschten während des Gesprächs süße und salzige Leckerbissen. Ich hatte zwar einige Fragen vorbereitet, fand es aber besser, dem Gespräch seinen Lauf zu lassen und bei bestimmten Themen einzuhaken. Wir sprachen Arabisch mit einzelnen Exkursen ins Englische und Französische. Ihre Töchter übersetzten für mich, wenn sie komplexe, vielschichtige Themen erläuterte, die ich ohne Hilfe nicht verstanden hätte. Ich konzentrierte mich auf das, was das westliche Publikum wohl am meisten interessierte: die Tradition weiblicher Lehrer im Islam. So fragte ich sie, weshalb ihrer Meinung nach diese Tradition in der Moderne verlorenzugehen schien.

»Es gibt heute genauso viele weibliche Lehrer im Osten wie zu früheren Zeiten«, antwortete sie. »In den westlich orientierten Ländern wie Ägypten und dem Libanon werden Frauen in solcher Position nicht akzeptiert, in Syrien aber ist das zum Beispiel völlig normal.«

»Die Verwestlichung hat das Problem also verschärft?« Ich hörte zum ersten Mal, dass die westliche Auffassung von der Rolle der Frau die Lage der muslimischen Frauen verschlechtert habe.

»Ja, das stimmt«, warf Lamya ein, eine der Frauen aus Lailas Sufi-Orden. Lamya war eine lebhafte, gebildete Frau um die vierzig, die im Auto eine witzige Diskussion über die Ehe entfacht hatte. »Ich habe früher in Damaskus gelebt. In Syrien sind die Lebenswelten von Männern und Frauen viel strenger getrennt als hier. Wenn eine Frau sich im Glauben weiterentwickeln will, dann würde sie sich eher an eine Sheikha wenden als an einen Scheich. Sie hat zu einer anderen Frau einfach einen besseren Draht. In einem westlich orientierten Land wie Ägypten erachten die Menschen hingegen einen weiblichen Scheich für unnötig, da Männer und Frauen auch so miteinander Umgang pflegen können. In Ländern wie Syrien braucht man weibliche Scheichs, da männliche Scheichs zu Frauen keinen Zugang haben.«

Die Verwestlichung brachte offensichtlich allerlei unerwartete Probleme mit sich: Denn nun hieß es auf einmal, die Möglichkeiten der Frauen, spirituelle Autoritäten zu finden, seien durch den Kontakt mit dem Westen eingeschränkter.

Zurück in Kairo, fragte ich Sohair, was sie von dieser Behauptung hielt. Auch sie bestätigte, was Sheikha Sanaa und Lamya gesagt hatten. »Früher hörte man immer mal wieder von dieser Sheikha oder von jener«, meinte sie mit jenem bitteren Unterton, der nur in Gesprächen über das »alte«, das »bessere« Ägypten anklang. »Das war damals ganz normal. Heute sind sie fast alle verschwunden.«

Ich fragte mich, ob das Schwinden weiblicher Scheichs tatsächlich eine so platte Erklärung haben konnte. Schließlich ist Frauenfeindlichkeit ein fast unvermeidlicher Nebeneffekt politischer Unterdrückung, da die unterdrückten Männer Hass und Gewalt an die ihnen Untergeordneten weitergeben. Und die letzten fünfzig Jahre der ägyptischen Geschichte waren wie eine Faust, die sich immer härter und brutaler um das Land schloss. Sicher ist es der weiblichen Spiritualität im Islam nicht gerade dienlich, dass heutige Scheichs mit weiblichen Schülern fast ausschließlich Wahhabiten sind, die wegen ihrer puritanischen Überzeugungen jegliche weibliche Führung in religiösen Dingen ablehnen. Trotzdem war es interessant, dass Sheikha Sanaa und Lamya die Aufhebung der strengen Geschlechtertrennung als zweischneidiges Schwert betrachteten, das sich gegen die weibliche Autorität in Glaubensdingen zu richten schien.

Während Laila weiter mit Sheikha Sanaa plauderte, schweiften meine Gedanken ab. Ich dachte über Frauen im Allgemeinen nach. Warum das Weibliche wohl überall auf der Welt ein Thema ist? Ob es nun um den Westen ging, wo die Frauen Familie und Beruf vereinbaren möchten, oder um den Osten und den Spagat zwischen Sittsamkeit und dem öffentlichen Auftreten von Frauen. Offensichtlich war die Geschlechterfrage vermintes Gelände und eine normale Auseinandersetzung mit dem Thema nicht mehr möglich. Mittlerweile begriff ich, weshalb so viele Frauen im Nahen Osten der westlichen Frauenbewegung mit Misstrauen begegneten. Warum soll man um öffentliche Rechte streiten, wenn man auch so Macht besitzt? Eine mutige, intelligente Frau im Nahen Osten kann die Geschicke ihrer Familie steuern, ohne in der Öffentlichkeit in Erscheinung zu treten und Risiken einzugehen. Würde sie über dieselben Rechte verfügen wie die Frauen im Westen, hätte sie weniger Einfluss, denn sie wäre derselben öffentlichen Kritik unterworfen wie Männer. Formelle Rechte würden die Dummen und Unzuverlässigen auf eine Stufe stellen mit den Klugen und Fähigen. Wozu also sollten sie diese Rechte einfordern? Warum sollte man, in einer Zeit, die ohnehin von Wandel und mangelnder Stabilität geprägt war, weitere Erdrutsche auslösen? Möglicherweise hätte man am Ende weniger in der Hand als zuvor.

Es war heiß, und ich wurde allmählich müde. Ein Hauch von Tee – der hier in Meeresnähe leicht salzig war – lullte meine Zunge ein. Laila strahlte mich an.

»Glauben Sie denn, der beste Weg für eine Muslimin, ihren Glauben auszuüben, ist es, die traditionelle Rolle der Hausfrau und Mutter einzunehmen und zu Hause zu bleiben?«, fragte ich Sheikha Sanaa abrupt in die Stille hinein.

Sie schüttelte den Kopf. »Maryam umm Isa und Asia, die Gemahlin des Pharao, hatten ebenfalls keine traditionelle Rolle inne«, antwortete sie mit Bezug auf Maria, die Mutter Jesu. »Asia gehorchte ihrem Gemahl nicht, Maryam hatte gar keinen. Sie beide nahmen große Verantwortung und Mühe auf sich, um den rechten Weg zu gehen. Es heißt doch, dass eine gute Frau tausend Männer aufwiegt.«

Ich lächelte wehmütig. Sana'i, der Dichter aus dem 12. Jahrhundert, dem dieser Ausspruch zugeschrieben wird, würde im 21. Jahrhundert wohl in den meisten Moscheen niedergeschrien werden. Ich zögerte, bevor ich die letzte Frage stellte, denn sie war nicht für die Öffentlichkeit bestimmt, sondern einzig und allein für mich.

»Die Welt heute ist so feindselig. Es gibt so viel Hass zwischen Muslimen und Nichtmuslimen, dass es schwierig ist zu entscheiden, was man tun kann, um die Lage zu verbessern, für einen selbst, aber auch für die anderen Menschen.«

Das hörte sich nicht nach einer Frage an, aber die Sheikha wusste trotzdem, was ich meinte. Sie beugte sich vor und nahm meine Hand. Ihr Blick wurde klar und konzentriert. Ich hatte das unbestimmte Gefühl, dass sie auf diese Frage gewartet hatte.

»Auch dem Propheten stellte man einst diese Frage«, meinte sie. »Die ersten Muslime hatten viele Feinde und allerhand Unbill zu erdulden. Er antwortete damals: ›Wenn das Chaos in die Welt tritt, halte dich an den Mauern deines Hauses fest, wie ein Reiter an seinem Sattel klebt.‹ Damit wollte er sagen, wir sollten uns um unsere Familie kümmern, um unsere Nachbarn und unsere Kinder zu guten Menschen erziehen. Wenn jeder sich um sein Haus kümmert, wird aller Unbill ein Ende haben.«

Natürlich hatte sie recht. Mich überraschte nur, wie sie aus nur einem Gespräch herausgehört hatte, dass ich um jeden Preis zwischen den beiden Welten vermitteln wollte – und dass dieser Preis hoch sein würde. Womöglich war ihr das klarer als mir. Ich war gerne Ehefrau, weil ich das Gefühl hatte, in meiner Familie und meiner unmittelbaren Umgebung mehr Gutes tun zu können als mit Artikeln oder Büchern. Doch es gab so vieles, was in den westlichen Medien über die Menschen im Islam und die Religion selbst ungesagt blieb oder gar verschwiegen wurde, dass ich einfach das Gefühl hatte, gezielt gegensteuern zu müssen. Hätte ich geschwiegen, wenn ich die unzureichenden Informationen und mangelhaften Analysen gedruckt sah, wäre dies meiner Ansicht nach einer Lüge gleichgekommen. Darüber hinaus musste ich von neuem lernen, wie ich zu »meinen Leuten« sprechen konnte. Die Reaktionen auf den Artikel in der *New York Times* hatten mich erschüttert: Ich hatte das Gespür dafür verloren, wie die Menschen in den USA dachten und empfanden. Und ich wollte dieses Band neu knüpfen. Ich war Amerikanerin, und ich wollte für Amerikaner schreiben.

Damals dachte ich zum ersten Mal darüber nach, wie es wohl wäre, nach Hause zurückzukehren. Nicht für ein paar Wochen oder Monate, sondern für längere Zeit. Die Kluft zwischen meinen Erfahrungen in Amerika und denen in Ägypten tat sich mit jedem Tag weiter auf. Dabei wusste ich genau, dass Omar den Nahen Osten nicht verlassen wollte. Er war Idealist – bessere Aufstiegschancen und ein bequemeres Leben interessierten ihn nicht. Er führte seinen Kampf hier, in Ägypten, für einen Islam, in dem Intellekt, künstlerischer Ausdruck und Spiritualität zusammenflossen. In Kairo gab es dafür nur ein Schlachtfeld: Man kämpfte darum, den Fundamentalisten die Oberhoheit über den religiösen Diskurs zu entziehen. In den USA würde sich eine zweite Front öffnen. Dort würde Omar sich auch mit dem Zwilling des Fundamentalismus auseinandersetzen müssen: der Islamfeindlichkeit. Und das sah er nun mal nicht als seine Aufgabe an. In Ägypten waren auch Christen und Bahai Araber und Miterben der Sprache und Kultur, die er so liebte. Die westliche Ablehnung des Islam mit ihren rassistischen und fremdenfeindlichen Untertönen war ihm fremd.

Gegen Ende des Jahres 2005 erhob Hind el Hinnawy, eine junge ägyptische Jetsetterin, Vaterschaftsklage gegen den Schauspieler Ahmad Fishawy, von dem sie angeblich schwanger war. Für amerikanische Verhältnisse war dies ein relativ normaler Vorgang, in Ägypten aber erregte sie damit großes Aufsehen. Hinnawy behauptete, sie und Fishawy seien eine Orfi-Beziehung eingegangen, hätten also einen nicht registrierten Ehevertrag geschlossen. Natürlich war dies schwer zu belegen. Gewöhnlich werden solche Vereinbarungen getroffen, um Affären zu bemänteln, die nach islamischem Recht verboten sind. Als Hinnawy öffentlich verkündete, sie werde ihre Tochter alleine großziehen und sich dafür einsetzen, dass das Kind Fishawys Namen tragen dürfe, war der Skandal perfekt.

Jeder hatte dazu eine Meinung: Jede Zeitung nahm zum Fall Hinnawy Stellung. Fishawy wurde mal verurteilt, mal mit ironischem Augenzwinkern vorgeführt. Seine Fans hingegen bezeichneten Hinnawy öffentlich als Nutte. Fishawy weigerte sich, einen Vaterschaftstest durchführen zu lassen, und leugnete jede Verbindung zu Hinnawy. Der Mufti wiederum ermahnte Fishawy öffentlich, die Verantwortung für sein Handeln zu übernehmen. Unsere Familie war geteilter Meinung: Erstaunt stellte ich fest, dass viele der Mädchen Hinnawy kritisierten. Die Onkel hingegen sprachen sich für die Position des Mufti aus und fanden, Fishawy gebe ein schlechtes Beispiel.

»Wieso behandelt man diese Frau, als wäre sie eine Heldin?«, schimpfte Marwa, auf deren Hochzeit ich beinahe auf Ali Gomaas Robe gestiegen wäre. »Sie hat schließlich *fitnah* erregt – öffentliches Ärgernis – und ein uneheliches Kind …«

»Es sind immer zwei nötig, um ein Kind zu zeugen«, wandte ich energisch ein, indem ich den Spruch, den ich aus dem amerikanischen Sexualkundeunterricht kannte, ins Arabische übersetzte. »Sie ist ja nicht die Jungfrau Maria.«

»Ganz genau!«, entgegnete Marwa.

Offensichtlich hatte ich meinen Standpunkt nicht klarmachen können.

»Das kommt davon, wenn junge Männer und Frauen bis zwei oder drei Uhr morgens ausgehen und weiß der Henker was tun«, meinte Onkel Sherif, der uns zugehört hatte, mit besorgter Miene. »Das passiert eben, wenn die Eltern zu wenig aufpassen.«

Ich seufzte und lockerte das Kopftuch unter dem Kinn ein wenig, da es zu eng saß. »Aber …« Ich musste nach Worten suchen, um im Arabischen das ausdrücken zu können, was ich sagen wollte. »… erkennt er das Kind nicht an, denken die Männer, er habe recht getan.«

Mittlerweile waren alle an meine der Sprache des Qur'an entlehnten Aussprüche gewöhnt, zu denen mich meine mangelnde Beherrschung des Arabischen bei jeder Diskussion über abstrakte Themen zwang.

»Das stimmt«, meinte Onkel Sherif. »Was er tut, ist falsch. Doch diese Situation hätte erst gar nicht eintreten dürfen.«

Unter den progressiven Muslimen im Westen gingen die Meinungen nicht so weit auseinander. Die Publizistin Ginan Rauf, die ihren Doktorgrad an der Harvard University erworben hatte und einen weltlicheren Islam vertrat, setzte sich für Hinnawy ein. Rauf hatte mit ihrem Artikel »Bier zu Ramadan« eine gewisse Berühmtheit erlangt. Die konservativen Muslime verabscheuten sie, während ich sie um ihres Mutes willen bewunderte, auch wenn ich ihre Positionen häufig nicht teilte.

Ahmad Fishawys Mutter war ihrem Sohn öffentlich zu Hilfe gekommen, und Ginan Rauf antwortete ihr auf eine für mich höchst erstaunliche Weise. Sie bat die Frau, doch anzuerkennen, dass es visionär sei, wenn »ein ägyptischer Vater versuche, mutig Sexualität von Ehre zu trennen, sich nicht zur Tötung von Mädchen überreden zu lassen und der Unterdrückung ebenso die Stirn zu bieten wie der moralischen Heuchelei. So verhält ein ehrbarer Mann sich in heutiger Zeit. Natürlich sind dies durchweg ›alte‹ und barbarische Sitten und Gebräuche, doch ich bedauere deren Aussterben zur Abwechslung einmal nicht.«

In meinem Kopf schrillten die Alarmglocken. Rauf baute hier eine höchst irreführende Argumentation ein: Niemand, nicht einmal der radikalste Konservative, hatte dazu aufgefordert, Hinnawys Tochter zu töten. Die Ägypter sind keine Soziopathen. Sogar der ehrversessenste Familienpatriarch wäre schockiert über diese Anklage. Die Tötung von Mädchen, einst auf der arabischen Halbinsel gang und gäbe, war vom Islam unter strenge Strafe gestellt worden. Es gab sogar eine Zeile im Qur'an, die mir regelmäßig Schauer über den Rücken jagte. Dort hieß es, die Mädchen würden am Tag des Gerichts aus dem Grab auferstehen und ihre Mörder identifizieren. Doch nicht einmal im dunklen Zeitalter der arabischen Welt hatte die Tötung von Mädchen je etwas mit außerehelichen Affären zu tun gehabt. Denn damals wurden oft auch die einer offiziellen Ehe entsprungenen Mädchen getötet, weil sie in einer männlich dominierten Kriegerkultur eine Bürde darstellten. Doch im modernen Ägypten war mir noch nie ein Hinweis auf die Tötung von Mädchen untergekommen. Rauf beschwor ein Ungeheuer, das gar nicht existierte. Sie ließ es wie eine Marionette vor Menschen tanzen, die vom realen Ägypten zu weit weg waren, um ihr widersprechen zu können.

Da ich nur zu gut wusste, was solche Fehlinformationen im aktuellen Klima von Angst und Hass zwischen den beiden Kulturen bewirken konnten, war mein Zorn groß. Es schien vollkommen verantwortungslos und unnötig. Schließlich hätte es andere und bessere Wege gegeben, ihre Meinung argumentativ zu untermauern. Da ihr Artikel auch online veröffentlicht wurde, ergriff ich im Diskussionsforum dazu das Wort. Ich schleuderte Ginan Rauf das Schlimmste entgegen, was ein Muslim zu einem anderen Muslim sagen kann: Ich nannte sie eine »Orientalistin«.

Für alle, die mit diesem Begriff nicht vertraut sind, mag er lächerlich klingen. Vielleicht haben sie ja recht. Im

Grunde ist es ein Modewort für angewandten Rassismus, doch ich möchte den Begriff hier erläutern. Er wurde von Edward Said geprägt und bezeichnet eine Person, die exotische Geschichten über den Orient erfindet, um die westliche Überlegenheit umso strahlender hervortreten zu lassen. Für eine linksliberale Akademikerin jedenfalls ist das eine ziemlich starke Beleidigung.

Das war eine Überreaktion meinerseits – und noch dazu eine dumme: Ich war Weiße, Ginan Rauf Araberin. Gerade in linksliberalen Kreisen gehörte es zu den ungeschriebenen Gesetzen, dass man als Weißer keinen Araber kritisiert, wenn es um die Darstellung des Nahen Ostens geht. In diesem Fall war es ganz egal, wer recht hatte, es ging hier um Jahrhunderte des Rassismus. Die muslimische Linke mühte sich immer noch mit Strategien der ethnischen Identität aus den Siebzigern ab. Damals hatte die arabische Linke ihre neu gefundene politische Stimme dazu benutzt, Mythen über den Nahen Osten entgegenzutreten, statt sie weiterzuverbreiten. Und so fanden Rauf und ich uns in einer paradoxen Situation wieder: Da sie Araberin war, galten ihre Ansichten über den Nahen Osten als grundsätzlich »richtiger« als meine. Andererseits arbeitete sie hier mit einem völlig falschen Stereotyp. Da ich Weiße war, schien meine Meinung als von rassistischen Privilegien beeinflusst, und doch war ich es, die sich gegen das falsche Bild verwahrte.

Ich war mittendrin im zweiten Krieg um die Seele des Islam: Dieser Krieg spielte sich ausschließlich im Westen ab, wo die muslimische Gemeinde mit den Problemen kämpfte, die ihr aus ihrem Anderssein erwuchsen. Damit waren Muslime nie zuvor konfrontiert gewesen. Ich aber hatte nie einen Fuß in eine amerikanische oder britische Moschee gesetzt. Ich hatte nicht die leiseste Ahnung, welche Spannungen es dort gab: die tiefsitzende Unsicherheit über die Legitimität der eigenen Rasse und Religion, die Gratwanderung zwischen Tradition und eigenen Wünschen. Beim öffentlichen Gebet war ich immer Teil einer winzigen Minderheit von Fremden unter lauter Arabern beziehungsweise Persern gewesen. Mein Leben als Muslimin war zwar von der Erfahrung des Fremdseins geprägt, doch diese Fremdheit hatte keine rassistischen Untertöne gehabt.

Logischerweise war es im Westen sehr viel schwieriger, Muslim zu sein, als ich gedacht hatte. Natürlich hätte mir das klar sein sollen, doch damals las ich ja ausschließlich arabische Zeitungen, in denen die kulturelle Differenz lange nicht so ausgewalzt wurde wie in den amerikanischen, die Angst schürenden Medien. Ich hatte geglaubt, in einer Welt zu leben, die aus den Vorkommnissen des 11. September lernen und darüber hinwegkommen wollte. Doch die Reaktionen auf meinen Artikel zum »Frauenwagen« der U-Bahn und auf den Fall Hinnawy – die zeigten, dass auch Progressive gegen Propaganda nicht gefeit sind – rissen mich aus meiner Naivität, die mich eingelullt hatte. Ich sorgte mich, ob ich mich vielleicht bald selbst zwischen den zwei Seiten würde entscheiden müssen. Bei einem Familientreffen in Doqqi wurde mir meine Angst so richtig bewusst. Nach gefüllten Weinblättern und Tee wandte sich das Gespräch den Soldaten im Irak zu.

»Das ist eine Beschäftigung wie jede andere auch«, meinte einer der Onkel. »Man kann die Irakis ja nicht dafür verurteilen, dass sie ihr Land verteidigen wollen. Du kannst doch einen Menschen nicht befreien, indem du ihm eine Pistole an den Kopf hältst. Die Amerikaner wollen doch nur das Öl der Iraker. Das haben sie immer schon gewollt. Die Amerikaner …«

Ich hörte stumm zu. Diese neue Art, über »die Amerikaner« zu sprechen, vergrößerte meine Sorge noch. Amerika mit solch bitteren Verallgemeinerungen zu bedenken war in Ägypten nicht üblich, wenn man sich nicht unter fundamentalistischen Hardlinern befand. In Omars Familie hatte ich so etwas noch nie gehört. Ich glaubte auch nicht, dass man mich bisher dahingehend »geschont« hatte. Jedenfalls hatte ich nie den Eindruck gehabt, dass man sich um meinetwillen auf die Zunge gebissen hätte. Für die meisten Menschen in Ägypten war Amerika ein politisches Rätsel, das ebenso viel Bewunderung wie Furcht erregte. Bis vor kurzem hatten die Ägypter immer noch zwischen dem amerikanischen Volk und seiner Regierung unterschieden, genau wie sie das bei sich zu Hause auch taten. Nein, die Bitterkeit in diesen Worten war neu. Und sie hatte mit Angst zu tun.

Onkel Ahmad räusperte sich. Ich sah auf. Er war ein Familienoberhaupt, wie man es sich besser nicht vorstellen konnte: intelligent, liebenswürdig, mit einer sonoren Stimme, die überall gehört wurde. Er wusste immer genau Bescheid darüber, was in der Familie gerade vorging. Ich habe mit ihm nur genau einmal gestritten. Und auch das nur für höchstens eine Minute. Er hatte sein Argument nur einmal in bestimmtem Ton wiederholt, und ich war still vor Bewunderung verstummt.

»Wir sind Amerika zu Dank verpflichtet«, sagte er jetzt in ebendiesem Ton. »Für Willow.«

Zwei Dutzend Gesichter drehten sich in diesem Moment zu mir um und sahen mich liebevoll an. Ich schlug die Hände vors Gesicht und stieß einen Laut aus, der irgendwo zwischen Lachen und Schmerz lag. Onkel Ahmad sah mich erschrocken an. Ich konnte nicht erklären, was ich empfand. Ich fühlte mich von der Verantwortung für so viel bedingungslose Zuwendung einfach überwältigt. Ich sah ja, was auf uns zukam: Die Zeitungen überschlugen sich vor Geifer. Ein Krieg gegen den

Iran war keineswegs vom Tisch. Ich wusste, dass Onkel Ahmads ritterliche Mahnung zum Frieden nicht auf viel Gegenliebe stoßen würde. Von der anderen Seite des Atlantiks streckte sich keine Hand aus. Keine Stimme sagte: »Wir sind dem Islam zu Dank verpflichtet – für Onkel Ahmad.« Selbst wenn es die Stimme gegeben hätte, führte mein Land doch immer noch Krieg. Männer sprengten sich auf dem Marktplatz in die Luft und zerfetzten im Namen des Islam ihren Leib. Jeden Tag geschah etwas, das den guten Willen aller strapazierte. Ich konnte es nicht ertragen, zuzusehen, wie der Glaube und Optimismus meiner Familie zerstört wurde.

Nachts hatte ich immer schlimmere Träume: Ich sah mich in einem Haus, dessen Türen sich nicht absperren ließen. Ich versuchte verzweifelt, mich gegen den Angriff von Wölfen oder Wildhunden zu verbarrikadieren, die draußen herumstrichen und in das Haus eindringen wollten. Es war, als versuche mein Unbewusstes, sich vergeblich an Sheikha Sanaas Rat zu halten: Ich versuchte, mich um mein Haus zu kümmern, doch hatte ich darüber längst die Kontrolle verloren.

Der Bruch

Die Besten sind des Zweifels voll, die Ärgsten
Sind von der Kraft der Leidenschaft erfüllt.
William Butler Yeats, *Das zweite Kommen*,
übersetzt von Walter A. Aue

Die Bewegung auf der anderen Seite der Welt, in die ich so große Hoffnung gesetzt hatte, schien sich aufzulösen. Der Versuch, zwischen dem Islam und westlicher Kultur zu vermitteln, entwickelte sich zur Farce. Zu einer Parodie dessen, was er sich auf die Fahne geschrieben hatte. Dies löste in Ägypten eine Gegenreaktion aus. Scheich Ali Gomaa, den die liberalen Muslime nicht unterstützten, begann, Fatwas zu verkünden, die die Hardliner beruhigen sollten. In einer behandelte er das Thema Gewalt gegen Frauen in sehr ambivalenter Weise, in einer anderen verbot er Yoga, in einer dritten das Errichten von Statuen.

Der letzte Schlag, der mich traf, kam von Ursula, meiner Herausgeberin des *Cairo Magazine.*

»Du kannst aufhören, an den Themen zu arbeiten, die für übernächste Woche vorgesehen waren«, sagte sie. »Die nächste Ausgabe ist unsere letzte.«

»Was?«

»Wir haben unsere Sponsoren verloren.«

»Ihr hattet Sponsoren?«

»Wir nahmen an, dass es etwa eineinhalb Jahre dauern würde, bis die Zeitschrift sich selbst trägt. Wir hätten weitere sechs Monate gebraucht. Aber die Geldgeber haben sich zurückgezogen.«

Alle unabhängigen Medien im Nahen Osten erlitten zu jener Zeit dasselbe Schicksal. In einem Klima politischen

Drucks und wirtschaftlicher Schwierigkeiten war es zunehmend an der Tagesordnung, dass Sponsoren ihre Unterstützung einstellten. Möglicherweise fanden sie es in dieser von Repressalien geprägten Zeit nach den Präsidentschaftswahlen zu gefährlich, eine Zeitschrift zu finanzieren, die das Mubarak-Regime so offen kritisierte. Möglicherweise hatten sie auch nur das Interesse verloren. Wie auch immer: Es war vorbei.

»Das ist ja schrecklich«, sagte ich zu Ursula.

»Ich weiß«, antwortete sie finster. »Am schlimmsten ist es für die jungen ägyptischen Journalisten und ihre Zukunft. Jetzt müssen sie anderswo Arbeit suchen.«

Omar entging nicht, dass meine Stimmung sich zunehmend verdüsterte. Ich funktionierte immer noch – ich mag Untätigkeit nicht und schalte auch keinen Gang runter, wenn ich niedergeschlagen bin. Doch obwohl ich mein seltsam zerstückeltes Leben weiterführte, in dem ich vormittags im Souk feilschte, um nachmittags über Politik und Religion zu schreiben, spürte Omar doch, dass ich nicht mehr ich selbst war.

»Ich möchte dich wieder lächeln sehen«, sagte er eines Tages, als wir nach Madinat an Nasr fuhren, um eine Tante zu besuchen. »Was ist denn los mit dir? Ist es wirklich nur die Zeitschrift?«

Ich hatte meine Sinnkrise mehr oder weniger für mich behalten. In Ägypten gelten solche Verstimmungen nämlich einfach als schlechte Manieren.

»Ich fühle mich wohl ziemlich hilflos«, sagte ich, nachdem ich lange nachgedacht und mindestens zehn andere Formulierungen verworfen hatte. »Und schuldig. Weil keines der positiven Dinge, die ich versucht habe, auch nur das Geringste bewirken konnte.«

»Schuldig?« Omar sah mich verständnislos an. »Wieso denn?«

»Ich frage mich, ob ich wirklich geeignet dafür bin, das zu sagen und zu schreiben, was ich sage und schreibe. Ob es nicht Bessere gibt. Ich stehe ja nicht für die Mehrheit der Muslime. Mein Hintergrund ist ein ganz anderer als der der Menschen, über die ich schreibe. Ich frage mich, ob ich das Richtige tue. Vielleicht sollte ich meine Arbeit jemand anderem überlassen. Jemandem, der hier geboren ist oder in Pakistan oder so.«

»Etwas habe ich über Menschen aus dem Westen schon gelernt«, meinte Omar mit einem kleinen Lächeln. »Es fühlen sich immer die schuldig, die am wenigsten Grund dazu haben. Und die, die sich schuldig fühlen sollten, tun das nie.«

»Ist ja auch egal«, meinte ich und rieb mir die Augen. »Ganz egal, wer letztlich versucht, etwas zum Besseren zu verändern, am Ende kommt doch nur dasselbe heraus. Es ist, als wolle man Sand mit einem Sieb schöpfen. Die Menschen *wollen* einander einfach hassen.«

»Wer hat dir denn das eingeredet? Was ist denn bloß los?«

»Ach, mach dir keine Sorgen. Es kommt nur so vieles zusammen. Bald geht's mir wieder gut.«

Das Orakel von Siwa

Denn Dein Königreich ist nicht vergangen,
Noch Deine Macht dem Ort entschwunden,
von dem man sie vertrieb;
Sie können den Tag nicht vom Himmel verbannen,
noch den Gesang aus der Welt verjagen.
ALGERNON CHARLES SWINBURNE, *The Last Oracle*

Nachdem die Zeitschrift ihr Erscheinen eingestellt hatte, wusste ich nicht mehr so recht, was ich mit mir anfangen sollte. Ich hatte Unmengen freier Zeit, in der ich meine Identitätskrise pflegen konnte. Es ist harte Arbeit, sich selbst leidzutun. Als Omars Cousin Mohab vorschlug, zur weit entfernten Oase Siwa zu fahren, fackelte ich nicht lange. Mohab, ein Cousin väterlicherseits, war angehender Regisseur und ein paar Jahre älter als ich. Er war erst kürzlich nach dem Studium aus Italien zurückgekehrt. Ich mochte ihn, weil auch er zwischen den Kulturen pendelte. Er gehörte zum überzeugt sozialistischen Teil der Familie und konnte stundenlang über europäische Filme und Zigarettenmarken reden. Gleichzeitig interessierte er sich leidenschaftlich für das Sufitum und las voller Begeisterung alte juristische oder philosophische Texte. Aus Italien hatte er eine Menge DVDs mit Ländercode 2 mitgebracht und einen reizvollen Akzent. Nach ein paar Wochen in Kairos Smog und Chaos brauchte er ein paar Tage Erholung »auf dem Land«. Und Siwa, das etwa vierzig Kilometer vor der libyschen Küste lag, bot sich hierfür an.

Unsere Route war leicht zu beschreiben, aber beschwerlich zu fahren. Wir fuhren nördlich auf der Straße nach El Alamein, ließen Alexandria hinter uns und nahmen dann die Küstenstraße nach Mersa Matruh. Erst hinter Mersa

Matruh hielten wir auf die offene Wüste zu. Zwischen Matruh und Siwa erstrecken sich dreihundert Kilometer ohne ein Straßennetz oder andere Zeichen der Zivilisation – keine Raststätten, keine Tankstellen, nicht einmal ein Brunnen. Das abgelegene Siwa liegt mit Zentralafrika im Wettstreit um den Titel der Geburtsstätte des Menschen: Dort wurde der älteste menschliche Fußabdruck der Welt entdeckt, der etwa drei Millionen Jahre alt sein soll. Alexander der Große kam hier ebenso durch wie die Nazis, doch glücklicherweise blieben beide nicht und hinterließen keinerlei Spuren ihrer Anwesenheit. Die Oase liegt zu weit entfernt von der Zivilisation, um imperialen Expansionsgelüsten als nützlicher Standort zu dienen. Auch heute noch ist der Weg nach Siwa eine echte Herausforderung. Wenn man sich nicht gut auf diese dreihundert Kilometer vorbereitet, und dazu gehören ausreichend Trinkwasser, ein voller Tank und Ersatzreifen, kann es schnell kritisch werden. Ich nenne die Route die »Sprintstrecke«. Aber nicht einmal das kann den allgegenwärtigen Einflüssen des Tourismus und der Verwestlichung Einhalt gebieten. Im Kampf mit moderner Technik, die einmal pro Woche klimatisierte Busse aus Kairo durch die Oase schickt, wird die Sahara zunehmend zum Verlierer.

Ursprünglich hatten wir geplant, kurz nach Sonnenuntergang in der Oase einzutreffen, doch weil wir hinter Kairo sage und schreibe drei Stunden im Verkehrsstau stecken blieben, überraschte uns die Nacht mitten auf der Sprintstrecke. Der Mond war verhüllt, und so war dies die dunkelste Wüstennacht, die ich je erlebt hatte. Die Scheinwerfer fingerten zittrig vor uns her und tauchten die nahezu völlig versandete Straße in ihr schwaches Licht. Gleich neben dem Straßenrand begann das Nichts. Die Erde warf Wellen – kein Busch, kein Strauch auf weiter Flur – und das Licht auf so seltsame Weise zurück, dass sich in den

Schatten vor uns Bäume zu verbergen schienen. Die Illusion war so perfekt, dass ich vollkommen vergaß, dass im Umkreis von hundert Meilen kein einziger Baum wuchs. Kein Horizont war zu sehen, keine Stadt winkte mit ihren Lichtern, damit wir den Rand der Welt vom Himmel unterscheiden konnten. Nach einer halben Stunde Fahrt waren wir der Panik nah – und der Halluzination.

»Findest du nicht, wir sollten rechts ranfahren und warten …«

»Worauf? Auf den Morgen?«

»Wie viel Wasser haben wir noch?«

»Vier, nein, mehr. Zähl du mal.«

»Sechs Flaschen.«

»Das ist alles?«

»Das ist okay.«

»Lass uns trotzdem rechts ranfahren. Meine Augen brauchen ein wenig Erholung.« Das kam von Omar, der darauf bestanden hatte, selbst zu fahren. Also ließen wir den Wagen in den Sand rollen, wo die Reifen fast geräuschlos dahinglitten, da sie kaum noch Reibung hatten. Ich sog die Luft in meine Lungen, die reiner war als alles, was ich in Kairo je geatmet hatte. Tief ein- und ausatmend, tat ich ein paar Schritte … und rutschte eine kleine Düne hinab. Ich stieß einen schrillen Schrei aus.

»Willow?« Ich hörte Omars ängstliche Stimme und sah, wie der Strahl einer Taschenlampe über den Sand tastete.

»Alles in Ordnung«, sagte ich. Ein unkontrollierbares Lachen schüttelte mich, als ich sah, dass meine Füße bis zu den Knöcheln im Sand steckten. Mühsam kletterte ich wieder nach oben, während mir Visionen von Giftschlangen und Skorpionen durch den Kopf gingen, die hier im Dunkeln hausen mochten.

»Gibt es hier Schlangen?«, fragte ich.

»Schlangen? Nein, nein.« Mohabs Stimme kam aus dem

Off. »Schlangen müssen ja was zu fressen haben. Und hier gibt es rein gar nichts.« Der italienische Akzent verlieh seinem Ägyptisch einen Hauch von Weltbürgertum.

»Gut.« Ich balancierte auf einem Fuß, zog den einen Schuh aus und drehte ihn um. »Ich hoffe, du hast recht.«

Kichernd stolperten wir schließlich zum Auto zurück. Etwa eine Stunde später machten wir, erschöpft, verdreckt und nachtblind, wie wir waren, endlich Lichter am Horizont aus und fanden uns bald in den Ausläufern der Oase wieder. Wir fuhren zum Hotel, einem Plattenbau, der zur Umgebung passte wie die Faust aufs Auge. Wir schleppten unser Gepäck aufs Zimmer, leerten noch einmal den Sand aus den Schuhen und gingen schlafen.

Als ich am nächsten Morgen aufwachte, wusste ich nicht gleich, wo wir waren. Ich ging zum Fenster und warf einen Blick auf einen kleinen Marktplatz, von dem aus mehrere Straßen in einen dichten blaugrünen Palmenwald führten. An einer Ecke des Platzes war ein Obst- und Gemüse-Souk. Rundherum Straßencafés mit staubbedeckten Plastikstühlen und verblichenen Markisen. Hinter dem Platz erhob sich auf einem Hügel die Altstadt: ein Labyrinth aus verfallenen Lehmhäusern und Straßen. Bevor die ägyptische Regierung Recht und Ordnung in ihre libyschen Grenzstädte exportierte, hatten die Einwohner von Siwa die Altstadt als Festung gegen Beduinenangriffe gebraucht. Anfang des 20. Jahrhunderts hatte ein Starkregen – der erste in dreihundert Jahren – einen Großteil der Gebäude zerstört, und so errichteten die Siwaner all die modernen Gebäude, die heute das Stadtbild prägen.

Ich spürte förmlich, wie meine Nacken- und Schultermuskulatur sich entspannte. Kairo war so hektisch und rußgeschwärzt, dass ich fast vergessen hatte, wie gut eine schöne Umgebung tut. Die Palmschöpfe warfen in der Morgensonne dunkle, kühle Schatten. Die Luft roch nach dem Rauch von Holzfeuern und warmer Erde. Die Straßen unter mir waren voller Leben. Männer führten ihre Eselskarren und trugen Säcke voll Reis. Die wenigen Frauen tänzelten in bestickten blauen Tschadors und schwarzen Gesichtsschleiern beschwingt einher. Ich hatte ein Déjà-vu. Merkwürdig, ich hatte mir wohl unbewusst immer solch einen Ort vorgestellt, an dem die wenigen ruhigen Momente in Kairo sich verdichteten und greifbar wurden.

Wir trafen uns mit Mohab in einem zauberhaft heruntergekommenen Café namens *Abdu's* zum Frühstück. Dort tunkten wir Fladenbrotstückchen in eine Mischung aus Sahne und Honig, als ein Mann in weißer Tunika und Kamelhaarumhang auf Omar zukam und ihm die Hand entgegenstreckte.

»Omar, mein Sohn«, sagte er lächelnd. »Deine Mutter hat mich angerufen und mir gesagt, dass du kommst. Wie geht es dir?«

Omar erhob sich und schüttelte dem Mann die Hand, während er respektvoll den Kopf neigte.

»Meine Frau, Willow.« Er legte die Hand auf meine Schulter. Ich schlug die Augen nieder und lächelte.

»Spricht sie Arabisch?«, fragte der Mann.

»Ein wenig«, antwortete ich.

»Sie spricht sehr gut.« Ich spürte den ermutigenden Druck von Omars Hand.

»Gut«, meinte der Mann auf Englisch. Ich sah ihn an. Er lächelte zufrieden. »Das ist sehr wichtig.«

Der Mann hieß Abdullah. Er war einer der lokalen Stammesführer und gleichzeitig verantwortlich für den Schulunterricht in der Oase. Was bedeutete, dass er es war, dem sie die hohe Alphabetisierungsrate verdankte: Neunzig Prozent der Männer und achtundneunzig Prozent der Frauen konnten lesen, was hieß, dass Siwa einer der wenigen Orte in Ägypten war, in dem mehr Frauen als Männer des Lesens kundig waren. Omar und Sohair hatten den Mann einige Jahre zuvor bei einem Besuch in Siwa kennengelernt und ihn, als er aus beruflichen Gründen in Kairo war, zum Abendessen eingeladen. Nach dem alten Gesetz der Gastfreundschaft bedeutete dies, dass er nun ein Freund der Familie war. Bevor ich ihn kennenlernte, hatte ich nur eine vage Vorstellung davon, was ein »Stammesführer« war. Kein Stadtmensch begreift je wirklich, wie ein Stamm organisiert ist, und wenn er sich noch so sehr bemüht. Doch als ich Abdullah vor mir sah, wurde mir so einiges klar.

Er war wohl Anfang fünfzig, bärtig und sonnengebräunt. Er hielt sich gerade wie ein Mensch, der mit einer Führungsposition betraut ist, andererseits schien ihm auch körperliche Arbeit nicht fremd zu sein. Eine seiner Hände war verkrüppelt, als hätte er als Kind unter Polio gelitten oder als wäre ein Bruch nicht ordentlich verheilt. (Später erfuhren wir, dass Letzteres der Fall war.) Trotzdem war er so geschickt, dass ich die Behinderung vergessen hatte, als ich ihn ein paar Monate später wiedersah. Doch was an Abdullah am meisten ins Auge stach, war seine Haltung: Er zog die Aufmerksamkeit aller auf sich, auch ohne Worte. Irgendwie sprach er einen tiefsitzenden Rudelinstinkt in uns allen an. Seine Stimme und seine breiten Schultern signalisierten, dass er hier war, um uns zu beschützen, und dass er im Gegenzug von uns Gehorsam erwartete. Ich jedenfalls habe niemanden getroffen, ob Frau oder Mann, Ägypter, Europäer oder Amerikaner, der dagegen immun gewesen wäre.

»Charisma« ist ein zu schwaches Wort, um Abdullah zu beschreiben. Er tat nie etwas, nur um nett zu sein, und doch hatte er eine faszinierende Ausstrahlung. Um ihn lag ein Hauch von wohlwollender, gütiger Macht, mit der eine große Intelligenz einherzugehen schien. Wenn man Abdullah kennengelernt hatte, konnte man sich plötzlich vorstellen, wie ein ganzer Stamm sich um einen einzelnen Mann ordnete. Als wir zurück in Kairo waren, fragte Sohair mich mit einem Augenzwinkern, was ich denn von Abdullah hielte. Mir fiel keine bessere Beschreibung ein als: »Wenn man ihn kennt, weiß man, wie Polygamie über Jahrzehnte hinweg funktionieren kann.« Es schüttelte sie so vor Lachen, dass sie sich an einem Stuhl festhalten musste.

Abdullah bot uns an, uns hinaus in die Wüste zu begleiten und dort eine heiße Quelle zu besuchen. Wir stimmten wie aus einem Mund zu. Am nächsten Morgen schon stiegen wir in einen großen, umgerüsteten Landrover und fuhren los, noch ehe die Sonne am Himmel stand.

»Alles klar?«, fragte Abdullah, als wir Platz genommen hatten. »Haltet euch fest.« Der Range Rover hatte keine Sicherheitsgurte. Wir schlängelten uns zunächst durch die Palmenhaine der Oase, bevor wir die Sandwüste erreichten. Dies war die Sahara, wie sie häufig beschrieben wird: »Das Meer, in das kein Ruder je taucht.« Wellen um Wellen von karamellfarbenem Sand, der sich Tausende von Meilen vor uns erstreckte. Selbst heute, wo moderne Technologien uns Zugriff auf jede Ecke der Welt gewähren, gehört die Sahara zu den am wenigsten bekannten Orten der Erde. Ich musterte Omar, als wir über die Dünen holperten: Seine Augen waren auf den Horizont gerichtet, wenn er sich nicht umwandte, um uns verzückt anzulächeln. Mohab lehnte sich mit seiner Videokamera halsbrecherisch weit aus dem Fenster, um zu filmen. Mit der anderen Hand hielt er sein Zeitungsjungenkäppi fest, damit der Fahrtwind es nicht wegblasen konnte.

»Du wirst noch rausfallen«, sagte ich, als die Nase des Rovers eine steile Düne hinaufschnurrte, um dann an ihrem Scheitelpunkt abrupt abwärtszukippen.

»Nein, werde ich nicht!« Mohab lächelte und umklammerte sein Käppi. Ich aber hielt wieder einmal den Atem an, als wir eine steile, gut zehn Meter hohe Düne hinabrollten, auf eine kleine Oase zu, die sich in einen breiten Graben schmiegte.

Die Oase bestand aus wenigen Palmen, Sträuchern und blühenden Pflanzen, die sich um die heiße Quelle herumgruppierten. Die Siwaner hatten sie mit einem ringförmigen Mäuerchen befestigt. Daneben hatte man einen Bambusunterstand gebaut, den ich als Umkleidekabine benutzte. Nicht, um im Badeanzug wiederaufzutauchen, sondern in einer billigen Galibayya, bei der es mir egal war, ob sie litt. Der Weg zum Unterstand war von Büschen gesäumt. Abdullah meinte so ganz nebenbei, ich solle auf Schlangen achtgeben. Ich kreischte auf und legte den Rest des Weges im Laufschritt zurück. Dann schloss ich mich den Männern an, die um die Quelle herum Platz genommen hatten. Das Wasser schickte zarte Dampfwölkchen in die Morgenluft.

Ich setzte mich auf das Mäuerchen und tauchte zaghaft den großen Zeh ins Wasser: Die Temperatur war perfekt, sehr warm, aber nicht heiß. Einer nach dem anderen ließen wir uns ins Wasser gleiten. Wir setzten uns auf die Stufen, die zur Quelle hinunterführten. Die Palmen wisperten leise über unseren Köpfen, während jenseits der Oase der weißgelbe Sand in Wirbeln aufstieg. Als wir später blitzblank nach Siwa zurückfuhren, fand ich eine E-Mail vom amerikanischen Außenministerium auf meinem Computer. Man fragte höflich an, ob ich bei der örtlichen Botschaft gemeldet sei (was ich war). Doch nicht einmal das konnte mich an jenem Tag erschüttern. Ich war glücklich. Glücklicher, als ich je im Leben gewesen war. Zumindest wusste ich jetzt, wie der Himmel aussehen musste: ein Garten in der Wüste, ein unvermitteltes, selbstverständliches Grün, in dessen

Schutz Freunde plauderten und Quellen zum Bade luden. An solch einem Ort konnte man einfach nicht an Krieg denken, an Ungerechtigkeit oder Opfer, die man zu bringen hatte. Hier gab es nur die Sprache der wunderbar einfachen Dinge. Dies war das absolute Gegenstück zu Babel, dem Ort, an dem man sich nicht verstand. Jeder der Anwesenden sprach wenigstens drei Sprachen, doch einen wunderbaren, heiligen Augenblick lang sagten wir kein Wort.

Omar und Abdullah brachen den Bann und unterhielten sich leise auf Arabisch. Ich hörte nicht zu, bis ich meinen Namen vernahm.

»Willow ist Autorin«, sagte Omar. »Sie hat für westliche Zeitschriften über Ägypten berichtet.« Wie so viele gebildete Ägypter bemühte sich auch Abdullah, die krassen Fehlmeldungen westlicher Medien als Ergebnis von Unwissenheit zu betrachten und nicht als gewolltes Produkt einer Verschwörung. Er hatte schon bei der Fahrt zur Quelle seine Besorgnis darüber ausgedrückt, dass der westliche Zorn über die Haltung der Araber zur Homosexualität in Wirklichkeit nur von dem überhandnehmenden Sextourismus westlicher Homosexueller in arabische Länder ablenken sollte.

»Ich bin kein Dummkopf«, hatte er gesagt. »Ich weiß, dass es in jeder Kultur Homosexuelle gibt. Doch die arabischen Jungen, um die es hier geht, sind sehr arm und außerdem noch Kinder. Sie würden für Geld alles tun. Letztlich ist es Kindesmissbrauch.«

Offensichtlich waren die beiden auf das Thema »Familie« zu sprechen gekommen: Abdullah erklärte Omar, wie das Frauenleben in Siwa funktionierte und dass es für Außenseiter schwer zu verstehen sei, da selbst Frauen aus anderen Orten sich nicht daran gewöhnen konnten. Omar erzählte Abdullah von dem Porträt der Sheikha, das erst kürzlich in der *National Post* in Kanada erschienen war.

»Tatsächlich?« Abdullah sah mich mit offenerem Blick an als vorher. Doch an dieses Umschlagen der Haltung meiner Gesprächspartner war ich mittlerweile gewöhnt. Unter Männern war ich meist sehr schweigsam, viel schweigsamer, als eine Ägypterin es gewesen wäre. Ich hatte herausgefunden, dass das Schweigen, der Gipfel der Sittsamkeit, meine beste Waffe gegen die männliche Vorstellung von meiner Verfügbarkeit war. Mit Frauen war das anders – da konnte ich reden und lachen und offen meine Meinung sagen. Meine Freundinnen nahmen meinen ungewöhnlichen Beruf fraglos hin, die meisten Männer aber zeigten sich ziemlich überrascht, wenn sie erfuhren, dass eine im privaten Bereich so schweigsame Frau in der Öffentlichkeit das Wort ergriff. Abdullahs Staunen dauerte nicht lange.

»Was sagen die Menschen zu dem, was du schreibst?«, wollte er wissen.

Ich dachte an die Reaktionen auf meinen Artikel über den »Frauenwagen«.

»Manchmal richtig schlimme Sachen«, sagte ich und lächelte ohne große Überzeugung. »Es ist schwer, Menschen Dinge nahezubringen, die sie nie selbst erlebt haben, oder Ideen, die ihnen neu sind. Im Moment hat ohnehin jeder Angst. Ich glaube nicht, dass sich hier wirklich etwas tun lässt …« Ich machte eine vage Handbewegung. Für mich war der Kampf der Kulturen mehr als deutlich fühlbar.

»Ich schon«, meinte Abdullah mit ruhiger Stimme. Sein Ton war vertrauensvoll und kein bisschen gönnerhaft. Überrascht sah ich auf. Die meisten Menschen, mit denen ich über dieses Problem sprach, schienen mich aus der Tiefe ihres Herzens unterstützen zu wollen. Oder sie baten mich wie Sheikha Sanaa zu beten, Gutes zu tun und mir um andere Menschen keine Sorgen zu machen.

»Und wenn nicht«, fuhr Abdullah nach einer Pause fort,

»haben wir immer noch unser eigenes Leben.« Sein Blick umfasste den Palmenhain bis an den Horizont der Wüste. Ich fragte mich, ob auch er diesen Ort als Raum göttlicher Gnade erlebte. Dann drehte er sich um und lächelte mich an. Da war kein Zweifel.

Flutzeit

Ich bin ein Teil von allem, was ich traf,
doch alle Erfahrung ist nur ein Tor, durch das
die unbereiste Ferne schimmert, deren Rand verblasst
für immer und ewig, sobald ich mich bewege.
ALFRED LORD TENNYSON, *Ulysses*

Drei Jahre lang hatte mein Schwiegervater mich gebeten, mit ihm das Mahmoud-Khalil-Kunstmuseum zu besuchen. Ich war das einzige Familienmitglied, das seine Theorien über Picasso und die französische Kunst noch nicht auswendig kannte und seine kleinen Vorlesungen immer noch zu schätzen wusste. Wenn ich mich mit ihm unterhielt, merkte ich, wie viel von meinem Französischunterricht tatsächlich hängengeblieben war. Ich tat mein Bestes, um eine gute Konversationspartnerin abzugeben. Aber irgendwie hatten wir unseren Ausflug zum Museum immer wieder verschoben, obwohl Amu Fakhry behauptete, es beherberge die größte Sammlung impressionistischer Gemälde in Nordafrika. Allerdings war die Konkurrenz nicht besonders groß.

Schließlich war im Sommer 2006 der Tag gekommen. Er war so heiß, dass man ihn wirklich nur in einem Gebäude mit Klimaanlage überstehen konnte. Wir fuhren unter leidlichem Smog den Nil flussaufwärts. Ich lockerte mein Kopftuch, damit die sandige Brise mein Gesicht kühlen konnte. Das Museum war in einer weißen, rasenumschlossenen Villa untergebracht, in dieser geleckten, deplaziert wirkenden Weise, die für Kolonialbauten typisch ist. Ich wartete im Schatten, während Amu Fakhry mit dem Mann am Schalter diskutierte. Seiner Ansicht nach sollte ich als Ägypterin behandelt werden, was bedeutet hätte, dass ich nicht den Preis für Touristen bezahlen müsste. Diese Debatte schlug sich mir aufs Gemüt.

»*Yalla*«, meinte Amu Fakhry triumphierend und schwang die Eintrittskarte für Ägypter. Ich lächelte und nahm seinen Arm, als wir eintraten.

Ich fühlte mich, als sei ich wieder in Boston. Im Museum war es kühl und still. Über die Marmortreppe spannte sich ein roter Läufer, durch die hohen Fenster drang das Tageslicht in die mit großen Vasen geschmückten Räume. Die Bilder hingen so, als habe sich jemand Gedanken über ihre Bedeutung gemacht. Und die Sammlung war sehr groß: Degas, Pissarro, Toulouse-Lautrec, Monet, Manet und sogar der eher selten vertretene John Singer Sargent. Vor den Bildern scharten sich Gruppen von Kunststudenten und -studentinnen, verschleierte Mädchen, die sich über ihr Zeichenbrett leise etwas zuflüsterten, während die Kohlestifte Windmühlen und Akte nachzeichneten.

Ihr stilles Mühen beeindruckte mich. Normalerweise wird ein Riesenlärm gemacht, wenn Ägypten und Europa einander begegnen. Im Tal der Könige zerrissen die Rufe und das Gelächter der Touristen die Stille, in Filmen aus Europa oder Amerika ermahnten die Mütter ihre Kinder, ja wegzusehen, wenn dem Zensor eine Kussszene entgangen war. Es war, als müsse jede Kultur sich gegen die Schönheiten der anderen lautstark zur Wehr setzen. Ist Kunst schön, so sind es auch die Ideen, die dahinterstehen. Das aber kann nicht sein, wenn die andere Kultur zu fremd oder rückständig ist. Darüber, was kultiviert ist oder nicht, entscheiden wir, indem wir das andere als unkultiviert brandmarken.

Wir schlenderten in einen Saal, dessen zentrales Ausstellungsstück ein riesiges, rechteckiges Bild war. Es war vor über hundert Jahren von einem französischen Künstler gemalt worden und zeigte eine Gruppe von Nubierinnen, die ihre Wäsche zum überfluteten Nilufer trugen, wahrscheinlich dort, wo heute der Sudan liegt.

»Siehst du«, meinte Amu Fakhry und beschrieb mit seinem Zeigefinger einen Kreis. »Der Künstler versteht es meisterhaft, unseren Blick zuerst vorbei an den Frauen und nach unten rechts zu lenken, wo das Wasser leuchtet. Dann führt er uns zum Tempel auf der anderen Seite des Flusses und schließlich zu den Frauen zurück.« Er lachte entzückt auf. »Ein wunderbares Bild, eine echte Trouvaille.«

Ich betrachtete das Bild genauer. Da war eine Stelle, die mich irgendwie störte. Weiter weg kaum zu erkennen, trat dieser dunkle Fleck am Flussufer nur umso deutlicher hervor. Auf den ersten Blick wirkte er wie ein Wirbel, doch offensichtlich hatte der Künstler dort etwas übermalt. Überrascht trat ich einen Schritt zurück.

»Da war mal ein Mann. Hier. Der Künstler hat ihn übermalt«, sagte ich und zeigte darauf.

Amu Fakhry beugte sich hinab. »Möglicherweise«, sagte er.

Ich sah mir den dunklen Fleck noch mal genauer an. Es sah aus wie ein Mann, der sich zum Wasser beugte und ein Sieb hineintauchte. Die Frauen sahen ihn teilnahmslos an, sein Kopf neigte sich, als wolle er gleich etwas sagen. Warum hatte der Künstler ihn am Ende doch wegretuschiert?

Ich trat noch einen Schritt zurück, um das Bild als Ganzes auf mich wirken zu lassen. Der Künstler hatte die Trägheit des Flusses, die sich auf alles rundherum übertrug, perfekt eingefangen. Die Frauen hatten den schläfrigweichen Blick, der vom Sommer erzählt, wenn die Hitze so drückend ist, dass sie zur Mittagsstunde das Leben in einen tropischen Schlaf singt, der einzige Schutz, der dem

Körper bleibt. Der Künstler wusste das; die Hitze schien über dem Gemälde zu hängen, gleichsam auf den nackten Gliedmaßen der Frauen zu schimmern.

Da fiel es mir auf: Die Frauen waren unverschleiert. Ihre nackten Arme waren zu sehen. Natürlich konnte hier kein Mann stehen und sie ansehen. Wenn er den Mann nicht übermalt hätte, hätte das Gemälde seine Authentizität verloren. Der Künstler hatte seine ursprüngliche Komposition aufgegeben, um der Wahrheit Raum zu geben. Das Bild war schön, es war wahr, und es war von einem westlichen Künstler gemalt worden. Er hatte die Frauen allein in ihrem geheiligten Raum gelassen. Sie sahen nicht den Mann an, sondern einen Fluss, *den* Fluss, der zur Flutzeit über die Ufer trat.

»Wie findest du es?«, fragte Amu Fakhry.

»Es sieht aus, als wäre es mein Zuhause«, antwortete ich.

Omar und ich hatten, seit wir geheiratet hatten, immer wieder darüber diskutiert, ob wir unseren Wohnsitz in die USA verlegen sollten. Bislang allerdings waren diese Pläne nie konkreter geworden, weil Omar sich das nicht vorstellen konnte. Und solange er keine Green Card bekam, konnten wir meine Familie ohnehin nicht gemeinsam besuchen. Als Omar bei der amerikanischen Botschaft den Antrag für das Touristenvisum abholte – einen Papierstapel von fast zwei Zentimetern Dicke –, sah ihn der Beamte dort seltsam an und fragte, weshalb er denn keine dauerhafte Aufenthaltserlaubnis beantrage, wenn er schon mit einer Amerikanerin verheiratet sei. Omar antwortete, dass er nicht in den USA leben wolle. Der Beamte aber meinte, es sähe seltsam aus, wenn er als Ehemann einer Amerikanerin nur ein Touristenvisum beantrage. Als wir das Formular zu Hause durchlasen, entdeckten wir, dass Omar zum Nachweis, dass er nicht illegal einwandern wollte, belegen musste, dass er eine bestimmte Summe Geld gespart hatte. Die geforderte Summe überstieg unser beider Ersparnisse. Verzweifelt ließ ich den Kopf hängen.

»Das ist alles viel zu kompliziert«, murmelte ich. Als ich einige Monate zuvor im Mugamma, dem Sitz der ägyptischen Verwaltung, mein Visum hatte verlängern lassen, hatte die kopftuchgeschmückte Frau hinter dem Schreibtisch mich »meine Liebe« genannt und gefragt, wie lange ich bleiben wolle.

Omar streichelte mir über den Kopf. »Reg dich nicht auf«, sagte er. »Bitte.«

»Und wenn wir es einfach tun?«, fragte ich. »Gleich die ganze Prozedur? Ein paar Jahre lang in den USA leben, damit du die Staatsbürgerschaft bekommst und wir endlich nicht mehr den Ärger mit dem Visum haben?«

Mein Mann atmete einmal tief durch, dann lächelte er mich an. »Okay. Lass uns darüber nachdenken.«

Ich wollte wenigstens einen Teil meiner Jahre als erwachsener Mensch in meinem eigenen Land zubringen. Da ich die USA gleich nach meinem Collegeabschluss verlassen und in Ägypten geheiratet hatte, war mir ein Teil der verlängerten Jugend verlorengegangen, die in Amerika so eine bedeutende Rolle spielt. Ich hätte gar nicht sagen können, wie sich das auswirkte. In gewisser Weise fühlte ich mich älter als meine Freunde, in anderer Hinsicht war ich dann wieder fast naiv. In einem Alter, in dem die meisten Frauen sich immer noch »umsehen«, war ich schon verheiratet und führte meinen eigenen Haushalt. Doch eben weil ich eine Frau war, lebte ich in Ägypten auf eine Art behütet, die in Amerika undenkbar war. Ich hatte keine Ahnung, was man mit einem Auto anstellen konnte, außer den Zündschlüssel umzudrehen. Ich wusste nicht, wie man einen Reifen wechselt oder den Ölstand überprüft. Ich hatte keine Ahnung, wie die Sozialversicherung funktionierte. In Ägypten wäre es unvorstellbar, dass eine Frau etwas Schweres hebt oder eine Aufgabe erledigt, die komplizierter ist als das Wechseln einer Glühbirne. Ich muss mich heute bewusst daran erinnern wollen, dass ich diese Dinge selbst tun kann, bevor ich automatisch um Hilfe bitte.

Was ich hingegen aus dem Effeff beherrschte, war das Feilschen. Ich konnte eine leichtere Durchfallerkrankung mit Kräutern kurieren – ohne Antibiotika. Ich konnte beurteilen, ob die lebende Ente, die ich fürs Mittagessen kaufen wollte, überfüttert worden war, damit sie auf dem Markt besser aussah. Ich konnte mit einem Mann streiten, der ein halbautomatisches Gewehr trug, ohne mich zu fürchten. Ich konnte fasten und trotzdem tausend Worte am Tag schreiben. Das waren die Dinge, die ich konnte. Die Stärken, die ich entwickelt hatte, waren ägyptische Stärken. Und doch war ich keine Ägypterin, und kein Tag verging, an dem mich nicht eine gewisse Unruhe überkam.

Omar war noch nie über das westliche Marokko hinausgekommen. Er hatte noch nie anderswo gelebt als in Kairo. Als ich ihn kennenlernte, hatte er noch nicht einmal ein Bankkonto. Er war mit der Bargeldwirtschaft Afrikas groß geworden und brauchte einfach keines. Wie so viele Ägypter hatte er wenige Papiere, die für ihn wichtig waren. Er hatte keinen Beleg über seine Universitätsausbildung, abgesehen von einem Blatt billigen Kopierpapiers, auf dem stand, dass er Bachelor of Science war. Er hatte keinerlei Nachweis über seine umfangreichen historischen und linguistischen Studien, die in den USA sicher einem Master-Grad entsprochen hätten.

»Ich will nicht einer jener Einwanderer werden, die man schlecht behandelt, weil sie nicht beweisen können, welche Leistungen sie erbracht haben«, sorgte er sich.

»Das lassen wir einfach nicht zu«, sagte ich, obwohl ich mir dieselben Sorgen machte. Und so beantragten wir die Green Card.

Ich bemerkte bald, dass meine Unruhe größer wurde, statt sich zu legen. Von diesem Augenblick an würden wir zu den Nomaden gehören. Wenn wir nach Hause fuhren, hieße das von nun an immer, ein anderes Heim zurückzulassen. Mittlerweile gehörte uns eine kleine Wohnung in einem Vorort von Kairo, die wir mit kunstvoll geschnitzten Möbeln aus einer der letzten traditionellen Werkstätten der Stadt eingerichtet hatten. Sogar wenn das Leben in Ägypten mir auf die Nerven ging – was häufig vorkam –, fühlte ich mich in dieser Wohnung zu Hause. Sie beruhigte mich. Ich hatte dieses Heim für uns eingerichtet und hatte jetzt schon Heimweh. Ich würde in die USA zurückkehren wie eine Fremde. Ich hatte keinerlei Referenzen, nicht für die Bank, nicht für den Vermieter, und ich hatte quasi keine berufliche Erfahrung. Mir ging etwas durch den Kopf, was Ahmad mir im Iran gesagt hatte: »Wenn du dein Land verlassen willst, solltest du es tun, bevor du dreißig wirst.« Leider hatte er sich darüber ausgeschwiegen, wann man am besten zurückkehrt.

Wenn wir zur amerikanischen Botschaft mussten, beobachtete ich Omar genau. Ich suchte nach Zeichen von Angst oder Nervosität. Ich wusste ja, dass er all das nur für mich tat. Der materielle Überfluss der ersten Welt lockte ihn nicht. Er war zufrieden mit dem spirituellen Überfluss, den er zu Hause erfuhr, wo er mit seiner Umwelt im Einklang lebte. Wenn er sich im Wartesaal der Botschaft in seinem Plastikstuhl zurücklehnte, hatte ich ein schlechtes Gewissen. Dort sah ich mehr Amerikaner, als mir in den letzten vier Jahren begegnet waren. Die Kairoer sind nicht wie die Amerikaner. Sie sind Spezialisten mit hochentwickelten Fähigkeiten und Instinkten, die das Leben in ihrer gnadenlosen Stadt ihnen abverlangt. Die Amerikaner sind Generalisten und daran gewöhnt, kulturelle Differenzen zu übertünchen. Beide passen sich ihrer Umwelt nur schlecht an, aber aus völlig unterschiedlichen Gründen.

»*Bitfakari fi eh?*«, fragte Omar mich. »Was denkst du gerade?«

»Nichts.« Ich lächelte und berührte seine Hand. Wir waren eine Insel in diesem Meer von Formularen mit dem Knick an der oberen Ecke, wo ihre Eigner sie umgebogen hatten. Dies war ein Wartesaal im wahrsten Sinne des Wortes. Um uns herum saß der Kairoer Mittelstand in seinen besten Anzügen und wartete darauf, aufgerufen zu werden. Eine Delegation koptischer Mönche saß in einer Reihe nebeneinander. Die angstvollen Blicke sagten mir, dass für viele dieser Menschen Amerika eine Möglichkeit zur Flucht darstellte – aus der politischen Unterdrückung, aus Chaos, sozialen Unruhen, wirtschaftlichen Problemen, vor Fundamentalismus und hundert anderen Schwierigkeiten. Für Omar war das nicht so. Er saß mit traurigem Lächeln da und hielt die Hände im Schoß gefaltet. Für Omar war Amerika das Exil.

Ich wusste, dass ich meine Ehe riskierte, indem ich sie auf die andere Seite des Atlantiks verpflanzte. New York, Boulder, Boston – diese Orte würden für Omar nie zu dem werden, was Kairo mir geworden war. Doch die USA waren meine Heimat, und ich konnte ihr nicht für den Rest meines Lebens den Rücken zuwenden. Sonst vergaß ich womöglich, wer ich war. Aber würden wir beide vielleicht vergessen, was unsere Ehe ausmachte, wenn wir sie auf diese Weise entwurzelten, fragte ich mich. Und Omar tat dasselbe. Als wir seinen Visumantrag ausgefüllt hatten, hatte er mich gefragt, ob ich ihn in Amerika genauso lieben würde wie in Ägypten. Natürlich, versicherte ich ihm. Der Dritte in unserem Ehebund – die Geographie –

schwieg dazu und hielt sich im Hintergrund, bis wir ihr Tribut zollten. Möglicherweise würde Omar Amerika hassen. Wenn dies so kommen sollte, würde ich vielleicht nie wieder in meiner Heimat leben können. Nichts war wirklich sicher. Andererseits – was war denn je sicher? Liebe ist immer ein Risiko. Wir konnten weitermachen und die Hoffnung nicht aufgeben. Der Rest stand in den Sternen – ein Gedicht, das nur Gott lesen konnte.

Anfang Mai kam Omars Green Card. Wir wollten Ägypten Ende Juni verlassen. In der Zwischenzeit trennten wir unser Leben in Kairo auf, jeden einzelnen Faden, der uns mit Menschen und Dingen verband. Unser Auto ließen wir in den fähigen Händen Ibrahims. Meine Zimmerpflanzen schenkten wir Freunden, die in derselben Straße lebten. Die überzähligen Wohnungsschlüssel übergaben wir Sohair, die versprach, zwei Mal im Monat in unserer Wohnung nach dem Rechten zu sehen.

Seit wir auf die andere Seite Kairos gezogen waren, hatten wir Sohair, Fakhry und Ibrahim höchstens zwei Mal pro Monat in Tura besucht. Sobald wir den Zeitpunkt unserer Abreise festgesetzt hatten, gingen wir zwei Mal pro Woche hin. Die Fahrt wurde unser gemeinsames Ritual: Wir fuhren eine kurze Strecke durch die Wüste, um auf die Ring Road zu kommen, folgten ihr und bogen dann auf die Corniche ein, die am Nil entlangführt. Ich kann mich heute noch genau an die Route erinnern. Wenn ich die Augen schließe, sehe ich eine Abfolge von Minaretten vor mir. Wenn man die Tura-Brücke hinter sich lässt, sieht man ein Minarett direkt vor sich, ein zweites links. Dann kommt ein kleineres, das einen Slum überragt. Es folgt eine beige gestrichene, stacheldrahtbewehrte Wand, an der Polizisten im Halbschlaf auf ebenso schläfrigen Pferden entlangpatrouillieren.

Hinter dieser Wand erhebt sich die Schmetterlingsmoschee. Immer noch eingesperrt, aber nicht gefangen, ruht sie geduldig Stein auf Stein, als habe sie ihre Flügel eingezogen und sich am Grunde der Umfriedung zur Ruhe gebettet, um darauf zu warten, dass das Glas endlich birst. Womöglich gibt es das Gefängnis in zehn Jahren nicht mehr, falls Ägypten wieder einmal von einer seiner Revolutionen erschüttert wird. Womöglich bleibt es aber auch noch hundert Jahre bestehen. Im Grunde ist es egal, denn eines ist gewiss: Die Moschee wird das Gefängnis überdauern. An dem Tag, an dem die Dissidenten frei werden, wird auch die Moschee ihre Freiheit wiedererlangen. Sie wird ihre Flügel weit ausbreiten und das Licht der Sonne einfangen, die auf der anderen Seite des Flusses untergeht. Und sie wird ihr Schicksal einfordern.

Da wir ja lange Zeit keine *molokheya,* also keine Suppe aus spinatähnlichem Gemüse, gefüllte Tauben und echte Baklava bekommen würden, wollten Omars Verwandte uns noch einmal ordentlich füttern. Es gab ein Familienessen nach dem anderen. Die Tanten kochten ihre besten Gerichte und machten mir die Süßspeisen, von denen sie wussten, dass ich sie am liebsten mochte. Die zwanzig oder dreißig Menschen, die sozusagen den harten Kern unseres »Stammes« bildeten, saßen stundenlang zusammen, weil keiner der Erste sein wollte, der ging. Das Ganze erinnerte mich schmerzhaft – und das Ziehen war stärker, als ich erwartet hatte – an die letzten Wochen in den USA, bevor ich nach Kairo abgereist war. Es konnte eine Bürde sein, so sehr geliebt zu werden. Ich fühlte mich dieser Zuneigung nicht würdig.

»Ich weiß wirklich nicht, was ich künftig am Montag- und Mittwochnachmittag anfangen soll«, sagte Sameh, als ich ihn zum letzten Mal sah. Es war Abend, und in der

Luft hingen dichte Wolken aus Nildunst und Industriestaub. Sameh saß in seinem Büro im Sprachenzentrum und redete mit einem seiner Schüler aus dem Nildelta, der – wie Sameh es einmal vorhergesagt hatte – mich mit offenem Mund anstarrte und während der gesamten Dauer meines Besuches nicht ein Wort herausbrachte. Sameh schenkte mir sein missmutiges, mitfühlendes Lächeln.

»Wenn man so überlegt«, meinte er, »bei unserer ersten Unterrichtsstunde konntest du keine vier Worte aneinanderreihen. *Wa delwa 'ti bitikellimi wa betif'hami. Enti misrayya ba'a, khalas.* – Und jetzt kannst du sprechen und verstehen. Du bist Ägypterin, was willst du mehr?«

»Hashoofak b'khayr«, antwortete ich. »Wir sehen uns.« Das sagte man eigentlich nur, wenn man für kurze Zeit weggeht.

Sameh nickte. *»Insha'allah.«* – So Gott will.

Während der letzten Wochen vor unserer Abreise durchstreifte ich die Stadt auf eigene Faust. Das war schon für einen Mann ungewöhnlich, für eine Frau aber unvorstellbar. Kairo lädt nicht gerade zum Spazierengehen ein. Die Stadt drängt sich dir auf wie eine schmutzige Hand, während ihr stinkender Mund dir ins Ohr schreit. Wenn du klug bist, nimmst du, wenn du von einem Punkt zum anderen willst, ein Taxi, das Auto oder die U-Bahn, um so viel wie möglich von dem dazwischen auszublenden. Ich aber würde die Stadt ja bald verlassen. Und so schlenderte ich durch die Gassen hinter der Moschee von Imam Husayn, wo es nach Fett und Kümmel roch, und stellte erstaunt fest, dass ich mich durchaus noch an die Zeit erinnerte, in der mir all das unbekannt gewesen war. Manchmal nahm ich ein Buch mit und setzte mich allein zum

Lesen in ein Café. Tagsüber war das Fishawi – das berühmte Café im Herzen von Khan al Khalili, wo Omar und ich eines unserer ersten Gespräche geführt hatten – beinahe ruhig zu nennen. Ich konnte schwarzen Tee mit Minze trinken und ungestört zusehen, wie das Sonnenlicht die geschnitzten hölzernen Eingangstore dörrte, während die unerwartet freundlichen Blicke der Tageskellner über mich wachten.

Wenn ich konnte, besuchte ich die Moschee. Die Husayn-Moschee ist nicht so groß wie die Sultan-Hassan oder so edel wie die Al Rifa'i, wo die letzten Schahs von Persien begraben liegen. Doch der Schrein – die vergoldete Ruhestätte unsichtbarer Reliquien des letzten Imam, der sowohl Sunniten als auch Schiiten heilig gewesen war – macht den Besuch in der Husayn-Moschee zu einem unvergesslichen Erlebnis. Imam Husayn gehörte zu den Letzten, von denen ich mich verabschiedete, bevor ich aufbrach. Dies geschah an einem Tag im Juni, dessen Hitze von den sanften Winden des Mittelmeers gemildert wurde. Man konnte buchstäblich den Hals recken und einen Atemzug von dieser feuchten, sauerstoffgeschwängerten Luft erhaschen, die zeigte, dass es außerhalb der Stadt eine gnädigere Welt gab. Am Eingang zur Moschee zog ich meine Schuhe aus und betrat sie barfuß. Der Frauenbereich war voll: Mädchen, kleine Jungs, ihre Mütter und Großmütter saßen in Grüppchen und Reihen, beteten oder unterhielten sich leise. Ich schlich zwischen den Menschen hindurch zum Marmorschrein, der mit seinen silbernen Arabesken in der Mitte der Moschee steht, so dass man von jeder Seite an ihn herantreten kann. Männer und Frauen, die stumm beteten oder den Qur'an rezitierten, drängten sich gegen die Absperrung, die den Imam vor allzu viel Verehrung schützt. Ich fand einen Platz neben einer Frau in einer staubbedeckten Tunika. Als ich mich neben sie stellte, lächelte sie mir zu und ergriff meine Hand. Das war zu viel für mich. Da stand ich nun im dunstigen Menschenmeer meiner Religion und fing an zu weinen. Nicht um der Dinge willen, die ich hinter mir ließ, sondern um all der Dinge, die ich mit mir nahm – all das, wofür ich gekämpft, alles, was ich verloren hatte. Die Freude in mir war so stark, dass sie sich anfühlte wie Schmerz.

Zitatnachweis

Alle Zitate aus dem *Qur'an* nach der Übersetzung von MURAD WILFRIED HOFMAN, Diederichs Verlag.

Wir danken dem Unionsverlag, Zürich, für die freundliche Genehmigung des Abdrucks des Zitats aus:

NAGIB MACHFUS, *Das Lied der Bettler.* Aus dem Arabischen von Doris Kilias. © 1995 by Unionsverlag, Zürich, S. 5.

WALT WHITMAN, *An einen Fremden,* zitiert nach der Übers. von Jürgen Brôcan, erschienen in: Grasblätter, München 2009, S. 165.

Das Zitat aus E. M. FORSTERS, *Eliza in Egypt,* wurde von Elisabeth Liebl für diese Ausgabe übertragen nach einem Essay aus *Pharos and Pharillon.*

Die Hochzeit des Figaro zitiert nach: W. A. MOZART, *Die Hochzeit des Figaro,* Übersetzung von D. Klose, Stuttgart 1990, S. 63.

ALFRED LORD TENNYSON, *Ulysses,* übersetzt von Karin Thier, überarbeitet von Elisabeth Liebl.

Urmila Chaudhary

Sklavenkind

Verkauft, verschleppt, vergessen – Mein Kampf für Nepals Töchter

Urmila ist sechs Jahre alt, als ihre Familie sie aus der Not heraus als Kamalari – Sklavenmädchen – verkauft. Von nun an muss sie weit fort von zu Hause arbeiten und reichen Herrschaften dienen. Sie erhält nur Reste zu essen, wird gedemütigt, schikaniert und ausgebeutet. Elf Jahre dauert ihr Martyrium, dann kommt sie endlich frei. Doch die Zeit in der Sklaverei hat sie stark gemacht. Urmila ist nicht länger bereit, das Unrecht hinzunehmen. Sie organisiert einen Protestmarsch von mehreren hundert Kamalari zum Regierungssitz und fordert ihren Lohn für die jahrelange Ausbeutung. Und das ist erst der Anfang, denn Urmila will ihren Kampf so lange fortsetzen, bis die letzte Kamalari befreit ist.

Knaur